인공지능은 왜 정치적일 수밖에 없는가

THE POLITICAL
PHILOSOPHY OF AI

인공지능은 왜 정치적일 수밖에 없는가

마크 코켈버그 지음 | **배현석** 옮김

AI의 정치학과 자유, 평등, 정의,
민주주의, 권력, 동물과 환경

생각이음

목차

일러두기

1. 이 책에 표기된 외래어는 원칙적으로 국립국어원 외래어 표기법에 따라 표기함.
2. 저자, 단행본, 논문 등의 외래어 표기는 처음 언급될 때 한글 표기와 병기함.
3. 단행본은 『 』로 신문, 잡지, 논문 등은 〈 〉로 표기했음.
4. 원서와 달리 직접 인용문은 큰따옴표(" ")로, 간접 인용문은 작은따옴표(' ')로 표기함.
5. 독자 이해를 돕기 위한 옮긴이와 편집자의 추가 설명은 해당 용어 괄호 안에 표기함.
6. 원서 용어 'injustice'는 문맥에 따라 '부정의', '부당한 차별', '불의'로 표기함.

서론

"컴퓨터가 틀렸나 봅니다." 21세기의 요제프 K.

누군가 요제프Josef K를 모함한 게 틀림없다. 아무 잘못도 하지 않았는데, 어느 날 아침 그가 잡혀갔기 때문이다.(카프카Kafka 2009, 5)

1925년에 출간되어 20세기 주요 문학작품으로 자리 잡은 프란츠 카프카Franz Kafka의 『소송The Trial』은 이 문장으로 시작한다. 주인공 요제프 K는 이유도 모른 채 체포되어 재판에 넘겨진다. 어찌 된 영문인지 아무것도 모르는 건 독자도 마찬가지이다. 요제프 K는 여러 방면으로 알아보고 이리저리 돌아다니며 사람들도 만나보지만 일은 더 모호해지기만 한다. 그러다 끝내는 부당한 판결을 받고 "개처럼" 푸줏간 칼로 처형당한다.(165) 이 이야기에 대한 해석은 다양하게 나왔다. 한 가지 정치적 견해는 그러한 묘사가 근대 관료제의 권력이 점점 커지고 있었던 당시의 현실을 반영하고 있을 뿐만 아니라, 그로부터 10년 뒤에 일어난 나치 정권의 잔혹성을 미리 예견하고 있다는 점에서 제도가 얼마나 억압적일 수 있는지를 나타낸다는 것이다. 실제로 나치 하에서는 많은 사람들이 아무 잘못도 없이 체포되어 수용소로 보내지고 갖은 고통을 겪다 죽음에 이르기가 일쑤였다. 아도르노(Adorno 1983, 259)의 말처럼, 카프카는 "실제로 일어난 공포와 고문을 예언"했다.

안타깝게도 카프카의 이야기는 오늘날에도 여전히 유효하다. 정당한 사유 없이 사람들을 체포하고, 때로는 재판도 받지 못하게 탄압하는 정권과 모호한 관료제가 여전히 존재하고 있어서가 아니다. 또 아렌트(Arendt 1943)와 아감벤(Agamben 1998)의 지적처럼 요제프 K와 비슷한 일을 난민들이 겪는 경우가 많아서도 아니다. 지금도 이 이야기가 유의미한 까닭은 소설에서 일어난 일들이 새로운 방식으로 우리 현실에서 벌어질 수 있기 때문이다. 실제로는 흔히 말하는 '선진'국에서 이미 일어난 **일인데**, 특히 인공지능(AI) 기술과 관련이 있다.

2020년 1월 어느 목요일 오후, 사무실에 있던 로버트 줄리언보착 윌리엄스Robert Julian-Borchak Williams는 디트로이트 경찰서에서 한 통의 전화를 받았다. 체포영장이 나왔으니 경찰서에 출두하라는 내용이었다. 잘못한 일이 없었던 윌리엄스는 그 말을 따르지 않았다. 한 시간 뒤, 윌리엄스는 아내와 아이들이 지켜보는 가운데 자신의 집 앞마당에서 체포됐다. 〈뉴욕 타임스New York Times〉에 따르면 "경찰은 체포 이유를 설명하지 않았다."(힐Hill 2020) 이후 조사실에서 형사는 고급 의류매장에서 물건을 훔치는 한 흑인 남성의 모습이 담긴, 감시 카메라 영상을 그에게 내보이며 물었다.

"이 사람 당신이죠?" 아프리카계 미국인이었던 윌리엄스는 대답했다. "저 아닙니다. 흑인이면 다 똑같아 보이나요?" 윌리엄스는 한참이 지나서야 풀려났으며, 결국 경찰은 사과했다.

왜 이런 일이 생겼을까? 이 사건을 보도한 〈뉴욕 타임스〉 기자와 자문에 응한 전문가는 '윌리엄스 사건이 안면인식 알고리즘의 오류로 인해 미국인이 부당하게 체포됐다고 알려진 최초의 사례일 수 있다'고 추측한다. 기계학습 방식의 인공지능이 사용되는 안면인식 시스템은 결함이 있는 동시에 편향됐을 가능성도 크다. 다른 인구 집단보다 백인 남성의 얼굴을 더 정확히 인식하기 때문이다. 그래서 윌리엄스의 사건에서처럼 무고한 사람을 범인으로 인식하고, 경찰이 일을 제대로 하지 않을 경우 범죄를 저지르지도 않은 사람이 체포되는 결과를 초래한다. 한 형사는 이렇게 말했다. "컴퓨터가 틀렸나 봅니다." 21세기 미국의 요제프 K는 흑인이며, 어떠한 설명도 듣지 못한 채 알고리즘에 의해 부당하게 기소당한 사람이다.

이 이야기의 교훈은 컴퓨터가 한 개인과 그 가족에게 큰 고통을 안기는 오류를 낸 것에 그치지 않는다. 그런 사건에 인공지능이 이용되면 기존 시스템의 구조적인 불의와 불평등을 악화시킬 수 있다. 따라서 윌리엄스가 겪은 일과 유사한 경우에 대응하기 위해서는 모든 시민이 당사자로서 결정 사항에 대한 설명을 요구할 권리가 있어야 한다고 분명히 말할 수 있을 것이다. 아울러 이 사건은 인공지능이 정치적으로 중대한 영향을 미치는 **한 가지** 방식만을 보여주고 있을 뿐이다. 이런 경우 의도한 때도 있겠지만 종종 의도치 않은 결과를 초래한다. 윌리엄스 사건은 인종차별과 불의라는 두 가지 시의적절한 쟁점과 관련된 문제를 제기한다. 하지만 인공지능과 관련 기술의 정치학에 대해서는 훨씬 더 많은 이야기가 있다.

이 책의 논거와 목표, 접근법

현재는 인공지능과 로봇 및 자동화 같은 관련 기술이 야기하는 윤리적 문제에 대해 대단히 많은 사람들이 관심을 기울이고 있다.(바트닉 외Bartneck et al. 2021, 보딩턴Boddington 2017, 보스트롬Bostrom 2014, 코켈버그Coeckelbergh 2020, 디그눔Dignum 2019, 듀버 · 파스콸레 · 대스Dubber, Pasquale, and Das 2020, 건켈Gunkel 2018, 리아오Liao 2020, 린 · 애브니 · 젠킨스Lin, Abney, and Jenkins 2017, 니홀름Nyholm 2020, 월릭 · 앨런Wallach and Allen 2009) 하지만 이 주제에 **정치철학의** 관점으로 접근하는 글은 거의 찾아보기 힘들다. 이 주제를 탐구하기에 더없이 적절한 정치철학 전통의 귀중한 지적 자원을 방치하다니, 안타까운 일이 아닐 수 없다. 인공지능의 정치학에 대한 관심은 전반적으로 늘어나는 추세이다. 대표적인 사례로는 알고리즘과 빅데이터가 어떻게 인종차별과 다양한 형태의 불평등과 불의를 강화하며(바토레티Bartoletti 2020, 크리어도 페레즈Criado Perez 2019, 노블Noble 2018, 오닐O'Neil 2016) 지구의 자원을 추출하고 소비하는 방식(크로퍼드Crawford 2021)에 이용되는지에 대한 연구가 있다. 하지만 정치철학 입장에서 이 주제를 다룬 **정치철학자**는 매우 드물다.(벤저민Benjamin 2019a, 빈스Binns 2018, 유뱅크스Eubanks 2018, 지머먼·디로자·킴Zimmermann, Di Rosa, and Kim 2020은 예외다.)

　오늘날 **정치적 맥락**에서 자유, 노예 상태, 인종차별, 식민주의, 민주주의, 전문성, 권력, 기후변화 등의 문제가 대중의 많은 관심을 받고 있는 데 반해, 많은 경우 이런 문제는 기술과는 거의 관련 없는 주제인 것처럼 논의되고 그 반대의 경우도 마찬가지이다. 인공지능과 로봇은 기술 영역의 문제로 간주되고, **설령** 정치 문제와 연관되더라도 기술은 정치 조작이나 감시 수단으로 취급되기 일쑤다. 의도와 무관하게 나타나는 영향은 대체로 다뤄지지 않는다. 한편, 인공지능과 데이터 과학, 로봇 분야에 종사하는 **개발자와 과학자들**은 자신들이 수행하는 연구의 윤리적 측면을 고려하는 데는 대체로 적극적인 자세를 보이지만, 이런 쟁점과 연관된 복잡한 정치 및 사회문제는 거의 인식하지 못하는 경우가 많다. 여기에 그런 문제들을 다루고 규정하는 정교한 정치철학적 논의까지 기대하는 것은 무리일 것이다. 게다가 이들 역시 기술과 사회에 대한 체계적인 사고에 익숙하지 않은 보통 사람들과 다를 바 없이, 기술 자체는 중립적이며 문제는 모두 기술을 개발하고 사용하는 인간에게 달려 있다고 생각하는 경향이 있다.

기술에 대한 이런 식의 단순한 생각에 이의를 제기하는 것은 **기술철학**이 하는 일이다. 오늘날 기술철학은 기술을 도구로 보지 않는 단계까지 발전했다. 이제 기술은 목적을 달성하기 위한 수단에 그치지 않고 목적을 구체화하기까지 한다.(몇 가지 이론을 개략적으로 살펴보고 싶다면 코켈버그 2019a를 보라.) 그런데 기술을 규범적으로 평가하기 위해 철학적인 틀frameworks과 개념적 토대를 활용할 때는 대개 윤리학에 기댄다.(건켈 2014, 밸러Vallor 2016) 정치철학은 무시되기 일쑤다. 몇몇 철학자만이 기술철학과 정치철학을 연관 지어 연구할 뿐이다. 1980년대와 1990년대에는 위너(Winner 1986)와 핀버그(Feenberg 1999)가 있었으며, 오늘날에는 새터로브(Sattarov 2019)와 새트라(Sætra 2020)가 있다. 기술철학과 정치철학을 결합하는 연구는 더 많이 진행될 필요가 있다.

이는 학문적 공백 때문이지만 사회적으로도 필요하기 때문이다. 기후변화와 전 세계적인 불평등, 고령화, 새로운 형태의 배제와 전쟁, 권위주의, 특정 지역 또는 전 세계적으로 퍼지는 유행병 등 21세기 가장 시급한 전 지구적 문제와 지역 문제는 정치적으로만 관련 있는 게 아니다. 이러한 문제는 기술과도 다양한 방식으로 연관되는 일이며, 따라서 그에 대응하려면 정치에 대한 생각과 기술에 대한 생각 사이에 대화의 다리를 놓는 것이 중요하다.

이 책은 학문적 공백을 메우는 동시에 위와 같은 문제에 다음과 같은 방법으로 대응하고자 한다.

첫째, 정치철학의 역사와 보다 최근의 연구를 가져와, 인공지능과 로봇에 관한 규범적 문제를 정치철학의 핵심 논의와 연관 짓는다. 둘째, 오늘날 정치적으로 쟁점이 되는 가장 중요한 문제를 인공지능과 로봇에 제기되는 문제와 연관 지어 다룬다. 셋째, 이런 검토를 통해 응용 정치철학을 실제 적용하는 것만이 아니라, 대개는 잘 드러나지 않는 현대 기술의 정치적 차원을 한층 더 깊이 파고들어 흥미로운 통찰로 이어지도록 한다. 넷째, 유용한 정치철학을 가져와 인공지능과 로봇 기술이 의도한 대로, 또 의도와 무관하게 정치적으로 영향을 미치는 방식을 설명한다. 다섯째, 이로써 기술철학과 응용 정치철학 양쪽에 새롭게 기여한다.

따라서 이 책은 정치철학과 함께 기술철학 및 윤리학을 이용하여 ① 인공지능과 로봇이 야기하는 규범적 문제를 보다 잘 이해하고, ② 시급한 정치 문제와 신기술의 사용이 어떻게 서로 얽혀 있는지 규명하는 것을 목표로 한다. 여기서 '얽혀 있다entangled'라는 표현은 인공지능에 관한 문제가 정치 문제와 밀접하게 연관되어 있음을 나타내기 위해 사용했다. 인공지능의 문제는 **이미** 정치적이라는 것이 핵심이다. 인공지능은 단순히 기술이나 지능의 문제가 아니며, 정치와 권력의 측면에서 중립적이지도 않다는 것이 이 책의 관점이다. 인공지능은 **하나부터 열까지 정치적이다**. 각 장에서는 이 같은 인공지능의 정치적 차원을 드러내면서 논의할 예정이다.

이 책은 인공지능의 정치학을 전반적으로 논의하기보다 현대 정치철학에 등장하는 구체적인 주제에 집중함으로써 문제 전반을 들여다보고자 한다. 각 장은 특정한 정치철학적 주제에 초점을 맞춘다. 자유, 조작, 착취, 노예라는 주제가 하나의 장을 이루고 평등과 정의, 인종차별, 성차별 등 여러 형태의 편견과 차별이라는 테마로 또 다른 장을 구성한다. 그다음 장에서는 민주주의, 전문성, 참여, 전체주의를 검토하며 권력과 규율, 감시, 자기구성이 그다음 장의 중심 내용으로 다루어진다. 마지막 장에서는 동물, 환경, 기후변화를 포스트휴머니즘, 트랜스휴머니즘과 관련하여 다룬다. 각 주제는 인공지능, 데이터 과학, 로봇 등의 관련 기술이 의도한 효과와 의도치 않게 나타난 영향에 비추어 검토하게 될 것이다.

읽으면서 느끼겠지만, 이런 식으로 주제와 개념을 구분한 것은 어느 정도는 의도한 일이다. 이로 인해 개념들과, 그에 따른 각 장의 주제와 내용들이 다양한 방식으로 상호 작용하고 서로 연결된다는 사실이 분명해질 것이다. 예컨대, 자유 원리는 평등과 긴장 관계에 있을 수 있으며, 권력에 대해 이야기하지 않고서는 민주주의와 인공지능에 대해 이야기하는 것은 불가능하다. 어떤 연결고리는 이 책을 읽는 과정에서 뚜렷하게 보이겠지만 다른 연관성을 찾아내는 것은 독자의 몫이다. 하지만 어느 장을 펼치든, 인공지능이 어떻게 주요 정치적 문제에 영향을 미치고, 왜 정치적인지 알 수 있다.

이 책은 인공지능만 다루는 것도, 정치철학적 사유만 다루는 것도 아니다. 인공지능의 정치학을 논하는 것은 응용 철학(엄밀히 말하면 응용 정치철학)을 실제 적용하는 일일 뿐만 아니라 정치철학 개념 자체에도 자양분이 될 것이다. 그리고 이 과정에서 자유, 평등, 민주주의, 권력 등에 대한 우리의 관념에 새로운 기술이 어떤 식으로 문제가 되는지 드러난다. 인공지능과 로봇 시대에 이러한 정치원리와 정치철학 개념들은 어떤 의미를 지닐까?

책의 구성과 장에 대한 요약

이 책은 서론과 여섯 개의 장으로 구성되어 있다.

1장에서는 자유라는 정치원리와 관련된 문제를 다룬다. 인공지능이 새로운 방식으로 의사 결정을 내리고 조작하고 영향력을 미치게 할 때, 자유는 어떤 의미인가? 영향력 있는 거대 기업에 고용되어 디지털 노동을 할 때, 우리는 얼마나 자유로운가? 로봇이 인간의 노동력을 대체하면 노예제의 연장선상으로 볼 수 있는가? 이 장은 여러 자유 개념으로 구조화되어 있다. 즉, 자유에 대한 정치철학의 오랜 논의(소극적 자유와 적극적 자유)와 넛지 nudging(어떠한 선택을 유도하게 만드는 부드러운 개입을 뜻함 – 옮긴이) 이론을 연관 지어, 알고리즘을 통한 의사 결정과 영향력이 장차 어떤 결과를 가져올지 그 가능성을 검토한다. 인공지능의 추천 기능이 개인의 소극적 자유(타인이나 국가로부터 간섭받지 않는 자유, 1장에서 더 자세히 설명함 – 옮긴이)를 어떻게 박탈할 수 있는지 이야기하며, 인공지능을 통한 자유주의적 넛지(넛지가 선택의 자유나 행동의 자유를 박탈하지 않고 강요도 없다는 점에서 자유주의적 넛지로 봄. 1장에서 더 자세히 설명함 – 옮긴이)가 실제로 어떻게 작동하는지 문제 삼는다. 로봇의 목저과 사용이 노예화와 자본주의 착취 역사에, 그리고 현재까지 어떻게 연결되어 있는지 그 위험성을 밝히면서 헤겔과 마르크스 관점에 의거하여 비판적인 질문을 한다. 이 장의 마지막 부분에서는 인공지능과 정치 참여로서의 자유, 표현의 자유에 대해 논의한다. 이 내용은 민주주의를 논하는 3장에서 계속된다.

2장에서는 다음과 같은 문제를 다룬다. 평등과 정의 측면에서 인공지능과 로봇이 미치는 (대개 의도하지 않은) 정치적 영향이란 무엇인가? 로봇이 가져온 자동화와 디지털화는 사회불평등을 심화시키는가? 벤저민(Benjamin 2019a), 노블(Noble 2018), 크리어도 페레즈(Criado Perez 2019)의 주장처럼, 자동화된 인공지능의 의사 결정은 불공정한 차별과 성차별, 인종차별을 야기하는가? 그렇다고 한다면, 그 이유는 뭔가? 로봇의 성별 구분이 문제가 되는가? 문제가 된다면, 어떤 식으로 문제가 되는가? 이런 논의에서 나오는 정의와 공정은 어떤 의미인가? 이 장은 인공지능과 로봇이 불러온 자동화와 차별에 대한 논쟁을 자유주의 철학 전통(롤스Rawls, 하이에크Hayek 등)의 공정으로서의 (불)평등과 (부)정의를 논한 고전적 정치철학의 맥락에서 살펴보지만, 마르크스주의와 비판적 페미니즘, 반인종차별주의, 반식민주의 사상과도 연관 지어 설명한다. 이는 보편적 정의와 그에 대비되는 집단 정체성과 긍정적 차별(긍정적 차원에서 누군가를 우대하는 차별 형태 – 옮긴이)에 기반한 정의 사이에 긴장감을 불러일으킨다. 또 세대 간 정의와 글로벌 정의 문제도 함께 검토한다. 이 장은 인공지능 알고리즘이 결코 정치적으로 중립적이지 않다는 논지로 끝맺는다.

3장에서는 인공지능이 민주주의에 미치는 영향에 대해 검토한다. 인공지능은 유권자와 선거를 조작하는 데 이용될 가능성이 있다. 인공지능에 의한 감시는 민주주의를 파괴하는가? 주보프(2019)가 주장하는 것처럼, 인공지능은 자본주의를 위해 봉사하는가? 그렇다면 우리는 일종의 '데이터 파시즘data fascism'과 '데이터 식민주의data colonialism'로 나아가고 있는가? 그런데 우리가 말하는 민주주의의 의미란 무엇인가? 이 장에서는 민주주의 이론이라는 맥락 안에서 인공지능과 민주주의를 검토하고, 정치 영역에서의 전문가 역할에 대해 논의한다. 또 전체주의가 성립하기 위한 조건에 대해서도 다룬다. 우선, 인공지능이 어떻게 민주주의를 위협할 수 있는지는 누구나 쉽게 파악할 수 있는 일이지만, 우리가 바라는 민주주의 유형과 민주주의에서 기술의 역할이란 무엇이고 어떠해야 하는지 명확히 하는 것은 훨씬 어렵다는 사실을 이야기한다. 이 장에서는 정치에 대한 플라톤식 기술관료주의 개념과 참여 및 숙의 민주주의의 이상(듀이와 하버마스) 사이에 있는 긴장을 개략적으로 설명한다. 그리고 이런 이상 때문에 듀이와 하버마스는 비판(무페Mouffe와 랑시에르Rancière)을 받는다. 또 이런 내용을 정보 거품bubbles과 반향실echo chambers(소리가 밖으로 나가지 않게 특수재료로 만든 방. 같은 입장을 지닌 정보만 반복해서 수용하는 현상을 의미함 – 옮긴이), 그리고 인공지능을 이용하는 포퓰리즘 같은 쟁점과도 관련지어 생각한다. 둘째, 이 장에서는 기술로 생기는 전체주의의 문제가 고독(아렌트)이나 신뢰 부족 같은 현대사회의 아주 오래된 문제와 관련 있음을 주장한다. 윤리적 논의는 개인에 대한 피해에 초점을 맞추는 한 이런 광범위한 사회적, 역사적 차원을 언급하지 않는다. 이 장은 아렌트(2006)가 이른바 '악의 평범성'(모든 사람이 당연하게 여기는 평범한 일이 악이 될 수 있다는 개념 – 옮긴이)이라 불렀던 개념을 가져와, 인공지능이 기업 차원의 조작과 관료주의적 인사 관리를 위한 도구로 이용될 때의 위험성을 지적하면서 끝맺는다.

4장에서는 인공지능과 권력에 대해 검토한다. 인공지능은 규율과 자기 단련에 어떤 식으로 이용될 수 있는가? 또 지식에는 어떤 영향을 미치고 인간과 기계, 인간 사이, 심지어 인간 내부에 존재하는 권력관계를 어떻게 바꿔놓고 형성하는가? 이로 인해 누가 이득을 보는가? 이런 문제들을 제기하기 위해 이 장에서는 민주주의와 감시, 감시 자본주의에 대한 논의로 다시 돌아간다. 하지만 제도와 인간관계, 신체 수준에서 작동하는 권력의 미시적 메커니즘micro-mechanism of power을 강조하는 푸코의 복잡한 권력 개념을 소개하기도 한다. 우선, 이 장에서는 권력과 인공지능의 관계에 대해 생각할 수 있는 개념적 틀을 마련한다. 그런 다음 이 관계를 마르크스주의와 비판 이론, 푸코와 버틀러, 수행 중심적 접근 방식이라는 세 가지 권력 이론에 의거하여 몇 가지를 상세히 설명한다. 이를 통해 인공지능이 유도하는 조작과 자본주의 맥락에서 야기되는 부당한 이용 및 자기 착취, 사람들을 평가·분류·감시하는 데이터 과학의 역사를 밝혀낸다. 하지만 동시에 인공지능이 어떻게 소셜 미디어를 통해 사람들의 권한을 강화하고 주관성과 자아를 구성하는 역할을 하는지에 대해서도 주목한다. 또한 인공지능과 인간이 하는 일을 기술수행technoperformances 측면에서 살펴보고, 인간의 활동과 감정을 조직화하는 데 기술이 점차 주도적으로 도구 이상의 역할을 할 가능성에 대해 언급한다. 이러한 (기술과 관련되는) 권력 행사는 늘 인공지능과 인간 모두를 포함하는 능동적인 사회적 차원을 가지고 있음을 드러낸다.

5장에서는 비인간에 관한 문제를 다룬다. 인공지능에 대한 윤리를 다루는 대부분의 논의와 마찬가지로 정치에 대한 고전적 논의는 인간이 중심이다. 하지만 이에 대해 적어도 두 가지 면에서 의문이 제기됐고, 또 제기될 가능성이 있다. 하나는, 인간만이 정치적으로 중요한 존재이냐는 것이다. 인공지능은 비인간에 어떤 영향을 미치는가? 인공지능은 기후변화에 대처하는 데 위협인가, 기회인가, 아니면 둘 다인가? 다른 하나는, 인공지능 시스템과 로봇이 시민권 같은 정치적 지위를 가질 수 있느냐 하는 것이다. 포스트휴머니스트들(포스트휴머니즘posthumanism은 인간 중심을 거부하거나 넘어서고자 하는 사상 - 옮긴이)은 정치에 대한 전통적인 인간 중심의 정치적 관점에 문제를 제기한다. 또한 트랜스휴머니스트들(트랜스휴머니즘transhumanism은 일종의 포스트휴머니즘의 적극적 표현 - 옮긴이)은 인공적인 초지능자들이 인간을 대체할 것이라고 주장한다. 슈퍼 지능이 인간을 대체할 경우 정치적으로 어떤 함의가 있는가? 이런 상황이 오면 인간이 누리는 자유와 정의, 민주주의에 종말이 오는가? 이 장은 동물권과 환경 이론(싱어Singer, 코크런Cochrane, 가너Garner, 로우랜스Rowlands, 도널드슨·킴리카Donaldson & Kymlicka, 캘리콧Callicott, 롤스톤Rolston, 리오폴드Leopold 등), 포스트휴머니즘(해러웨이Haraway, 울프Wolfe, 브라이도티Braidotti, 마수미Massumi, 라투르Latour 등), 인공지능과 로봇 윤리(플로리디Floridi, 보스트롬, 건켈, 코켄버그 등), 트랜스휴머니즘(보스트롬, 커즈와일Kurzweil, 모라베츠Moravec, 휴스Hughes 등)에서 관련 이론 및 주장을 가

저와 인간을 넘어서는 정치학 개념을 탐색한다. 이러한 정치학은 비인간을 포함하도록 자유, 정의, 민주주의 같은 개념에 대해 다시 생각해야 하며 인공지능과 로봇에 대한 새로운 질문을 제기할 것이라고 주장한다. 이 장은 비인간 중심의 인공지능 정치학이 인간과 인공지능 관계를 양쪽 모두의 측면에서 재형성한다는 주장으로 끝맺는다. 다시 말해 인간은 인공지능에 의해 권한이 약화되기도, **강화**되기도 할 뿐만 아니라 인공지능에 권한을 부여하기도 한다.

마지막 장에서는 이 책의 내용을 간략하게 요약하고 다음과 같은 결론을 내린다. 첫째, 오늘날 정치적, 사회적으로 관심을 기울이고 있는 자유, 인종차별, 정의, 민주주의 같은 쟁점은 인공지능과 로봇 등의 기술 발전을 고려할 때 그 관련성을 새롭게 따져보는 일이 시급하다. 둘째, 로봇과 인공지능의 정치학을 개념화하는 일은 정치철학과 정치이론에서 다뤘던 개념을 단순히 적용하는 문제가 아니라 자유, 평등, 정의, 민주주의 같은 개념을 집요하게 파고들어 정치의 본질과 미래, 그리고 인간으로서 스스로에 대한 흥미로운 질문을 하는 것이 필요하다. 동시에 사회와 환경, 실존주의 심리학 차원의 변화와 전환이 기술과 밀접하게 얽혀 있는 점을 감안할 때, 하이데거(1977)가 말한 '기술에 관한 질문'을 21세기의 정치철학이 더 이상 회피할 수 없음을 주장하고, 이 영역에서 다뤄져야 하는 몇 가지 다음 단계의 추가 사항에 대해 개략적으로 설명한다. 앞으로는 보다 많은 철학자들이 이 분야를 연구하고 정치철학과 기술철학을 결합하는 더 많은 연구가 이루어져, 정치와 기술을 보다 많이 '함께 사유zusammendenken'하길 기대한다. 나아가 인공지능의 정치학을 전 세계적 상황과 문화적 차이를 고려하고, 보다 많은 대중을 포용하는 민주적 참여 방식에 대해 더 많이 고민할 필요가 있다. 이 책은 다음과 같은 질문으로 끝맺는다. 이 같은 미래를 만들기 위해서는 어떤 **정치적 기술**political technology이 필요한가?

1장

자유,
인공지능에 의한
조작과 로봇 노예

자유와 현대판 노예에 대한 역사적 선언문

자유는 자유민주주의 국가에서 가장 중요한 정치원리 가운데 하나로 간주되며, 헌법이 기본적인 시민의 자유를 보호한다.(이 책은 자유에 대한 두 용어, 즉 freedom와 liberty를 구분하지 않고 사용할 것이다.) 대표적인 예로, 1791년 권리장전의 일부로 채택된 미국 수정헌법 제1조는 종교의 자유, 표현의 자유, 집회의 자유 등 개인의 자유를 보호한다. 1949년 독일 헌법으로 채택된 **기본법**Grundgesetz은 개인의 자유를 침해할 수 없음을 명시하고 있다.(제2조) 역사적으로는 1789년 선포된 프랑스의 인간과 시민의 권리 선언문이 상당한 영향력을 가지고 있다. 이 선언문은 계몽주의 사상(루소와 몽테스키외)에 뿌리를 두고 있으며, 프랑스 혁명 당시 미국의 건국 아버지 가운데 한 사람이자 1776년 미국 독립선언문의 작성을 주도한 토머스 제퍼슨의 영향을 받기도 했다. 미국 독립선언문은 서문에 "모든 사람은 평등하게 태어났으며 생명, 자유, 행복 추구"를 포함하여 "양도할 수 없는 권리"를 지닌다고 명시했다. 프랑스 인권선언문 제1조는 "인간Men은 자유롭게 평등한 권리를 지니고 태어나서 살아간다"라고 적고 있다. 이 선언문은 여전히 여성을 배제했고 노예제를 금지하지는 않았지만 1215년 **마그나카르타**Magna Carta Libertatum, 즉 자유 대헌장으로 출발하여 1948년 12월 유엔 총회가 채택한 세계인권선언(UDHR)까지 이어진, 권리와 시민의 자유 선언문으로 역사의 한 페이지를 장식했다. 세계인권선언도 "모든 사람은 자유로운 존재로 태어났고 똑같은 존엄과 권리를 가지며"(제1조) "어느 누구도 노예가 되거나 타인에게 예속된 상태에 놓여서는 안 된다"(제4조)라고 명시하고 있다.(UN 1948)

하지만 여전히 세계의 많은 나라 사람들이 억압적인 독재 정권에 자유를 위협받거나 침해당하면서 고통을 겪고 있으며, 그에 맞서 저항하기도 한다. 많은 경우 저항은 치명적인 결과를 가져온다. 오늘날 터키, 벨라루스, 러시아, 중국, 미얀마에서 정치적으로 저항하는 사람들이 어떤 상황에 처해 있는지 생각해보라. 현대사회에서 노예제는 불법이지만, 새로운 형태의 노예제는 계속되고 있다. 국제노동기구는 전 세계적으로 가사 노동이나 성 산업 등에서 어떤 형태로든 강제 노동을 하거나 성 착취를 당하는 사람이 4,000만 명 이상인 것으로 추산한다.(ILO 2017) 이런 일들이 많은 나라에서 불법적으로 일어난다. 특히 여성과 어린이가 큰 타격을 받고 있다. 북한, 에리트레아, 부룬디, 중앙아프리카공화국, 아프가니스탄, 파키스탄, 이란에서 벌어지는 일이다. 하지만 미국과 영국 같은 나라에서도 지속적으로 발생한다. 세계노예지수Global Slavery Index를 보면 2018년 미국의 경우 강제 노동 조건으로 일하는 사람이 40만 3,000명 정도에 이른다.(워크프리재단Walk Free Foundation 2018, 180) 또한 서구의 많은 나라들은 생산

현장에서 현대판 노예 노동이 들어갈 공산이 큰 서비스와 상품을 수입한다.

그런데 자유는 정확히 어떤 의미인가? 또 인공지능과 로봇이 빠르게 발전하는 상황에 비추어 볼 때, 정치적 자유는 어떤 의미인가? 이런 질문에 답하기 위해 자유를 위협하는 여러 요인들, 더 정확히 말하면 **각기 다른 유형의 자유**에 대한 위협을 살펴보겠다. 정치철학자들이 발전시킨 몇 가지 주요 자유 개념은 자율성으로서의 자유, 자기실현과 해방으로서의 자유, 정치 참여로서의 자유, 표현의 자유가 있는데 지금부터 검토해보자.

인공지능, 감시, 법 집행, 소극적 자유의 박탈

서론에서 살펴봤듯이, 인공지능은 법 집행에도 활용될 수 있다. 국경 치안유지와 공항 보안 검색에도 사용될 수 있다. 안면인식 기술과 지문 및 홍채 스캔 같은 생체인식 기술은 전 세계적으로 공항과 국경 검문소에 도입되어 시행되고 있다. 이는 편견과 차별(2장 참조)이 발생할 위험과 사생활에 대한 위협(UNICRI and INTERPOL 2019)이 될 뿐만 아니라, 체포와 구금 같은 온갖 방법으로 개인의 **자유**를 침해하는 결과로 이어질 수 있다. 인공지능 기술이 오류를 일으킨다면(사람을 잘못 분류하거나 얼굴을 인식하지 못하는 경우) 개인이 잘못 체포될 수 있고 망명이 거부되거나 공개 고발을 당하는 등의 일이 벌어질 수 있다. "작은" 오차 범위라도 수많은 여행객에게 영향을 미칠 수 있다.(이즈라엘Israel 2020) 잠재적인 범죄를 '예측'하기 위해 기계학습을 활용하는 이른바 **예측치안유지**predictive policing는 자유를 박탈하는 부당한 사법적 결정으로 이어질 수 있고 (다시) 차별을 초래할 수 있다는 점에서 유사하다. 이 시스템은 보다 많은 사람들이 '카프카의 소설 같은' 상황으로 내몰릴 수 있다. 모호한 의사 결정 과정과 자의적이고 설명되지 않는 부당한 결정으로, 피고인의 삶에 중대한 영향을 미치면서 법치주의에 위협이 될 수도 있는 것이다.(라다보이Radavoi 2020, 111~113; 힐데브란트Hildebrandt 2015 참조)

여기서 위험에 처한 자유는 정치철학자들이 '소극적 자유negative liberty'라 부르는 것이다. 벌린Berlin은 소극적 자유를 간섭으로부터의 자유로 정의한 것으로 유명하다. 이 정의는 다음과 같은 질문과 관련된다. "주체(한 사람 또는 집단에 소속된 사람들)가 다른 사람의 간섭 없이 할 수 있거나 하게 될 가능성이 있는 일을 하도록, 또는 되게끔 내버려 두거나 그래야 하는 것은 어떤 영역인가?"(벌린 1997, 194) 따라서 소극적 자유는 타인이나 국가에 의해 간섭과 강압, 즉 방해받지 않는 상태이다. 보안상 위험이 되는 사람, 이주나 망명할 권리가 없는 사람, 즉 범죄를 저지른 사람을 식별하는 데 인공지능이 사용된다면, 바로 이 자유가 위태로워지는 것이다. 여기서 위협받고 있는 자유는 바로 불간섭의 자유이다.

감시 기술에 비추어볼 때, 이 자유 개념을 간섭 **위험**이 없는 자유로 확장해볼 수 있다. 사람들을 계속해서 노예 상태나 착취하기 위해 인공지능 기술을 감시에 이용한다면, 이러한 소극적 자유는 위태로워질 수밖에 없다. 눈에 보이지 않는 속박과 끊임없이 지켜보는 비인간의 눈을, 이 기술이 만들어내고 있는 것이다. 감시가 이루어지는 곳에는 늘 카메라 또는 로봇이 있다. 자주 언급되다시피, 이런 감시 상황은 벤담 이후 푸코가 파놉티콘 Panopticon이라 불렀던 원형 감옥과 유사하다. 여기서 죄수들은 감시 대상이지만, 감시자는 볼 수 없다.(권력에 대해 논한 4장도 참조) 더 이상은 초기 형태의 투옥이나 노예제처럼 신체를 구속하거나 직접적으로 감독하는 일은 필요치 않다. 사람들을 관찰하는 감시 기술로도 충분하기 때문이다. 엄밀히 말하면, 이 기술은 작동하지 않아도 된다. 과속 단속 카메라와 비교해보라. 실제로 작동하든 그러지 않든, 이 단속 카메라는 이미 우리의 행동을 (특히 **규율**로) 제약한다. 또 이것이야말로 이 카메라가 일부분 의도한 목적이기도 하다. 우리가 항상 감시당하고 있거나 감시당할 가능성이 있다는 사실을 아는 것만으로도 목적은 충분히 달성한 것이나 다름 없다. 다시 말해 간섭의 위험이 있다는 사실로, 즉 소극적 자유가 박탈당할 것이라는 두려움을 불러일으키는 것만으로도 우리의 행동을 규율하기에 충분하다. 같은 상황이 교도소와 수용소에서 일어날 수 있지만, 직원들의 업무 수행을 관찰하기 위해 작업 상황에서도 일어날 수 있다. 대다수의 경우 감시는 은밀히 진행된다. 알고리즘과 데이터, 그리고 이런 데이터를 이용하는 사람들은 잘 보이지 않는다. 블룸(Bloom 2019)은 이렇게 보이지 않는 측면 때문에 '가상 권력virtual power'이라는 용어를 사용하는데 다소 오해의 소지가 있다. 이 권력은 실제로 존재한다.

인공지능을 활용한 감시는 법을 집행하는 정부 기관이나 기업 환경 및 작업 상황에서만 이루어지는 게 아니다. 마찬가지로 사적 영역에서도 도입되고 있다. 소셜 미디어의 경우 (국가와 소셜 미디어 기업에 의한) '수직적' 감시만이 아니라, 알고리즘이 매개하는 이용자들 서로가 지켜보는 동료peer 감시 또는 '수평적' 감시도 있다. 그리고 **역감시**sousveillance(아래에서 위로의 감시 – 옮긴이)도 일어난다.(만·놀런·웰먼Mann, Nolan, and Wellman 2002) 사람들은 휴대용 기기를 이용하여 어떤 일이 벌어지고 있는지 기록한다. 이런 행위는 다양한 이유로 문제가 될 수 있는데 그중 하나가 자유를 위협하는 일이다. 이때의 자유는 개인 영역에 대한 방해받지 않을 자유로 이해되는, 프라이버시를 가질 소극적 자유를 의미할 수 있다. 자유주의, 즉 자유로운 사회에서 프라이버시는 대부분 기본권으로 간주된다. 하지만 공유하는 문화를 수용하도록 요구받는 사회에서는 이 권리가 위험에 처할 수도 있다. 벨리스(Véliz 2020)는 이렇게 말한다. "자유주의는 개인을 보호하고 건전한 집단생활을 영위하는 데 필요한 일 외에 그 어떤 것도 공적 감시 대상이 돼서는 안 된다고 말한다. 노출문화는 모든 것을 공유하고 공개적인 검사를 받도록 요구한다."(110) 따라서 완전한 투명성은 자유민주주의 사회를 위협한다. 또 이런 일이 벌어지는 데는 첨단 기술산업이 중요한 역할을 한다. 우리는 소셜 미디어를 이용하여, 정부의 어떤 빅 브라더Big Brother(조지 오웰이 소설 『1984』에 나오는 '감시자'를 지칭하는 용어. 정보를 독점하여 감시와 통제에 이용하는 권력자 또는 사회체제 등을 일컬음 - 옮긴이)가 달라고 강요하거나 은밀한 방법으로 입수하기 위해 힘들게 노력하지 않아도, 기꺼이 공유하는 개인적인 모든 세부 정보가 들어 있는 자기 자신에 관한 디지털 서류 일체를 자발적으로 만들어내고 있다. 반대로 기술 기업들은 대놓고 뻔뻔하게 그 데이터를 가져간다. 페이스북 같은 플랫폼은 권위주의적 정권의 몽정wet dream(꿈 속에서 일어나기 때문에 일어날 수도, 일어나지도 않지만 여전히 기분 좋은 일을 나타냄 - 옮긴이)이기도 하지만 자본가의 몽정이기도 하다. 사람들은 사회적 목적(만남) 등을 위해 **자신의** 발자취를 추적하고 파일을 만들지만 건강 관리를 위해서도 그렇게 한다.

아울러 이런 정보는 법이 집행될 때 사람들에게 불리하게 작용할 수 있고, 실제로도 그랬다. 일례로, 미국 경찰은 신체활동 및 건강 추적기인 핏비트Fitbit 데이터 분석을 통해, 강간을 당했다고 거짓 신고를 한 혐의로 한 여성을 재판에 넘겼다.(Kleeman 2015) 핏비트 데이터는 미국의 한 살인 사건에서도 이용됐다.(BBC 2018) 개인의 자유에 영향을 미칠 수 있는 소셜 네트워크 사이트와 전화기 데이터는 예측치안유지에도 활용될 수 있다. 간섭으로부터의 자유에 대한 위협이 없다 하더라도, 사회적 수준에서 문제가 발생하면 자율성 같은 다른 유형의 자유에도 영향을 미칠 수 있다.(다음 절 참조) 솔로브(Solove 2004)가 말했듯이, "이런 문제는 우리가 이루어가고 있는 사회 유형과 사고방식, 보다 넓은 사회 질서 안에서 우리가 차지하고 있는 위치, 삶을 의미 있게 통제할 수 있는 우리의 능력과 관련된다."(35)

그렇더라도 기술로 인해 소극적 자유에 위협이 온다면 신체와 관련되는 문제일 가능성이 크다. 보안이나 법 집행이 목적일 경우 로봇이 물리적으로 사람들을 억류하는 데 이용될 수 있다. 하지만 '사람들이 소유한 상품'과 안전을 위해서도 로봇이 이용될 수 있다. 인지 장애가 있는 어린이나 노인이 주위를 살피지 않고 위험한 길을 건너거나 창문에서 떨어지는 위험한 상황을 생각해보라. 이런 경우 사람이 방이나 집에서 나갈 수 없도록 저지하는 데 기계가 이용될 수 있다. 이때는 간섭이라는 물리적 감시를 통해 소극적 자유를 제약한다는 점에서 (다음 절에서 더 다루고자 하는) 개입주의paternalism의 한 형태라 할 수 있다. 샤키와 샤키(Sharkey and Sharkey 2012)는 심지어 노인의 활동을 제약하려는 목적을 위해 로봇을 이용하는 것조차 "권위주의적 로봇 시대로 향하는 미끄러운 경사면slippery slope(어떤 행위나 제도 등으로 인해 의도하지 않은 부정적 결과에 이르게 된다는 논리 – 옮긴이)"이라고 말한다. 인공지능과 로봇 기술을 통해 인간 행동을 모니터링하고 제한하는 것과 관련되는, 이런 시나리오는 초지능 인공지능이 권력을 장악한다는 먼 미래의 공상과학 시나리오보다는 현실적인 듯하다.(이 또한 자유를 박탈하는 것으로 이어질 수 있다.)

인간의 소극적 자유를 제한하려는 목적으로, 인공지능이나 로봇을 이용하는 모든 사람은 기본적 자유를 침해하려는 불가피한 정당한 사유를 대야 한다. 강압의 경우 19세기 중반 밀(Mill 1963)의 주장처럼 입증 책임은 소극적 자유를 옹호하는 사람보다, 제한이나 금지를 주장하는 사람에게 있어야 한다. 프라이버시의 침해, 법률 집행, 이동에 대한 개입주의적인 제약의 경우 그 책임은 제한을 가하는 사람에게 있다. 상당한 해를 입힐 위험이 있거나(밀), 일반적이든 특별한 경우이든 자유보다 더 중요한 또 다른 원칙(정의 등)이 있음을 분명히 하기 위해서다. 따라서 기술이 오류를 내거나(서론에서 본 오류 사례) 그 기술 자체로 해를 입힌다면, 인공지능이나 로봇의 이용으로 자유를 제약하는 일을 정당화하기란 훨씬 더 어려워진다. 안면인식 장치에 오류가 생긴다면 부당한 체포와 구금으로 이어질 수 있는 경우가 그 대표적인 예이다. 누군가를 제지할 때 로봇이 부상을 입힐 수도 있다. 나아가 공리주의(효용과 행복 등 쾌락에 최대 가치를 두는 철학·사상적 경향 - 옮긴이)와 더 넓게는 결과론적 틀을 넘어, 국가 및 국제 선언에 명시된 자유권 같은 의무론적 관점에서 자유에 대한 권리를 강조할 수 있을 것이다.

이처럼 기술이 (의도하지 않은) 해로운 영향을 미치는 경우를 보더라도 자유만이 위태로운 게 아니라는 것은 분명해진다. 자유와 다른 정치원리 및 가치 사이에는 긴장과 상호 보완적 관계가 있다. 소극적 자유는 대단히 중요하다. 그렇지만 매우 중요하고 특별한 경우에 역할을 (해야) 하는 다른 정치적, 윤리적 원칙들도 있을 수 있다. 어떤 원칙이 우선해야 하는지는 늘 불분명하다. 예컨대, 특정한 피해(창문에서 떨어지는 경우)를 막기 위해 어린아이의 소극적 자유를 제한하는 일이 옳다는 것은 아주 명백할 수 있다. 이에 반해 치매에 걸린 노인이나 '불법' 체류자일 경우 이들의 자유를 제한하는 것이 정당한지는 훨씬 더 불분명하다. 그렇다면 다른 사람의 소극적 자유와 또 다른 정치적 권리를 보호하기 위해 한 사람의 소극적 자유를 (예를 들어, 구금을 통해) 제한하는 것은 과연 정당한 일인가?

밀이 주장한 위해원칙harm principle을 적용하는 일도 매우 까다롭기는 마찬가지이다. 특정한 경우 정확히 어떤 것이 위해가 되며, 어떤 위해가 누구에게 가해지고, 누구의 위해가 더 중요한지 누가 정의하는가? 그런데 소극적 자유는 어떤 기준으로 제한되는가? 코로나19가 전 세계적으로 유행하는 동안 특정 장소에서 마스크를 착용해야 하는 의무의 경우에 대해 생각해보자. 팬데믹 상황은 정확히 다음과 같은 질문에 대한 논란을 불러일으켰다. 위해로부터 (혹은 위해의 위험으로부터) 더 많은 보호가 필요한 사람은 누구인가? 누가 소극적 자유를 앗아가는 마스크를 착용하고 있는가? 이런 질문은 인공지능을 이용하는 사례에도 적용할 수 있다. 예를 들면, 특정 인공지능 기술이 오류 없이 작동한다고 해도 스캐닝scanning과 안면인식을 수반하는 공항의 보안 검색 절차는 간섭받지 않을 내 자유를 침해하는 행위인가? 손 수색도 이런 내 자유에 대한 침해 행위에 해당하는가? 만약 침해 행위라면, 이 행위는 스캐닝보다 더 심각한 내 자유에 대한 침해 행위인가? 안면인식 오류 자체는 위해에 해당하는가, 아니면 잠재적으로 해를 끼칠 수 있는 보안 요원의 행동에 달려 있는가? 그리고 이 모든 것이 테러 위험에 대비한 조치로 옳다고 주장할 경우, 이 낮은 확률의 (그러나 큰 영향을 미치는) 위험은 내가 국경을 넘을 때 내 소극적 자유에 대한 간섭이 정당화되는가? 또 기술적 오류 때문에 내 소극적 자유가 박탈당할 위험에 처하는 것과 함께 기술이 만들어내는 새로운 위험에 내가 노출되는 것이 정당화되는가?

인공지능과 인간 행동의 조종,
인간의 자율성 기만하기

그런데 이런 쟁점들이 소극적 자유에 관한 것이라면, 적극적 자유란 무엇인가? 적극적 자유는 여러 방식으로 정의할 수 있다. 그중 벌린이 정의한 가장 중요한 의미 중 하나는 자율성 또는 자치와 관련된다. 여기서 문제는 내 선택이 정말로 다른 누군가의 선택이 아니라 내 선택인지의 여부이다. 벌린(1997)은 다음과 같이 쓰고 있다.

> '자유'라는 단어의 '적극적' 의미는 자신의 주인이 되고자 하는 개인들의 소망에서 비롯된다. 나는 내 삶을 그 어떤 외부의 힘이 아닌 나 스스로가 결정하기를 바란다. (…) 무엇보다도 나는 내 선택에 책임을 지고 분별력과 의지가 있는 능동적인 존재로서 자각하기를 바라며 내가 가지고 있는 생각과 목적의식을 참고하여 그러한 것들을 설명할 수 있기를 바란다.(203)

이 자유는 구금이나 방해라는 의미에서의 간섭이 아니라 오히려 다른 누군가가 나를 위해 가장 좋은 것을 결정하는 개입주의와 대조된다. 벌린에 따르면, 권위주의적 통치자는 상위 자아higher self(보다 높은 의식 수준의 나 – 옮긴이)와 하위 자아lower self를 구분하고,

상위 자아가 실제로 바라는 게 무엇인지 안다고 말하면서 이 상위 자아의 이름으로 사람들을 억압한다. 여기서 자유는 외부 통제나 신체적 규율의 부재에 관한 것이라기보다는 무언가를 욕망하고 선택하는 인간의 심리에 대한 개입이다.

　이러한 자유는 인공지능과 어떤 관련이 있을까? 이 내용을 이해하려면 사람들의 행동을 달라지게 하려는 목적으로 선택 환경을 변화시키는 넛지의 가능성을 곰곰이 생각해보라. 넛지 개념은 무엇보다도 편향적인 의사 결정을 내리는 인간의 심리를 이용한다. 탈러와 선스타인(Thaler and Sunstein 2009)은 사람들이 합리적인 판단을 내리는 대신 휴리스틱heuristics(경험에 기반하여 판단을 내리는 편의적 의사 결정법 – 옮긴이)과 편견으로 결정을 내려, 신뢰를 주지 못하는 문제에 대한 해결책으로 넛지를 제안한다. 다시 말해 이들은 선택 환경을 호감 가는 쪽으로 바꿔 사람들의 의사 결정에 영향을 주어야 한다고 주장한다. 강요 대신, 사람들의 "선택 구조choice architecture"를 바꾼다.(6) 예컨대, 정크 푸드junk food를 금지하는 대신 수퍼마켓에 과일을 진열할 때 눈에 잘 띄는 곳과 눈높이에 놓아둔다. 이런 개입은 인간이 도마뱀과 공유하는 파충류 뇌(우리 뇌의 가장 깊숙한 곳에 있는 '뇌줄기'로 원시적 동물의 뇌에서 차지하는 비중이 커 '파충류 뇌'라고도 부른다 – 옮긴이)에서 잠재의식으로 작동한다.(20) 이제 인공지능은 이런 넛지에 이용될 수 있고, 또 이미 이용되고 있다. 내가 사고 싶어 하는 제품을 아마존이 추천할 때가 바로 그런 경우이다. 마찬가지로 스포티파이Spotify는 특정 음악을 추천할 때 실제 나보다 나를 더 잘 안다고 주장하는 듯하다. 이런 추천 시스템은 책이나 음악에 대한 내 선택을 제약하기보다 알고리즘이 제안하는 쪽으로 내 구매와 읽기, 듣기 행동에 영향을 주기 때문에 넛지이다. 그렇다면 정부는 이와 동일한 기술을 이용하거나 장려하여, 이를테면 친환경 방향으로 사람들의 행동을 움직일 수도 있을 것이다.

이런 유형의 개입은 선택의 자유나 행동의 자유를 박탈하지 않는다. 강요도 없다. 이 점에서 탈러와 선스타인은 넛지를 일종의 "자유주의적 개입주의libertarian paternalism"라고 부른다.(5) 이 개념은 사람들의 의향에 맞서 행해지는 게 아니다. 그러므로 고전적 개입주의와는 다르다. 드워킨(Dworkin 2020)의 경우 고전적 개입주의를 다음과 같이 정의했다. "다른 사람과 이들의 뜻에 반하여 국가나 개인이 간섭하는 것은 간섭받는 사람이 보다 나은 삶을 살게 된다거나 위해로부터 보호받게 될 것이라는 주장에 의해 옹호되거나 동기 부여가 된다." 고전적 개입주의는 소극적 자유를 침해하는 것이 분명한 데 반해, 넛지는 드워킨이 설명하는 방식으로 자유를 제한하지 않으면서 사람들이 가장 관심을 보이는 쪽으로 선택을 유도한다. 즉, 넛지는 벌린의 용어를 빌리면 외부 통제가 없기 때문에 소극적 자유를 침해하지 않는다. 예컨대, 정부는 시민들의 공중 보건을 증진하고자 흡연이 사망을 초래한다는 경고 문구를 담뱃갑에 표시하거나 슈퍼마켓 계산대와 같이 눈에 띄는 특정 장소에 담배를 비치하지 말도록 담배 회사에 요구할 수 있다. 이런 정책은 담배를 금지하기보다 생산자와 소매업자가 흡연자의 선택에 영향을 주도록 의도한 곳에 넛지하게 하는 것이다. 마찬가지로 인공지능에 의해 작동되는 추천 시스템은 특정한 책을 사거나 특정한 노래를 들으라고 강요하지는 않더라도 우리의 행동에 영향을 줄 수 있다.

그렇지만 인공지능에 의한 넛지는 무언가를 하게 하거나 결정을 하도록 강요받는 게 아니기 때문에, 소극적 자유에 대한 위협보다는 적극적 자유에 대한 위협에 해당한다. 즉, 넛지는 인간의 잠재 의식 속에 있는 심리에 영향을 미쳐, 목표를 세우고 스스로 선택하는 합리적인 인간으로 존중하기보다는 인간의 마음을 조종한다. 광고와 선전이 그렇듯이 인간의 잠재의식을 이용하는 방식은 넛지가 처음은 아니다. 하지만 넛지는 자유주의적인 척하면서 인공지능으로 점점 더 빠르게 확산하여 광범위하게 영향을 끼칠 가능성이 크다. 기업이 넛지를 행할 수 있지만, 국가도 더 나은 사회를 만든다는 명분 등으로 넛지를 행할 수 있다. 하지만 벌린(1997)이 말했듯이, 사회 개혁이라는 미명 아래 적극적 자유를 침해하는 것은 인간을 모욕하는 일이라 할 수 있다. "사회 개혁가인 사람들은 알지만, 그 밖의 사람들은 알지 못할 수 있는 목표를 향해 인간을 조종하고 몰고 가는 것은 인간의 본질을 부정하고 의지가 없는 대상으로 취급하면서 비하하는 것이다."(209) 벌린에 따르면, 개입주의는 "인간으로서의 자기 자신에 대한 모욕"이다.(228) 내 선택으로 내 인생을 만들어가고 싶은 자율적 존재로서 나를 존중하지 않기 때문이다. 그렇다면 이런 비판은 선택과 행동의 자유를 박탈하지 않고 강요도 없다는, 이른바 넛지의 '자유주의적' 개입주의에도 적용될 수 있을 것이다. 예를 들면, 사람들이 슈퍼마켓에서 물건을 살 경우 자신이 무언가의 영향을 받는다는 사실조차 알아차리지 못하기 때문이다.

이로 인해 인공지능을 통한 넛지는 적어도 상당 부분 의혹에 휩싸여 있고 (모든 소극적 자유에 대한 침해와 마찬가지로) **언뜻 보기에도 정당하지 않다.**(달리 입증되지 않는 한 정당화되지 않는다.) 그래도 이 기술을 이용하려는 사람은 적극적 자유보다 더 중요한 원칙과 선good을 주장해야 한다. 예컨대, 어떤 사람의 건강과 생명이 그 사람의 자율성을 존중하는 것보다 더 중요할 수 있다고 하거나, 인류와 또 다른 종의 생존이 기후가 미칠 영향에 무지하거나 기후 문제의 해결에 관심이 없는 사람의 적극적 자유보다 더 중요할 수 있다고 주장할 수 있을 것이다. 그렇다 하더라도 아마 적극적 자유의 침해가 소극적 자유의 침해보다는 논란의 여지가 적을 것이다. 하지만 여기서는 적극적 자유에 대한 침해로 위태로워지는 게 뭔지 이해하는 것이 중요하다. 사람들을 사회나 그들에게 바람직한 일(비만에 대한 넛지 등)로 조종할 수 있는 대상으로 취급하고, 스스로 선택하고 합리적으로 의사 결정을 내릴 수 있는 사람들의 능력을 비하하며, 사람들의 생각과 무관하게 정부나 환경 운동가들이 정한 목표를 위해 사람들을 수단(기후 목표에 도달하기 위한 수단 등)으로 취급하는 위험 등이 그에 해당할 것이다. 적게는 목적(바람직한 목표 등)이 수단을 정당화하고 인간에 대한 비하를 정당화한다면, 대체 왜 그리고 언제 그런 일이 일어나는가? 그리고 누가 그런 목표를 정하는가?

기본적으로 또는 대개 사람들이 비합리적이고 논증에 열린 마음을 갖고 있지 않다고 생각하는 것은 마찬가지로 인간의 본성과 사회를 매우 비관적으로 보는 관점이며, 이는 홉스의 정치철학과 맥을 같이 한다. 17세기 중반 영국에서 저술 활동을 하고 있었던 홉스(1996)는 자연 상태(국가 성립을 설명할 때 전제가 되는, 정치 사회 이전의 상태를 가리킴 - 옮긴이)에서는 경쟁과 폭력만이 난무하는 끔찍한 상황이 벌어진다고 생각했다. 그래서 그는 그런 상황이 오기 전에 질서를 가져올 정치적 권위자가 필요한데 그게 바로 리바이어던Leviathan이라고 주장했다. 홉스의 이런 생각과 유사하게, 자유주의적 개입주의는 사회와 자기 자신에게 바람직한 방향으로 사회질서를 구축할 수 있는 사람들의 능력에 대해 비관적이다. 그런 사회질서는 이를테면 인공지능을 이용한 조작을 통해 위에서부터 강제되어야 하는 것이다. 홉스와 달리 18세기 루소와 20세기 듀이와 하버마스 같은 정치철학자들은 인간의 본성에 대해 보다 낙관적인 견해를 지니고 있었다. 또 이들은 사람들이 자발적으로 공동선에 헌신하면서 합리적으로 숙고하고 논증을 통해 합의에 이르는 민주정치를 신뢰한다. 이런 관점에서 인간은 통제되어서도(소극적 자유에 대한 제한, 전제정치), 조작되어서도(적극적 자유에 대한 제한, 개입주의) 안 된다. 인간은 스스로 억제하고 사리 추구를 넘어 합리적으로 생각하며, 사회의 바람직한 방향에 대해 서로 논의할 수 있는 능력이 뛰어나기 때문이다. 이 같은 시각에서 사회는 고립된atomized 개인들이 모여서 이룬 집합체라기보다는 공동선을 달성하기 위한 시민 공화국이다. 루소(1997)는 철학적 **공화주의**(공화주의는 사적 이익과 개인의 자유 및 권리보다, 공적 이익과 공동체의 안녕을 더 중시하는 정치철학 – 옮긴이)를 옹호하는 사람들과 마찬가지로 고대 그리스 도시국가를 되돌아보고, 공동선은 능동적인 시민의식과 참여로 달성될 수 있었으며 시민이 평등한 공동체를 이루는 '일반 의지'(사회구성원들이 공유하는 의지 – 옮긴이)에 따라 그대로 행동해야 했을 것으로 생각했다. 루소의 경우 **자유의 강제**, 즉 "(자신의) 성향에 귀를 기울이기 전에 (자신의) 이성에 조언을 구하고"(53) 일반 의지에 따를 것을 강제해야 한다는 그의 견해는 널리 알려진 대로 문제가 있었지만, 전제정치를 거부하고 인간 본성에 대해 대체로 낙관적인 생각을 품고 있었다. 즉, 루소는 자연 상태는 선하고 이미 사회적이라고 생각했다. 동시에 그는 자율성으로서의 자유가 이성을 활용하고 정념(억제하기 어려운 감정 - 옮긴이)을 억제하여 개인 수준에서 바람직하게 성취할 수 있다(덕 윤리학에서도 찾을 수 있는 견해)는 입장으로, 플라톤과 아리스토텔레스 같은 고대 철학자와 견해를 같이했다. 이러한 이상에 비추어 볼 때 인공지능이 무슨 역할을 할 수 있을지에 대한 의구심은 계속해서 남는다. 3장에서는 민주주의 이상과는 어떠한 관련성이 있는지 그 가능성에 대해 다양한 견해를 추가로 살펴볼 예정이며, 권력에 관한 4장에서는 인공지능과 자기 구성에 대해 더 많은 이야기를 할 것이다.

자기실현과 해방에 대한 위협,
인공지능을 이용한 착취와 로봇 노예의 문제

자유에 대한 또 다른 위협은 소극적 자유를 방해하거나 넛지하는 데서 오는 게 아닌, 보다 관계적인 서로 다른 자유를 침해하는 데서 온다. 자본주의 사회에서 발생하는 노동이나 (대놓고) 노예 같은 지배관계를 다른 사람에게 강요하여 타인을 억압하고 착취하면서 개인의 자유를 침해하는 경우가 그에 해당한다. 이때 개인의 소극적 자유에 대한 제약이 수반될 수 있고(물론 내가 노예라면, 하고 싶은 대로 할 가능성이 없고 애당초 정치적 주체로도 여겨지지 않으므로 내가 하고 싶은 것이 중요한 위치에 있지도 않을 것이다.) 마찬가지로 적극적 자유에 대한 침해(착취)와 억압이 결합될 수도 있다. 하지만 이러한 현상들은 동시에 **자기실현, 자기개발, 해방**과 관련되는 문제를 제기하고 정의와 평등의 문제와도 결부된다.(다음 장 참조) 또 인간의 **사회적 관계**의 질, 노동가치와 그 본질 및 자유와의 관계, 사회를 구조화하는 방식에 대한 문제와도 관련 있다. 여기서 위협받는 자유는 개인이 하고 싶은 것을 억제하는 것도, 타인을 외부의 위협으로 간주하는 것도 아닌, 더 좋은 사회와 사회적 관계를 구축하는 것이라는 의미에서 관계적이다.

자유에 대한 이러한 개념은 헤겔과 마르크스의 영향을 받았다. 헤겔은 일을 통해, 자연을 변형시키는 것은 자유와 자의식을 유발한다고 생각했다. 이는 『정신현상학Phenomenology of Spirit』(1977, 원본은 1807년임)에 수록된 바로 그 유명한 주인과 노예 변증법이다. 여기서 주인은 자신의 욕망에 좌우되는 데 반해, 노예는 일을 통해 자유 의식을 얻는다. 마르크스는 노동이 자유로 이어진다는 이 생각을 차용했다. 그에게 자유는 벌린이 주장한 소극적 자유와 적극적 자유가 그러하듯이 더 이상은 속박으로부터의 자유 또는 심리적인 자율성과 관련이 깊은 개인주의적 관념이 아닌, 보다 사회적이고 물질적인 역사적 개념이다. 헤겔과 마르크스에게 자유는 사회적 상호작용에 근거하고 있으므로 의존 상태와 다름 없다. 노동과 도구는 우리의 자유를 확장한다. 여기서 자유는 역사를 지니며, 이 역사 또한 사회와 정치의 역사이자 (추가로) 기술의 역사이다. 마르크스는 기술을 이용하여, 우리가 자연을 변화시키는 동시에 자기 자신을 만들어간다고 생각했다. 우리는 노동을 하면서 스스로를 발전시키고 인간으로서의 능력을 발휘한다.

하지만 마르크스는 동시에 자본주의하에서 노동자는 소외되고 착취당하고 있기 때문에 그러한 일이 불가능해진다고 주장했다. 노동자는 스스로를 해방시키고 자각하는 대신, 그들의 생산물과 타인으로부터, 궁극적으로는 자신으로부터 소외되기 때문에 자유롭지 못하게 된다. 마르크스(1977, 68-69)는 『1844년 경제학 철학 수고Economic and Philosophic Manuscripts of 1844』에서 노동자는 스스로가 상품이 되면서 생산하는 대상과 그 생산물을 전유하는 자들의 하인이 된다고 말했다. 노동자는 스스로를 긍정하는 대신 그들의 신체를 상하게 하고 정신을 파멸시킨다. 이는 노동을 자유로운 것이 아니라 강제적인 것으로 만든다.(71) 노동자의 노동은 "다른 사람의 지배와 강압과 속박 아래에서 하인으로 수행되는 활동"(76)이 되면서 그들 자신으로부터 멀어진다. 이런 상황에서는 기술이 자유로 이어지기보다는 수단이 된다. 반대로, 공산주의는 (반복하여) 자기 능력과 잠재력을 최대한 발휘할 수 있는 자유로운 국민people 연합체로 생각하고 자유를 실현해줄 것이라고, 마르크스는 주장했다.

이러한 자유에 대한 개념은 인공지능과 로봇에게 어떤 의미인가?

첫째, 인공지능과 이 기술을 소유하고 있는 기업이나 개인들은 데이터가 필요하다. 그리고 우리는 데이터가 필요한 소셜 미디어와 또 다른 앱 이용자로서 데이터를 생산하는 노동자라 할 수 있다. 푸크스(Fuchs 2014)는 소셜 미디어와 구글 같은 검색 엔진은 자유로워진 게 아니라 자본주의에 의해 식민화되고 있다고 주장한다. 우리는 무임 노동으로 다른 기업에 판매되는, 데이터라는 상품을 소셜 미디어 기업과 그들의 고객(광고주)을 위해 생산한다. 이는 일종의 착취다. 자본주의는 우리가 데이터 생산을 위해 전자 기기의 사용과 함께 지속적으로 일하면서 소비할 것을 요구한다. 그래서 자본주의 경제 안에서 매일 같이 생활하는 대부분의 사람들은 유일하게 잠을 잘 때만이 '자유'를 누린다.(크레리Crary 2014, 리Rhee 2018, 49) 심지어 전화기는 잠자리에 있을 때조차 우리의 관심을 필요로 한다. 우리가 사용하는 기기도 "노예 같은 조건"에서 생산되는 경우가 많다.(푸크스 2014, 120) 원료로 쓰이는 광물을 채취하고 만드는 사람들의 고된 노동에 의존하기 때문이다. 인공지능 서비스도 마찬가지로 데이터를 정리하고 태그를 지정하며 모델을 교육하는 등의 일을 저임금 노동자에게 의존한다.(스타크·그린·호프만Stark, Greene, and Hoffmann 2021, 271) 그런데 자기실현으로서의 자유라는 측면에서 소셜 미디어 이용에 마르크스의 분석을 적용하면, 내가 무임 노동을 하고 있고 다른 사람들이 내가 소셜 미디어를 즐길 수 있도록 착취당한다는 것만이 문제가 되는 것은 아니다. (이는 마르크스의 『자본론』(1990, 원본 1867)에 수록된 정치경제학적 접근을 기초로 분석될 수 있는데, 자본가는 노동자가 자신의 노동 비용을 초과하여 창출한 가치를 착복한다.) 그와 동시에 소셜 미디어 이용은 자기개발과 자기실현으로 이어지지 않으면서 자유로도 이어지지 않는다는 사실이다. 오히려 나는 스스로 데이터 수집 대상이 된다.(또한 4장 참조)

둘째, 로봇 기술은 자동화에 사용되는 경우가 많기 때문에 이 기술의 영향을 인간 자유에 대한 마르크스의 개념을 가져와 설명할 수 있다. 먼저, 로봇은 기계 형태로 마르크스가 설명한 소외의 원인이 된다. 이로 인해 노동자는 단지 기계의 일부에 지나지 않게 되면서 일을 통해 자기실현의 기회를 잃는다. 이런 상황은 이미 산업 현장에서 발생했기 때문에, 머지않아 소매업소나 (예를 들면, 일본의) 레스토랑 같은 서비스 산업에서 발생할 수도 있다.(이미 국내에서 커피 판매점 등 서비스 산업에 로봇이 투입되고 있다 – 편집자) 기계의 사용 역시 마르크스의 설명처럼 열악한 노동 조건과 노동자의 신체적, 정신적 저하를 가져오고 실업을 초래하기도 한다. 로봇이 인간의 노동력을 대체하면 오로지 팔 노동력만이 있는 실업자 계층(프롤레타리아 계급)을 생성시킬 것이다. 이런 상황은 일자리를 잃는 사람들만이 나쁜 게 아니다. 임금이 낮아지므로 (또는 임금을 법적으로 허용되는 최저 수준으로 유지하게 만들므로) 여전히 고용되어 있는 사람들에게도 결코 좋은 일이 아니다. 일부 사람들은 자신이 하던 일도 평가 절하되는 것을 목격하는데, 그들의 일이 로봇에 의해 수행될 수 있기 때문이다.(아타나소스키·보라 Atanasoski and Vora 2019, 25) 그 결과 착취라는 의미에서 자유롭지 못하고 자기실현을 위한 기회도 주어지지 않는다.

오늘날 로봇과 인공지능이 고용에 영향을 미칠 가능성이 크다는 것은 널리 인정되는 사실이다.(포드Ford 2015) 하지만 어떤 국면으로 나아갈지 그 예상 속도와 범위에 대해서는 저자들마다 의견이 분분하다. 스티글리츠Stiglitz 같은 경제학자들은 심각한 혼란을 예측하면서 그런 변화로 인해 인간이 치를 대가에 대해 경고한다. 코리넥과 스티글리츠(Korinek and Stiglitz 2019)의 경우 개인들이 이런 영향에 대비해 충분히 보험에 들지 않고 (유럽의 사회복지 민주주의 국가의 특징 같은) 올바른 형태의 재분배도 이루어지지 않는다면, 노동시장에 큰 혼란이 오면서 소득 불평등과 실직을 심화시키고 격차가 커지는 사회로 이어질 것이라고 예측한다. 인공지능의 사회경제적 영향도 이른바 선진국과 개발도상국the Global South 간에 차이를 벌릴 수 있다.(스타크·그린·호프만 2021) 마르크스주의 관점에서 보면, 이런 문제들은 평등의 측면과 함께 자기실현으로서의 자유 측면에서도 개념화될 수 있다. 저임금과 실업은 사람들의 실존을 위협하기 때문에 결코 좋은 일이 아닐 뿐 아니라, 스스로 깨달을 수 있는 기회가 거의 없기 때문에 정치적 자유도 줄어들게 만든다.

　이런 견해와 달리 어떤 사람들은 기계가 더럽고 무겁고 위험한 일 또는 지루한 일에서 인류를 해방시키고 여가와 자기실현의 시간을 갖게 해줄 것이라고 주장한다. 그래서 노동 현장이 기계로 대체되어 생기는 실업은 자유를 향해 가는 길에 한 걸음 내딛는 것으로 반긴다. 이런 관점은 헤겔과 마르크스가 그랬던 것처럼 노동을 자유로 이어지는 하나의 수단으로 바라보는 대신, 자유란 의식주에서 스스로를 해방시키는 것이라는 고대 아리스토텔레스의 사상을 받아들인 것이다. 아리스토텔레스에 따르면, 의식주에 대한 몰두는 노예들이 할 일이지, 자유인이 할 일은 아니다. 하지만 마르크스주의자라면 노동에 대한 이런 견해에 동의하지 않는 것은 물론이고, 노예제에 기반을 두면서 다른 사람들을 착취하여 특권적 삶을 누리기만 했던 아리스토텔레스 사회의 엘리트 정치인들의 행태를 지적할 것이다. 흔히 부르는 이른바 '여가 사회'를 옹호하는 사람들은 기술이 인간을 노예로 만드는 상황을 종식시킨다고 말한다. 또 기계 때문에 실업자가 된 사람들까지 포함하여 그 누구도 가난하지 않게 하는, 보편적 기본소득 같은 사회보장제도가 실업으로 생긴 문제를 해결할 수 있다고 본다. 하지만 마르크스주의자들은 실제로 인공지능 자본주의가 더 이상 인간을 필요로 하지 않을 것이라고 주장할 수 있다. 이들의 시나리오에서 자본은 "인간으로부터 자유를 얻는다. 여기서 인

간은 축적에 방해되는 생물학적 장애물이 될 뿐이다."(다이어 위트
포드 · 쾨센 · 슈타인호프 Dyer-Witheford, Kjøsen, and Steinhoff 2019, 149)

　이러한 쟁점들은 더 많은 철학적인 궁금증을 불러일으킨다. 이를테면, 헤겔주의 관점에서 볼 때 모든 사람이 주인(기계의 주인)이 된다면, 오히려 자기실현의 기회는 없어지고 욕망에 사로잡혀 자본가에 의해 조종되고 착취당할 수 있다는 우려가 있을 수 있다. 이 주인은 결국 착취당하는 소비자로 새로운 다른 유형의 노예가 되는데, 이는 오늘날 이미 어느 정도는 사실인 듯하다. 마르쿠제(Marcuse 2002)가 말했듯이, 소비사회는 새로운 지배 형태를 가져온다. 소비사회에서 주인은 자신의 통제하에 있는 기계에 의존하는 것만이 아니라, 소비자로서 또 한번 지배를 받는다. 주인과 노예 변증법의 노예를 기계로 바꾼다면, 여기서도 주인(이 시나리오에서는 우리 모두)은 더 이상 존재를 인정받을 기회가 없을 수 있다. 필요한 자의식이 없으므로 기계로부터 인정받을 가능성이 없어지기 때문이다. 따라서 주인이 인정받기 위해 노예한테 의존한다는 헤겔의 말이 옳다면, 여기서의 문제는 주인이 전혀 인정받지 못한다는 사실일 것이다. 달리 말하면, 인간 주인과 로봇 노예의 사회에서는 주인과 소비자가 전혀 자유롭지 못하다. 더 심각한 것은 자유로워질 기회조차 없다는 점이다. 노예와 소비자로서 이들은 자본주의하에서 지배당하고 착취당할 뿐이다. 기계의 주인으로 인정받지 못한다는 뜻이다. 내가 일찍이 쓴 글에서도

이 내용을 강조했듯이, 기계의 주인은 기술에 대한 의존성도 커져 결국 취약해질 수밖에 없다.(코켈버그 2015a)

그런데 왜 주인과 노예의 관점에서 생각하는가? 한편으로는 로봇이 인간 노예 또는 노동자의 대체가 마르크스주의적 관점과 보다 일반적인 계몽주의 관점에서 볼 때 인간이 해방되는 것으로 여겨질 수 있다. 이는 곧 인간이 더 이상 착취적인 사회적 관계와는 무관하다는 의미이다. 다른 한편으로는 하인이나 노예의 관점에서 볼 때 로봇의 경우엔 온통 문제거리로 보인다. 로봇 노예가 있는 세상은 괜찮을까? 주인과 노예의 관점에서 사회를 **생각하는** 것은 어떤 의미일까? 이 문제는 단지 생각하는 것만으로 끝나지 않는다. 인간 노예가 기계로 대체된다면, 비록 이 노예는 인공적일지 몰라도 우리는 계속해서 노예제에 기반한 사회구조 속에서 살아가게 된다는 것이다. 컴퓨터에 기반한 현대사회가 고대 로마나 그리스 도시국가와 다를 바 없는 사회라는 이야기이다. 물론 로봇 노예는 세계인권선언 제4조를 위반하는 것은 아니다. 이 조항은 인간에게만 적용되기 때문이다.(**인권**에 관한 내용이라는 의미이다.) 또 로봇은 의식과 지각력, 지향성 등이 결여되어 인간적 의미의 노예가 아닌 까닭이다. 그렇더라도 로봇이 인간 하인이나 노예를 대신하는 구조는 여전히 주인과 노예 관점의 사고와 위계적이고 '착취적인' 주인과 노예 사회를 반영한다. 문제는 이런 인공지능 및 로봇 기술이 어떤 사회적 관계와 사회 유형을 유지하도록 하느냐이다. (다음 장에서 추가적인 논의가 이뤄진다.)

이제부터는 자유가 아닌 다른 쟁점과 관련하여 이 문제들을 우회적으로 살펴보려는 것일 수 있다. 억압과 착취, 노예제가 안고 있는 문제는 (적어도 앞 절에서 분명하게 설명된 개인주의적이고 좀 더 형식적인 방식으로 자유를 이해한다면) **자유**보다는 **정의** 혹은 **평등**에 있다. 이런 관점에서 보면 인공지능과 로봇이 자유를 위협하기보다는 오히려 우리가 근본적으로 불평등한 사회 또는 불공정한 사회에 살고 있다는 것이 문제가 된다. 또 인공지능과 로봇을 이용하여, 불평등과 불의를 타개하지 않거나 악화시킬 위험이 있다. 이를테면, 노동자를 기계로 대체하여 '해방'시킨다 하더라도 (보편적 기본소득이나 다른 조치를 통해) 현재의 사회구조를 바꾸지 않는 한, 불평등과 부당한 차별을 더 많이 야기할 가능성이 크다. 우리가 어떤 사회에 살고 있고, 살고 싶은지 더 많은 공적 논의가 필요하다. 평등과 정의 같은 정치철학적 개념과 이론이 이런 논의에 도움이 될 수 있다. 보편적 기본소득의 경우 오늘날의 사회보장제도와 마찬가지로 분배적 정의와 공정으로서의 정의라는 특정 개념을 반영한다. 그런데 어떤 의미인가? 다음 장에서는 정의에 대한 몇 가지 개념을 살펴볼 것이다.

이와 달리 이런 쟁점을 자유 관점에서 검토하는 것 역시 흥미로운 일일 것이다. 판 파레이스Van Parijs의 경우『모두에게 실질적 자유를Real Freedom for All』(1995)에서 정의와 평등, 자유 개념에 기초하여 모두를 위한 무조건적 기본소득을 옹호한다. 그는 자유를 사람들이 원하는 것을 할 수 있는 형식적 권리(하이에크의 경우 통상적인 자유주의적 자유 개념)로 이해하기보다는 하고 싶은 것을 할 수 있는 실질적인 역량으로 이해한다. 따라서 기회의 측면에서 자유를 정의한다. 기회의 측면에서 수혜(자산에 대한 더 많이 접근할 기회 등)를 더 많이 입은 사람은 다른 사람들보다 더 많이 자유롭다. 무조건적 소득은 다른 사람들의 형식적 자유(기회가 최대한 주어지는 실질적 자유와 달리, 권리처럼 모두에게 주어지는 자유 – 옮긴이)를 존중하지만, 똑같은 기회라는 의미에서 가장 혜택을 받지 못한 사람들을 보다 자유롭게 하면서 모두를 위한 자유를 창출한다. 더 나아가 모든 사람은 자신이 생각하는 선 개념에 따라 이런 기회를 활용할 수 있다. 자유주의자는 (법적 한계 내에서) 사람들의 선 개념에 대해 중립적인 입장을 취해야 한다. 판 파레이스의 사례 하나를 들면, 만약 사람들이 인터넷 검색을 하는 데 많은 시간을 보내고 싶어 한다면 그들에게는 그렇게 할 기회가 주어져 있기에 그렇게 해도 괜찮다. 그는 이것을 "실질적 자유주의real libertarianism"라고 부른다. 같은 관점을 바탕으로 기계가 인간이 하던 일을 넘겨받는다면 보편적 기본소득은 더 나은 정의와 평등한 사회를 이룰 뿐만 아니라, 모두의 자유를 증진하고 존중하는 방법이라고 말할 수도 있을 것이다. 사람들은 일도, 검색도, 이 둘 모두도 할 수 있다. 기회의 자유freedom of opportunity(현실이 제공하는 기회를 활용할 수 있는 능력 – 옮긴이)라는 의미에서 실질적 자유를 가질 것이기 때문이다.

하지만 보편적 기본소득에 대한 논의에서 알 수 있듯이 자유를 넘어서는 인공지능과 로봇의 정치적, 사회적 차원에 대해서는 훨씬 더 많은 이야기가 있다. 동시에 우리는 평등과 정의에 대해서도 이야기해야 한다. 또 인공지능과 로봇이 기존의 편견과 차별을 영속화하거나 악화시키는 방법에 대해서도 이야기할 필요가 있다.(다음 장 참조)

누가 인공지능에 관한 결정을 내리는가?
참여로서의 자유, 인공지능 선거, 표현의 자유

정치 참여는 또 다른 자유를 의미한다. 이 발상은 또다시 고대에, 더 구체적으로는 아리스토텔레스에 그 뿌리를 두고 있다. 아렌트가 『인간의 조건The Human Condition』(1958)에서 설명한 것처럼, 고대인에게 자유는 선택이라는 진보적 자유가 아니라 정치적 행동이었다. 여기서 그녀는 정치적 행동을 **활동적 삶**vita activa의 다른 활동들(노동과 작업)과 구별한다. 철학적 공화주의는 오로지 정치 참여를 통해서만 사람들이 자신의 자유를 행사할 수 있다고 주장한다. 고대 그리스인에게 이런 자유는 엘리트를 위한 것이었으며,

사실상 노예제에 기초하고 있었지만 정작 강제 노동에 내몰렸던 노예들에게는 그 같은 정치적 자유가 인정되지 않았다. 그럼에도 정치 참여로서의 자유 개념은 현대 정치철학사에 중요하게 영향을 끼쳤고, 민주주의에 대한 몇몇 중요한 해석과 이상에도 영감을 주었다.(3장 참조) 앞서 이미 언급했듯이, 정치적 의사 결정을 하는 데 있어서 참여로서의 자유 개념에 대한 루소의 근대적 표현은 유명하다. 칸트에 앞서 그는 이미 자유는 스스로에게 규칙을 정하는 것을 의미한다고 주장했다. 이때의 자치self-rule는 개인의 자율성으로 해석될 수 있지만,(넛지에 관한 절 참조) 루소는 시민들이 자신만의 규칙을 만드는 경우 진정으로 자유롭고 다른 사람의 폭거에 휘둘리지 않는다고 하면서, 자치에 정치적 의미를 부여하기도 했다. 일반 의지에 대한 루소의 생각은 논란의 여지가 있을 수 있으나 정치 참여가 자유민주주의의 일부이고 그래야 한다는 생각을 고착시키면서 오늘날 수많은 사람들이 민주주의에 대해 생각하는 방식에 영향을 주었다.

스스로 참여하는 자유 개념은 인공지능과 로봇에 관련되는 자유 문제에 어떤 의미가 있는가? 다음은 이 개념에 근거하는 인공지능과 로봇 정치학에 관한 몇 가지 규범적 주장들이다.

첫째는 기술과 그 사용에 관한 결정은 대개 시민이 아닌 정부와 기업, 즉 정치인과 경영자, 투자자, 기술 개발자가 내린다는 점이다. 군사적 맥락(정부 자금 지원)과 기술 기업에서 흔히 개발되는 인공지능과 로봇 경우도 마찬가지이다. 정치 참여로서의 자유라는 이상에 근거해 보면, 이를 비판하고 인공지능과 로봇에 대한 공개 토론과 정치적 결정에 시민이 참여하도록 요구할 수 있을 것이다. 민주주의의 원리에 입각하여 같은 주장을 펼칠 수도 있지만, 철학적 공화주 관점에서는 자유를 근거로 정당화될 수 있다. 즉 자유가 정치 참여와 정치적 자치를 의미한다면, 기술의 사용과 미래에 대해 시민들이 거의 영향을 미치지 않는 지금의 상황은 사실상 시민들을 자유롭지 못한 독재 상태에 놔두는 일일 것이다. 그러한 결정과 관련하여 시민들의 자치권은 없다. 우리는 참여로서의 자유라는 이름으로 기술의 미래에 관하여 보다 민주적인 의사 결정을 요구해야 할 것이다.

나아가 우리는 통상적인 정치제도에 대한 변화를 요구하는 것 이상으로 혁신 과정에 시민들을 중요한 이해관계자로 고려하도록 요구할 수 있다. 지난 10년 동안, 책임 있는 혁신과 가치를 반영하는 설계(VSD)에 관한 논쟁이 있었다.(스틸고·오언·맥나튼Stilgoe, Owen, and Macnaghten 2013, 반덴 호벤van den Hoven 2013, 폰 슘베르크von Schomberg 2011) 이 아이디어는 사회적 행위자들을 혁신 과정에 포함하고 윤리적 가치들을 설계 단계에서 고려한다는 것이다. 하지만 이는 윤리적 책임 문제만이 아닌, 참여로서의 자유라는 이상에 기반한 **정치적** 명령이라고도 볼 수 있다. 자유는 (기술을 주어진 대로 이용하는) 기술 이용자 또는 소비자로서 내 선택의 자유에 관한 것은 물론이고, 내가 이용하는 기술과 관련된 결정과 혁신 과정에 참여하는 자유에 관한 것이기도 하다. 여기서 자유를 행사하는 것은 무엇보다도 중요하다. 기술 철학자들이 계속해서 강조하듯이, 기술은 의도하지 않은 영향을 미치고 우리의 삶과 사회, 우리의 모습을 형성하기 때문이다. 자치로서의 자유가 중요한 정치원리라면, 인공지능 같은 기술과 관련하여 이용자이자 소비자로서 기술이용(및 책임)에 대한 개인의 자율성을 갖는 것은 물론이고, 기술과 관련되는 결정에도 시민으로서 발언권을 갖고 정치적 책임을 지니는 모습이 중요하다. 여기에 참여로서의 자유가 없다면, 인공지능과 로봇의 미래(이것은 내 미래이기도 함)는 기술관료주의적 정치인과 독단적인 최고경영자, 소유주, 투자자의 수중에 들어가고 말 것이다.

둘째는 그럼에도 정치 참여자로서의 우리도 인공지능을 통해 조종될 수 있다는 점이다. 선거운동과 일반적인 정치 활동에서 인공지능의 역할은 점점 더 커지고 있다. 2016년 도널드 트럼프의 대선 캠페인에서 인공지능이 시민을 조종하는 데 이용되었음을 시사하는 증거가 대표적이다.(디트로Detrow 2018) 데이터 과학을 기반으로 운영되는 케임브리지 애널리티카는 소셜 미디어상 개인들의 행동과 소비 패턴과 관계에 대한 데이터를 이용하여 그들의 심리를 수집·분석하고, 이를 기반으로 개인 유권자를 타겟으로 광고를 내보냈다. 따라서 페이스북과 트위터 같은 소셜 미디어상에서 사람 계정으로 위장한 봇bot(특정 작업을 반복적으로 수행하는 프로그램 - 옮긴이)이 특정 인구통계 집단에 잘못된 정보와 가짜 뉴스를 퍼뜨리는 데 이용될 가능성이 있다.(Polonski 2017) 이는 민주주의의 문제이기도 하지만(3장 참조) 자유의 문제이기도 하다. 자율성으로서의 자유에 대한 위협 및 감시 문제와 관련 있지만, 정치 참여로서의 자유에도 영향을 미친다.

그런데 조작과 관련된 문제는 보통 정치적으로 규정되는 맥락에서 정치적 목적을 위한, 좁은 의미의 정치 조작에 관한 것만이 아니다. 갈수록 우리는 직장이나 가정, 그 어디서든 스마트 기기를 사용할 때 인공지능이 자동으로 선택 환경을 생성시키는 스마트 환경에서 생활하고 있다. 이를 힐데브란트(Hildebrandt 2015)는 우리의 심박수를 지배하는 자율 신경계와 유사하다고 말한다. 이제 컴퓨터 자동 시스템은 우리의 신체 내부를 조정하는 자율 신경계와 유사하게 "웰빙에 필요하거나 바람직하다고 생각하는 것을 수행하기 위해" 우리의 외부 환경을 조정한다. 또 우리가 생체 기능이 어떻게 작동되는지 정확히 잘 모르듯이, 이 모든 것은 우리가 의식하지 못하는 사이에 일어난다.(55) 이때 "사회 환경이 사람들 사이의 상호 기대로 형성되지 않고 오로지 데이터에 기반한 조작만이 목표가 된다"면 자율성으로서의 자유와 사회 전체에 문제가 될 수 있을 것이다.(콜드리·메지아스Couldry and Mejias 2019, 182) 그럼에도 이 문제는 동시에 우리가 어떠한 정치 참여를 원하고 필요로 하는지 다음과 같은 문제에 대해 생각하게 한다. 엄밀히 말하면, 인간과 환경에 발생하는 일에 대해 어떻게 하면 우리가 통제권을 (다시) 더 많이 가질 수 있는가? 어떻게 하면 우리가 철학적 공화주의와 계몽주의 사상이 제안한 자치권을 가질 수 있는가?

참여로서의 민주주의에 대해서는 3장에서 더 많은 이야기를 하겠지만, 자유와 관련하여 정치 참여로서의 자유를 위한 조건 중 하나는 교육이라고 할 수 있다. 루소는 정치 참여가 교육과 분리되어 있는 정치시스템을 옹호하지 않았을 것이다. 대신, 그는 플라톤처럼 시민을 위한 도덕 교육을 제안했다. 루소에게 교육은 정치 참여로서의 자유 이상을 실현할 수 있는 유일한 방법이었던 것이다. 그는 시민이 해야 할 일은 오로지 4~5년마다 투표하는 것이며, 나머지 시간에는 소셜 미디어에 자신을 맡긴 채 원하는 것을 하게 내버려 둔다는 생각에 난색을 표했을 것이다. 루소와 함께 다른 계몽주의 사상가들 역시 "고객 지향적"(에릭슨Eriksson 2012, 691) 공공 행정을 펼치는 "셀프서비스 정치"와 전자 정부에서 시민들이 일종의 소비자 또는 "공익사업"(687)의 공동 생산자라는 발상에도 어이없어 할 것이다.(물론 공익사업이 참여적이고 시민들에게 더 적극적인 역할을 제공하는 것은 분명하지만 말이다.)(691) 대신, 루소는 플라톤처럼 교육이 민중을 덜 이기적이고, 인정은 많게 하여 다른 사람에게 의존적이지 않게 하고, 도덕적인 품성과 존중감을 지니게 하여, 덴트(Dent 2005, 150)의 표현대로 "서로 간에 완전한 인간성 수행"으로 이어지게 한다고 생각했다. 따라서 이러한 도덕 및 정치 교육은 시민들이 "도덕적 존재로서 하고 싶은 일을 한다"는 의미에서 일반 의지에 따르도록 이끌 것이다.(151) 조작과 잘못된 정보가 지배하는 공론장에서는 교육을 기반으로 하는 도덕적 자유로서의 정치적 자유라는 이상이 위협을 받는다. 또 이러한 공론장을 인공지능이 만들어내고 유지하는 역할을 할 가능성도 있다.

이는 자유와 관련있는 같은 영역의 또 다른 중요한 질문으로 이어지게 한다. 소셜 미디어는 약간의 소극적 자유를 희생시키고 질적으로 더 나은 공개 토론과 정치 참여를 만들어내기 위해 보다 강력하게 규제해야 하는가, 아니면 자체적으로 규제해야 하는가? 그렇지 않고, 하고 싶은 말을 할 자유로 이해되는 의견의 자유와 **표현의 자유** 형태의 소극적 자유가 정치 참여와 정치적 행동으로서의 자유보다 더 중요한가? 잘못된 정보와 증오를 퍼뜨리는 것도 정치 참여와 정치적 행동의 한 형태로 볼 수 있는가? 이런 행동은 소극적 자유(표현의 자유)를 존중하는 것이므로 수용할 수 있는 문제인가, 아니면 전체주의(따라서 소극적 자유의 결여)를 초래하고 참여로서의 자유와 정치를 훼손시키는 일이기에 자유와는 전혀 다른 문제인가? 아리스토텔레스와 루소 같으면, 위 마지막 질문에서 제기된 견해는 옹호하고 자유주의적 견해(혹은 최소한 그들의 자유주의적 해석)에는 비판적이었을 것이다. 또 민주주의를 파괴할 목적으로 하는 말할 자유는 표현의 자유에 포함되지 않으며, 더 나은 도덕적 존재가 되고 인류애를 실현하는 방식으로 정치에 참여하도록 시민이 교육받아야 한다고 주장했을 수 있다. 첫 번째 주장은 오늘날 민주주의 사회에서 표현의 자유를 제한하는 정당한 사유로 매우 확실하게 자리를 잡았다. 이에 반해 두 번째 주장인 도덕 교육과 시민의 정치 참여는 훨씬 더 논란의 여지가 있다. 교육 및 정치제도의 실질적인 개혁과 함께 인공지능과 다른 디지털 기술로 매개되는 공론장의 규제를 필요로 하기 때문이다.

표현의 자유를 제한하는 일은 인간은 물론이고 인공지능에 의해서도 가능하다. 트위터 같은 디지털 소셜 미디어 플랫폼과 심지어 전통적 미디어(신문의 온라인 토론 포럼 등)조차도, 이미 잠재적으로 문제 있는 내용을 자동으로 탐지하여 제거하거나 쓸모없게 처리할 수 있는 이른바 '내용 조정content moderation'에 인공지능을 이용한다. 마찬가지로 문제가 있다고 판단되는 의견을 차단하거나 정치적으로 수용자를 조종하는 데 이용되는 (글 또는 비디오 형태 등) 잘못된 정보와 가짜 뉴스를 제거하는 데에도 인공지능이 사용될 수 있다. 이런 식으로 인공지능이 사용되는 것에 대해 인공지능의 평가가 (인간의 평가와 비교하여) 얼마나 정확한지, 또 인간의 평가는 옳은지 여부를 물을 수 있을 것이다. 또한 인간의 판단이 빗나가면 잘못된 정보를 유포하는 데 인공지능을 멋대로 사용할 수 있고, 편집 결정을 자동화할 때 책임지는 문제로까지 비화될 수 있다는 우려가 있다.(헬버그 등·Helberg et al. 2019)

그런데 정확히 어떤 판단이 빗나가는 것일까? 이 문제는 인간의 판단과 인공지능에 의한 '판단'을 비교하는 보다 광범위한 논의와 관련이 있다. 이제 우리는 **정치적** 판단에 대한 논의를 가져와 이 문제에 접근해볼 수 있다. 아렌트(1968, 칸트의 미학 이론에 대한 해석)의 경우 정치적 판단은 '**센수스 코무니스**sensus communis', 즉 상식을 갖는 것이자 공동의 세계를 갖는 것(세계의 공유)이며, 상상력을 이용해 다른 사람의 입장을 살피는 것과 관련이 있다. 동시에 그녀는 종종 실용적인 지혜practical wisdom를 의미하는 아리스토텔레스의 **프로네시스**phronesis 개념을 언급한다. 이 용어는 사람의 도덕적 품성과 습관에 초점을 두고 로봇에 관한 사고(코켈버그 2021, 스패로우Sparrow 2021)에도 활용된, 덕 윤리학에서 알려진 개념이지만, 아렌트의 연구에서도 정치적 역할을 수행한다. 아렌트에 따르면, 정치적 판단에는 숙고와 상상력이 필요하다. 어쩌면 정치적 판단에는 아렌트의 영향을 받은 아비츠랜드(Aavitsland 2019)가 주장한 것처럼 강렬한 감정상태를 나타내는 정동적 요소를 포함할 수 있다.(이는 정치에서의 합리성과 정서의 역할에 관해 오랫동안 이어진 논의를 활용하는 주장이다.) 그런데 인공지능은 의식이 없으며, 이런 점에서 어떠한 '세계'에도 속해 있는 것도, 상호주관성과 상상력, 정서 등은 말할 것도 없고 주관성도 없다는 점을 감안할 때, 어떻게 그런 정치적 판단 역량을 얻을 수 있단 말인가? 반면에, 인간의 정치적 판단은 얼마나 뛰어날까? 많은 경우 사람들은 상식적인 정치적 상상력과 판단력을 어떻게든 발휘하려고는 하지 않고 사익만을 지키는 데 그치고 만다는 점은 분명하다. 더욱이 합리주의적, 자연주의적 판단 개념을 고수하고 있는 사람들(아렌트와 달리)은 인공지능이 인간보다 감정과 편견 없이 보다 '객관적인' 판단을 **더 잘**할 수 있다고 주장하고 싶을 수도 있다. 일부 트랜스휴머니스트(트랜스휴머니즘transhumanism은 과학의 힘을 빌려 인간의 지적, 신체적, 심리적 약점을 보완하고자 하는 태도를 취함 – 옮긴이)의 경우 인공지능이 인간에게서 권력을 빼앗는 시나리오를 이야기하면서, 이러한 상황이 다음 단계의 지능 역사를 밝게 할 것이라고 전망한다. 하지만 객관적이거나 편견 없는 판단이 가능한가? 늘 그런 것은 아니지만, 인공지능 역시 결과적으로 보면 때때로 편향될 가능성이 있다. 다음 장에서는 이 문제로 다시 돌아갈 것이다. 또 당연히 인간과 마찬가지로 인공지능도 결과에 영향을 미칠 수 있는 오류를 범할 수 있다. 이런 사실을 우리는 정치적 맥락에서뿐만 아니라 의학적 상황(진단과 예방 접종에 대한 결정 등)이나 도로 위(자율 주행 자동차)에 있는 경우에도, 기꺼이 받아들일 수 있을까? 아무튼 어떤 상황에서 인공지능이 데이터로 패턴을 보여주면서, 확률 계산에 기반한 추천과 예측으로 **인간**이 판단하는 데 도움을 줄 수 있다고 말하는 것과, 인공지능이 하는 일이 곧 판단을 내리는 것이라고 주장하는 것은 별개의 문제이다.

　이 장의 주제에 비추어볼 때 아직 여기서 검토해야 할 중요한 내용은 자유에 관한 문제이다. 인공지능에 의한 내용 조정은 표현의 자유를 침해하는 것인데 어찌 됐든 정당화되는 일인가? 이 점에 대해 많은 사람들이 경고했다. 란소(Llansó 2020)는 "기계학습의 발전과 상관없이 필터링 의무는 표현의 자유에 대한 위협"이므로 인권에 대한 위협이라고 주장했다. 몇몇 인권 옹호자들도 인공지능의 영향에 대해 주의를 환기시켰다. UN 차원의 표현의 자유에 관한 특별 보고관은 인권법을 적용하여, 디지털 플랫폼상의 내용을 조정하면서 자료의 선별 및 수집 등에 이용되는 인공지능이 표현의 자유에 미치는 영향을 평가했다.(UN 2018) 이 보고서는 세계인권선언 제19조와도 연결된다. 표현expression의 자유라는 협소한 의미에서 사람들은 자유로운 표현speech의 원칙에 입각하여 알 권리와 토론할 권리가 있다고 주장할 수 있을 것이다. 유네스코가 "말과 이미지로 아이디어의 자유로운 흐름"을 촉진하자고 주장한 예가 그에 해당한다.(맥키넌MacKinnon et al. 2014, 7)

　자유로운 논의와 아이디어 교환은 자유 민주주의에서 무엇보다도 중요하다. 정치철학을 이용하여, 표현의 자유를 박탈하는 것이 지적 토론을 억누를 위험이 있다고 언급한 밀과 함께 논증을 이어갈 수 있다. 『자유론On Liberty』(1978, 원본은 1859년)에서 밀

Mill은 논쟁을 논리적 한계까지 밀어붙이고자 하는 마음 대신, "지적 평정intellectual pacification"(31)에 이르게 된다는 이유를 들어 의견의 자유로운 표현을 옹호했다. 하지만 밀에게, 의견의 자유는 사람들이 다른 사람에게 해를 끼치는 것을 막아야 한다는 의미에서 절대적인 것은 아니다.(그 유명한 위해의 원칙) 이는 영어권 자유주의 전통에서 보통 개인의 권리에 대한 위해로 해석된다. 밀에게는 다른 개인들에게 해를 입히지 않고 궁극적으로는 그들의 행복을 극대화하는 일이다. 하지만 철학적 공화주의 전통에서 핵심은 개인이 해를 입을 수 있다는 것이 아니다. 문제는 증오 표현, 조작, 잘못된 정보가 정치에 참여할 수 있는 자유와 자기 능력 및 잠재력을 정치적으로 실제 발휘해보려는 자기실현과 사람들의 도덕적 품성과 공동선을 위태롭게 한다는 점이다. 따라서 그런 해악이 일어나고 있다는 사실은 앞으로 일어날 정치의 가능성에 대한 위해이다. 그리고 이러한 철학적 공화주의의 입장은 적어도 밀이 주장한 내용의 한 측면, 즉 표현의 자유가 있다는 것의 핵심이 표현 그 자체보다 정치적 **논증**과 **지적** 토론에 있다는 사실과 양립하는 듯하다. 바로 **이 점** 때문에 자유는 존중되어야 한다. 자유로운 표현을 허용하면 인간의 존엄성이 존중되고 (공화주의적 관점에서 덧붙인다면) 공동선과 함께 인간애의 실현으로 이어지는 논의를 촉진하기 때문에 우리는 그렇게 해야 할 것이다.

밀에 따르면, 토론은 진실이 목표가 되어야 한다. 밀은 토론을 통해 진실을 찾기 위해서는 자유로운 표현이 필수적이라고 본다. 진실은 가치가 있지만, 사람들이 잘못 알고 있는 경우가 있다. 모두가 틀릴 수도 있다. 사상의 자유 시장에서는 진실이 드러나고 독선적 신념이 도전받을 가능성이 크다.(워버튼Warburton 2009) 그렇지만 조작과 잘못된 정보를 퍼뜨리는 반민주적 선전은 진실을 찾기 위한 목표가 있을 리 없다. 좋은 정치 토론(밀에 따르면 우리가 원하는 정치 참여)이 나올 수도, 자유주의적 계몽주의와 공화주의적 도덕 및 정치 발전이라는 목표를 뒷받침하지도 않는다. 인공지능의 사용이 이러한 목표 달성을 매우 힘들게 하는 공론장으로 이어진다면, 차라리 사용을 금지하거나 지원하는 방식으로 규제되는 편이 이러한 정치적 이상을 변질시키는 것보다는 나을 것이다.

하지만 규제하고 싶어도 누가 누구를 규제해야 하는지, 자유에 대한 어떤 보호 장치를 마련해야 하는지 특정하기는 여전히 어렵다. 소셜 미디어의 역할에 대해서는 상당한 논의가 있다. 한편으로는 페이스북이나 트위터 같은 첨단 기술기업이 누구를 언제 검열해야 하는지 결정하는 것은 비민주적일 수 있다는 주장이 있다. 보다 많은 사람들은 왜 그런 기업들이 막강한 권한을 가져야 하는지 의문을 제기한다. 이를테면 현대 민주주의에서 중요한 역할을 담당하고 있는 플랫폼과 인프라, 퍼블리셔 프로그램(인터넷상 정보의 수집 및 제공 서비스를 수행하는 프로그램 – 옮긴이)의 중요한 역할을 감안할 때, 왜 그러한 것들이 개인 소유여야 하는지 물을 수 있다. 첨단 기술기업은 공영방송 서비스(원래 교육을 통해 민주주의를 지원하기 위해 설립)와 전통적 미디어를 전반적으로 압도하고 미디어 전경을 지배하면서 정치적으로 이미 상당한 역할을 담당하고 있다. 이런 관점에서 보면 규제는 최소한의 조치일 수 있다. 반면에, 정부가 검열관 역할을 맡는 경우, 이것은 정당한가? 또 어떤 기준을 사용해야 정확한가? 민주주의 정부라도 자유로운 표현에 대해 일상적으로 제한을 가한다. 하지만 정부의 이런 역할이 정당한지, 기준을 적용하는 데 문제는 없는지 철학자는 의문을 가져야 한다. 그렇다면 반민주적 정권이 정부를 장악할 경우 어떻게 되는가? 표현의 자유가 언제든 침해되도록 내버려 둔다면 권위적인 정권이 민주주의를 파괴하기는 더 쉬워질 것이다.

적어도 어느 정도는 독립적이고 수준 높은 신문과 텔레비전 같은 전통적 미디어를 주목해보면, 좋은 토론이 가능하게 하기 위해 표현의 자유와 절제moderation 사이에 균형을 찾는 문제를 이미 다루어야 했다는 사실을 알 수 있다. 그런데 트위터 같은 개인 소셜 미디어 기업과 전통적 신문의 경우 모두 절제와 검열의 **내용**, **이유**, **방법**, **주체**가 전혀 투명하지가 않다. 어떤 목소리를 듣지 못하는지, 그러한 결정이 (정당하다면) 어떻게 정당화됐는지, (절차를 따랐다면) 어떤 절차를 따랐는지, 또 조정자와 검열관이 누구였는지 알려진 바가 없다. 게다가 모두가 알다시피, 오늘날 광범위하게 전달되는 뉴스 미디어도 페이스북과 트위터가 그러하듯이 갈수록 내용 조정을 자동화한다는 사실이다. 이런 점은 공정의 문제와 함께 표현의 자유와 관련되는 유사한 문제를 야기한다. 현대인들은 대부분 절대적인 표현의 자유는 없다고 생각하고, **사실상** 어느 정도는 조정을 받아들이는 듯하다. 하지만 자유 측면과 또 다른 가치 및 원칙 면에서 여전히 심각한 문제들이 남아 있다.

현대 비판이론의 경우 간섭으로부터의 자유로 간주되는 소극적 자유와 표현의 자유를 연결하는 고전적 자유주의 철학을, 구조적인 불평등, 권력, 인종차별, 자본주의를 간과한다는 이유로 비판한다.(다음 장 참조) 티틀리(Titley 2020)는 극우 정치에서 인종차별적 생각을 퍼뜨리기 위해 어떻게 자유로운 표현이 동원되는지, 자유로운 표현에 대한 피상적 개념이 어떻게 서로 다른 화자들 간의 구조적 불평등을 간과하는지 분석했다. 이 분석은 가짜 뉴스 현상과 함께 미국의 현재 정치 상황에서, 왜 많은 자유주의자들이 페이스북과 트위터 같은 기업이 증오 표현, 인종차별적 생각, 잘못된 정보 같은 표현에 대해 더 많은 규제와 제한을 가하도록 요구하는지, 왜 자유로운 표현에 대한 호소를 **선험적**으로 문제가 있다고 보는지 그 이유를 설명하는 데 도움이 된다. 이에 대해 자유로운 표현의 원칙 자체에는 문제가 없지만, 무엇보다도 디지털 커뮤니케이션 시대에 맞는 보다 풍부한 다양한 개념이 필요하다는 사실을 이러한 문제들이 알려준다고 말할 수 있을 것이다. 여기서 개념은 보다 포용적이고 다원적인 비판적 진실을 추구하는 것과 함께 자유로운 지적 토론에 대한 신뢰 등, 밀의 비전을 일부 계속 유지하면서 현대 정치사상에서 얻은 교훈을 고려하는 것을 의미한다. 따라서 우리는 자동화된 저널리즘(알고리즘을 이용하여 정보를 기사로 자동 변환시키는 저널리즘 - 옮긴이)과 인공지능을 이용한 검열, (가짜 비디오와 그 밖의 인공지능 생산물을 포함한) 가짜 뉴스의 시대에 자유로운 표현이 의미하는 것에 대해 더 많은 논의를 해야 한다.

자유와 또 다른 가치들에 대한 정치적 관념들

인공지능의 영향을 받는 자유 개념은 더 있다. 보스트롬과 소르그너Sorgner, 샌드버그Sandberg 같은 트랜스휴머니스트(5장 참조)의 경우 전통적인 개인의 자유권에 '형태학적 자유morphological freedom'를 추가할 것을 제안했다. 여기서 이 개념은 인공지능은 물론이고 나노기술, 생명공학 등 첨단 기술을 통해, 우리가 현재의 생물학적 한계를 뛰어넘어 인간 형태를 개조하고 생김새나 모습을 통제할 수 있게 된다는 의미이다.(로덴Roden 2015) 이는 인류 전체 차원의 자유로 이해할 수 있지만 개인의 자유이기도 하다.

샌드버그(2013)의 경우 자신의 신체를 개조할 수 있는 권리는 미래의 민주주의 사회에 필수적인 기본권으로 간주되어야 한다고 주장한다. 인공지능의 도움을 받는 경우 자신의 마음을 바꿀 권리에 대해서도 비슷한 주장을 할 수 있을 것이다. 여기서 새로운 기술 발전에 비추어 재검토되고 재논의되어야 하는 것은 자유에 대한 전통적 개념이 아니라, 이전에 우리가 누리지 못했던 새로운 자유를 신기술이 가져온다는 사실일 것이다. 하지만 이런 자유는 다른 사람이 아닌, 실재 내가 내 삶과 신체, 마음을 어떻게 할지 결정한다는 점에서 자율성(적극적 자유)과, 특히 불간섭(소극적 자유)으로서의 자유에 대한 고전적 자유주의 개념에 여전히 매우 가깝다는 점에 유의하라.

결론적으로 말하면, 마르크스와 현대 비판이론, 아리스토텔레스의 철학에서 영감을 받은 철학적 공화주의는 자유가 주로 다른 사람에 대한 불간섭과 타인과의 분리, (단순히) 심리학적으로 정의된 개인의 자율성에 관한 것이라는 고전적 자유주의와 현대 자유주의 사상에 이의를 제기한다. 대신, 그들은 보다 관계적인 정치적 자유 개념을 옹호한다. 철학적 공화주의의 자유 개념에 따르면, 우리는 스스로를 정치적 존재로 인식하고 자치self-rule를 완수하면서 평등과 포용, 참여를 위한 조건을 만들어내는 평등한 정치 공동체의 일원이 될 때만이 진정으로 자유롭고 해방될 수 있다. 그리고 이러한 접근 방식을 통해 자유와 정치 개념과 그 조건의 실현을 저해하거나 촉진하는 데 인공지능(및 인간 사용자)의 역할이 무엇인지, 어떤 역할을 할 수 있는지 의문을 제기할 수 있다. 각각의 사상이 지향하는 방향도 그 나름의 방식으로 개인에게 해를 입히는 것에 초점을 맞추기보다는 사회 전체의 움직임과 구조에 문제를 제기한다. 간섭으로부터의 자유와 개인의 내적 자율성의 행사는 오용에도 불구하고 오늘날 자유 민주주의 국가에서 중요한 원칙과 가치로 남아 있다. 이와 달리 앞서 언급한 철학들은 인공지능과 로봇이 어떤 정치적 자유를 가져다주는지, 혹은 위협하는지, 그리고 실제로 우리가 어떤 정치적 자유와 사회를 원하는지 논의할 수 있는 흥미로운 대안적 틀을 제공한다.

그렇지만 자유만이 인공지능의 정치학에서 중요한 것은 아니다. 이미 언급했듯이 자유는 민주주의, 권력, 정의, 평등 같은 다른 중요한 정치적 가치와 원리, 개념과도 관련 있다. 1830년대 집필 활동을 한 토크빌(2000)의 경우 자유와 평등 사이에는 상충되는 면이 있어 근본적인 긴장감이 존재한다고 봤다. 그리고 다수라는 횡포 형태의 지나친 평등에 대해 경고한다. 그에 반해 루소는 시민들의 도덕적, 정치적 평등에 기반을 두고 있고, 어느 정도의 사회경제적 평등을 요구하는 정치적 자유에 대한 이상에 근거하여 공존 가능성을 본다. 현대 정치철학과 경제사상에서 노직, 하이에크, 벌린, 프리드먼 같은 자유주의자는 서로 상충되는 견해를 따르면서 자유가 보호되어야 한다고 생각한다. 이와 달리 하버마스, 피케티Piketty, 센Sen 같은 사상가들은 지나친 불평등이 자유와 평등이 **모두** 필요한 민주주의를 위협한다고 생각한다.(지블러·메르켈Giebler and Merkel 2016) 다음 장에서는 평등과 정의 원칙에 초점을 두고 인공지능 정치학과의 관련성을 검토한다.

2장

평등과 정의,
인공지능에 의한
편향과 차별

평등과 정의에 관한 문제 제기, 편향과 차별에 대해

디지털 기술과 매체는 자유만이 아니라 평등과 정의에도 영향을 미친다. 반 다이크(Van Dijk 2020)에 따르면, 네트워크 기술은 생산과 분배를 보다 효과적이고 효율적으로 만들지만 동시에 불평등을 증가시킨다. "네트워크 기술은 전 세계적으로는 국가들의 결속과 함께 불균등한 발전을 촉진시키는 경향이 있으며, 지역적으로는 전 세계의 정보 인프라에 직접적으로 연결되는 지역과 그렇지 않은 지역으로 나눠 이중 경제를 형성하게 돕는다."(336) 경제발전의 이러한 차이는 발전 '속도'가 서로 다른 사회를 만든다. 어떤 사람은, 또 어떤 국가는 다른 사람보다, 그리고 다른 국가보다 기술과 매체로부터 더 많은 혜택을 받는다. 같은 비판을 인공지능에도 적용할 수 있다. 앞 장에서 언급했듯이 로봇으로 구현된 인공지능은 실업을 야기하여 불평등을 심화시킬 수 있다. 자동화에 박차를 가한 시기는 최소한 18세기 말부터였다. 이러한 자동화 혁명이 다음 단계인 인공지능을 가능하게 한 것이다. 하지만 인공지능은 소수(AI 기술 및 로봇 소유자)에게만 혜택이 돌아가고, 다른 많은 사람에게는 실업 위기를 가져왔다. 이는 자유와 해방에 관련된 문제만이 아니라 불평등에 관한 문제이기도 하다. 앞서 살펴봤듯이, 스티글리츠 같은 경제학자는 인공지능이 사회 전반에 영향을 미칠 경우 매우 심각한 소득 불평등과 사회 분열에 대해 경고한다. 만약 이런 영향을 줄이기 위한 조치가 취해지지 않는다면(피케티와 동료들의 경우 특정(높은) 임계값 이상의 높은 세금을 제안했고(피케티·사에즈·스탄체바Piketty, Saez, and Stantcheva 2011), 다른 사람들은 보편적 기본 소득을 제안했다.) 심각한 불평등과 그에 상응하는 빈곤 같은 문제를 초래할 것이다.

특히 인공지능과 관련된 경우가 많고 평등 및 정의와 관련하여 야기되는 한 가지 문제는 편향이다. 다른 모든 기술과 마찬가지로 인공지능은 개발자가 의도하지 않은 결과를 가져온다. 그중 하나는 인공지능이 기계학습의 형태로 편향을 가져와 계속 악화시킬 수 있다는 점이다. 이를테면, 인종이나 젠더 관점에서 정의된 특정 개인이나 집단한테 불이익을 주고 차별하는 행위가 그에 해당할 것이다. 편향은 다양한 방식으로 발생할 수 있다. 학습 데이터, 알고리즘, 알고리즘이 적용되는 데이터, 기술을 기획하는 팀 속에 편향이 있을 수 있다.

잘 알려진 사례로는, 미국 위스콘신주에서 보호 관찰에 관한 결정을 내리기 위해 사용됐던 위험 평가 알고리즘인 콤파스(COMPAS) 알고리즘 사건이다. 이 컴퓨터 프로그램은 재범 위험(재범 경향)을 예측한다. 한 연구(라슨 외Larson et al. 2016)는 콤파스가 흑인 피고인의 경우 실제 사례보다 재범 위험이 더 높다고 본 반면, 백인 피고인은 실제 사례보다 재범 위험이 더 낮다고 예측한 사실을 확인했다. 아마 그 알고리즘은 이미 결정이 난 사건 데이터로 학습한 결과, 과거에 행해졌던 인간의 편향을 재생산하고 심지어 강화하기까지 했을 것이다. 나아가 유뱅크스(2018)는 인공지능 같은 정보 기술과 "새로운 데이터 체제"가 종종 빈곤층과 노동계층에게 혜택이나 권한을 주기보다는, 오히려 상황을 더 어렵게 하는 까닭에 경제적 평등과 정의에 나쁜 영향을 준다고 주장한다.(8~9) 혜택을 받을 자격과 그 결과를 자동으로 결정하는 방식의 경우 신기술이 가난한 소외 계층을 조종하면서 감시하고 처벌하여 "디지털 구빈원digital poorhouse"(구빈원은 과거 서구에서 스스로를 부양할 수 없는 자들을 수용하여 거처와 일자리를 제공한 공적·사적 시설 - 옮긴이)으로 내쫓는 데 이용된다.(12) 자동화된 의사 결정과 데이터 예측 분석을 통해 가난한 사람들이 관리되고 교화되며 처벌받기까지 하는 것이다. "디지털 구빈원은 가난한 사람들이 공공 자원에 접근하는 것을 막고 그들의 노동과 지출, 성생활 및 양육을 감시한다. 또 그들의 미래 행동을 예측하려고 애쓰며 명령을 따르지 않는 사람을 처벌하고 범죄자로 만든다."(16) 유뱅크스는 이런 행위가 자유를 훼손시키는 동시에 불평등을 계속해서 야기하고 사라지지 않도록 한다고 주장한다. 일부 사람들(가난한 사람들)은 경제적으로나 정치적으로 가치가 적은 것으로 간주된다. 이 같은 문제는 전반적으로 온라인 정보의 불평등한 이용 및 접근성(이른바 디지털 격차)에 더해져서 일어난다. 접근성이 떨어질수록 "정치적, 경제적, 사회적 기회가 줄어드는 것"(세게브Segev

2010, 8)도 편향의 문제로 볼 수 있는 한 예이다. 유뱅크스(2018)의 분석은 또한 디지털 기술 사용이 특정 문화와 관련되어 있음을 나타내는데, 여기서의 사례는 "가난에 대한 징벌적, 도덕주의적 관점"(16)을 가진 미국문화를 말한다. 정부가 인공지능을 이용하는 과정에서 구체적으로 드러나는 이러한 일들은 편향을 영속화하는 원인이 된다.

하지만 인공지능 및 데이터 과학에 관련된 불평등과 불공정의 문제는 사법제도, 치안유지, 사회복지관리 등 국가제도 밖에서도 발생한다. 대출 결정을 내려야 하는 은행의 경우가 있다고 해보자. 이 결정을 알고리즘이 하도록 외부 업체에 일감을 주는 아웃소싱으로 자동화할 수도 있는데, 이 경우 알고리즘은 대출 신청자의 재정 상태 및 고용 기록 외에 그 사람의 우편번호와 이전 신청자들의 통계 정보를 바탕으로 재무적 위험까지도 계산할 것이다. 만약 어떤 대출자가 살았던 특정 우편번호와 대출 미상환 간에 통계적으로 상관관계가 있다면, 해당 지역 거주자는 그 사람 개인의 위험 평가가 아니라 알고리즘이 찾아낸 패턴에 기반해 대출이 거부될 수도 있다. 그 사람의 개인 위험도가 낮을 경우, 이런 결과는 부당하게 보일 것이다. 더욱이 알고리즘은 유색인종에 대한 편견의 경우처럼, 예전에 결정자였던 은행 관리자의 무의식적인 편향을 재생산할 수도 있다. 자동 신용점수 평가의 경우에 대해 벤저민(Benjamin 2019b, 182)은 "어떤 식으로든 점수가 매겨지는 것은 불평등을 일부분 고안해내는 '점수 사회'라고 경고한다." 점수가 낮은 사람은 처벌받기 때문이다. 성별 영역에서 볼 수 있는 (비표준적) 사례를 들어보면 다음과 같다. 성별과 사고 accidents 간의 상관관계를 기반으로 젊은 남성 운전자의 자동차 사고 위험이 통계적으로 더 높은 것으로 나온다면, 모든 젊은 남성 운전자가 한 개인으로서의 위험도는 낮은 데도 단순히 남성이라는 이유로 자동차 보험료를 더 많이 내야 한다고 알고리즘이 결정하는 것은 과연 공정한 일일까? 가끔은 데이터가 불완전할 때도 있다. 예컨대, 인공지능 프로그램이 특히 유색인종 여성과 장애 여성, 노동계급 여성에 관한 불충분한 데이터로 학습된다면, 크리아도 페레스(2019)가 주장한 것처럼 편견과 성 불평등의 형편없는 사례라고 볼 수 있을 것이다.

인공지능 기반의 검색 엔진을 사용하는 것과 마찬가지로 우리 대부분에게는 매우 일상적인 것도 문제가 될 수 있다. 노블(2018)은 구글 같은 검색 엔진이 인종차별과 성차별을 강화한다고 주장하면서, 이러한 상황을 인간이 내리는 결정과 기업의 통제에서 비롯되는 "알고리즘의 억압"(1)으로 간주해야 한다고 말한다. 그녀는 알고리즘과 분류 시스템은 지역과 전 세계 민족 간 권력관계를 포함하는 사회적 관계에 "내재되어"(13) 영향을 미친다고 주장한다. 또 그녀는 기업이 인종차별과 성차별로 돈을 벌고 있다고 지적하면서 아프리카계 미국인이 불평등과 부당한 차별로 정체성 측면에서 어떤 영향을 받는지 주목한다. 구글 검색 알고리즘이 아프리카계 미국인을 '유인원'으로 자동 태그 지정하고, 미셸 오바마를 '유인원'이라는 용어와 연결한 것이 대표적이다. 이런 경우 모욕적이고 불쾌한 것만이 아니다. 노블의 주장에 따르면, 그러한 것은 동시에 "인종차별과 성차별이 어떻게 기술의 논리와 그 언어의 일부인지" 설명한다.(9) 중요한 것은 프로그래머가 일부러 이런 편향을 변환시키는 게 아니라는 사실이다. 이들(및 알고리즘 사용자)은 알고리즘과 데이터가 중립적이라고 가정하는 데 반해, 다양한 형태의 편향이 그것들에 내재되어 있을 수 있다는 점이 문제인 것이다. 노블은 기술 과정을 맥락과 분리하고 비정치적으로 보는 것에 대해 경고한다. 이런 시각은 개인은 사상의 자유 시장에서 스스로 선택한다는 사회개념에서나 적합하다.(166)

그러므로 특정한 인공지능 알고리즘이 구체적인 사례에 편향되어 특정한 결과(구글과 같은 검색 엔진을 이용하는 저널리스트를 통한 정치적 영향 등. 푸슈만Puschmann 2018 참조)를 가져오는 것만이 문제가 되는 것은 아니다. 오히려 가장 큰 문제는 이러한 기술이 기존의 위계적인 사회구조와 이를 부추기는 문제적인 개념 및 이데올로기와 상호 작용하면서 지원한다는 사실이다. 아마 이용자들은 인식하지 못하겠지만, 이러한 기술은 사회적·정치적·상업적인 것을 특정한 논리로 지원하고 세상을 특정한 방식으로 틀 짓는다.(코터·레이스도르프Cotter and Reisdorf 2020) 사회의 분류 시스템이 가장 강력한 담론을 형성하며 사람들의 생각에 영향을 미치는 것처럼,(노블 2018, 140) 인공지능도 사람들에 대한 차별과 억압에 대한 생각을 하찮은 것으로 만들 수 있다. 더 나아가 인공지능은 광범위한 영향력과 속도를 바탕으로 이런 일을 극적으로 증폭시킬 수도 있다. 노블에 따르면, 다른 디지털 기술과 마찬가지로 인공지능은 사회적 불평등과 불의가 이미 존재하고 때로는 증가하는 상황에서 "사회적·정치적·경제적 평등"을 위한 투쟁에 "연루되게 만든다."(167) 일부 담론이 다른 것보다 더 큰 힘을 가지면서 보다 많은 힘을 갖게 된 사람들이 특정한 방식으로 억압받는 사람들을 재현하는 상황에서도 마찬가지이다.(141)

이 같은 긴장과 투쟁 때문에, 인공지능에 대한 공개 토론은 특정 상황에서의 편향과 차별, 인종차별, 정의, 공정, 성차별, (불)평등, 노예제, 식민주의, 억압 등과 관련하여, 매우 양극화된 이념 논쟁(미국의 인종차별에 대한 토론 등)이 되거나 이내 그렇게 되는 경우가 많다. 컴퓨터 과학자와 기술 기업 역시 기술 측면에서 편향 및 공정의 의미를 명확히 규정하는 데 주력해 왔어도, 모든 사회기술적 문제를 해결하는 데는 이러한 노력이 필요하지만 충분하지는 않다.(스톡·그린·호프만Stark, Greene, and Hoffmann 2021, 260~261) 이런 광범위한 범위의 편향과 차별 문제에 대해서는 이미 언급한 노블, 유뱅크스, 벤저민 같은 연구자들이 적절하게 지적하기도 했다.

그렇긴 해도 철학자라면 인공지능의 편향에 대한 대중서와 공개 논의, 기술 관행에서 사용된 규범적 개념이 어떤 의미인지 반드시 질문해야 한다. 예컨대, 정의나 평등이 어떤 의미인지 반드시 물어봐야 하는데, 이 질문이 인공지능과 연루되는 사건에 관련된 질문에 대한 답변의 성격을 결정짓기 때문이다. 특정한 사건에서는 어떤 문제가 있는지, 문제가 있다면 정확히 **왜** 문제가 되는지, 그런 문제에 대해 어떤 것을 할 수 있고 또 그래야 하는지, **목적**은 무엇인지 물어봐야 한다. 우리의 의견을 정당화하고 좋은 주장을 이해하면서 편향된 인공지능에 대한 더 나은 논의를 위해서라도, 우리는(철학자뿐만 아니라 시민, 기술 개발자, 정치인 등도) 개념과 주장들을 반드시 검토해야 한다. 이 장에서는 특히 이러한 목적에 정치철학에서 가져온 몇 가지 개념과 논의가 매우 유익하다는 사실을 이야기할 것이다.

우선, 인공지능을 통한 편향과 차별로 어떤 문제가 일어날 수 있는지 밝히기 위해, 평등과 정의에 관한 영어권의 정치철학적 논의를 간략하게 설명할 것이다. 여기서는 어떤 평등과 정의가 위태로운지, 우리가 원하는 평등과 정의는 어떤 것인지 물을 것이다. 독자 여러분에게는 서로 다른 평등과 정의 개념을 생각해보라고 요청할 것이다. 그런 다음, 이런 문제에 대한 자유주의 철학 사상에 대한 두 가지 비판을 살펴본다. 마르크스주의와 정체성 정치(인종, 민족, 계급, 성 등의 차이로 사회에서 소외되거나 억압받는 사람들의 정체성에 기반하는 정치적 담론 – 옮긴이)를 옹호하는 이들은 개인주의와 보편주의와 피상적인 막연한 추상적 사고에서 계급과 집단, 즉 정체성에 기반한 사고(인종과 젠더에 관한 것 등)로의 전환을 주장한다. 동시에 이들은 소외 계층이 실제 살아가면서 느끼는 차별과 그 차별의 역사적 배경에 더 많은 관심을 기울인다. 식민주의, 노예제, 가부장제, 학대, 패권적 자본주의의 사회적 관계에 대한 역사가 그 사례이다. 두 경우 모두 정치철학적 논의에 대한 개략적인 설명을 하기보다는, 인공지능과 로봇에서 일어나는 편향과 차별에 대한 사고가 어떤 함의를 지니는지 이야기하고자 하는 것이 목적이다.

편향은 왜 문제가 되는가?(1)
영어권 자유주의 정치철학에서의 평등과 정의

인공지능이 편향됐다고 말할 때, 왜 편향되고 어떤 문제가 있는지에 대한 가정은 대개 불분명하다. 그러한 주장을 명확하게 설명하고 논의하는 것은 철학자의 몫일 것이다. 한 가지는 **평등**에 기반한 주장이다. 인공지능에 의한 추천이나 결정이 편향되어 있다면, 인공지능이 사람들을 불평등하게 대하는 사례라 할 수 있을 것이다. 하지만 평등이 어떤 의미를 지니는지에 대해서는 정치철학에 상당한 이견이 존재한다. 평등의 한 가지 개념은 **기회의 평등**이다. 보편주의적 자유주의의 '맹목적' 평등 개념으로 보면 다음과 같이 표현할 수 있다. 사회경제적 배경, 젠더, 민족적 배경 등과 무관하게 기회의 평등은 모든 사람들에게 주어져야 한다.

인공지능이 사용되는 맥락에서 볼 때 이 개념은 무엇을 의미할까? 인공지능 알고리즘이 직원 채용에 이용된다고 상상해 보자. 두 가지 채용 기준은 교육과 관련 업무 경험이 될 가능성이 크다. 이 항목에서 점수가 높은 지원자는 알고리즘에 의해 채용 추천을 받을 가능성이 더 클 것이다. 이런 점에서 이 알고리즘은 교육 정도가 더 낮고 관련 업무 경험이 적은 사람을 차별한다. 하지만 대개 이런 일은 '차별'이나 '편향'이라고 말하지 않을 것이다. 이때는 모든 지원자가 사회경제적 배경과 젠더 같은 기준에 구애받지 않으면서, 적당한 교육과 관련 직업을 경험하고 그 직업에 지원할 기회가 있다는 점에서 기회 평등이 존중되고 있다고 가정하기 때문이다. 이 알고리즘은 이런 특성에 대해 '맹목적'이다.

그렇지만 실제로 어떤 사람들(더 나쁜 사회경제적 배경을 가진 사람들의 경우)은 관련 교육을 받지도, 경험할 기회도 더 적다는 점에서 기회 평등이라는 개념에 의문을 제기하는 일부 철학자들이 있다. 이 비평가들은 소외계층이 바라는 교육과 관련 업무를 경험하도록, 동등한 기회를 가질 수 있는 조건을 만드는 것이야말로 진정한 기회 평등을 의미한다고 말한다. 그런 조건을 만들지 않는다면 알고리즘은 소외계층을 차별할 것이고, 기회의 불평등 때문에 알고리즘의 결정이 편향적이라 할 가능성이 있다. 만약 비평가들이 보편주의적 자유주의의 '맹목적' 평등 개념을 견지한다면, 출신과 외모 등에 상관없이 모든 사람이 평등한 기회를 갖도록 요구할 것이다. 이런 목표를 달성하는 데 인공지능이 (어쩌면 좋은 의도에도 불구하고) 도움이 되지 않는다면 편향적인 것이 되고, 이 편향은 바로잡아야 하는 것이 될 것이다. 맹목적이지 않은 평등 개념에 기반한다면,(아래 참조) 소외계층을 위해 더 많은 교육과 직업 기회를 요구할 수 있다. 이런 요구가 없다면, 같은 (계층) 배경을 가졌거나 같은 성별의 사람들에게 유리하게끔 알고리즘이 긍정적인 차별 방식으로 결정할 필요가 있다고 주장할 수 있다. 기회의 측면에서 이런 주장은 인공지능이 평등을 위협할 수 있는 이유에 대해 전혀 다르게 정당화하는 방식이다.

이 주장들은 이미 서로 다른 두 가지 평등 개념을 가리키고 있다. 하나는 계급 또는 정체성(다음 절 참조)에 기반을 두고 있으며, 다른 하나는 기회보다는 결과(여기서는 일자리)의 시점에 있는 평등에 기반을 두고 있다. 특정 계층이나 집단이 유리하도록 알고리즘이 긍정적 차별을 하길 원하는 사람들은 특정한 결과를 염두에 두고 있는데, 취업 응시자가 선발되는 것과 관련되는 특정한 분포(50퍼센트 여성 지원자 등)와 궁극적으로는, 일자리가 더 평등하게 분배되고 오랜 기간 지속되면서 불평등이 종식되는 사회가 그에 해당한다. 따라서 인공지능은 이러한 결과를 가져오는 데 도움이 될 수 있을 것이다. 더 이상 기회의 평등은 없을지라도 **결과의 평등**은 가져올 수 있다는 얘기다. 그런데 결과의 평등은 어떤 경우를 의미하는가? 또 분포는 어떤 형태여야 하는가? 모든 사람이 똑같이 가져야 한다는 의미인가, 최소한의 것을 모든 사람이 균등하게 나눠 가져야 한다는 의미인가, 아니면 심각한 불평등만 피하면 된다는 의미인가? 더 나아가 드워킨(2011, 347)이 묻는 것처럼, 평등은 그 자체로 가치가 있는가?

평등은 영어권 정치철학에서 그다지 대중적인 개념은 아니다. 그 많은 정치철학서 고전에는 평등을 장chapters 주제로 다룬 입문서조차 없다.(한 가지 예외는 스위프트Swift 2019) 정의 개념은 편향을 보다 일반적으로 표현하는 방식이자 편향이 문제 되는 이유를 설명한다. 특히 **공정으로서의 정의**(롤스Rowls 1971; 2001)와 **분배적 정의** 개념과 관련이 있다. 알고리즘에 의해 야기된 편향은 **공정하지 않다**는 것이 일반적이다. 그런데 공정으로서의 정의는 어떤 경우를 의미하는가? 또 재분배해야 할 것이 있다면, 어떤 것이 공정한 분배의 기준인가? 여기에도 서로 다른 개념들이 존재한다. 채용 시에 이용되는 인공지능의 사례를 다시 생각해보자. 이 인공지능은 교육과 직무 경험 같은 기준을 고려하는 물론이고, 지원자의 거주지 우편번호를 통계적으로 관련 있는 범주인 것으로 이해하고 있다고 가정해보자. 다시 말해 취업에 성공하는 것과 (사회경제적으로) '좋은' 부유한 동네에 사는 것 간에 상관관계가 있다고 상상해보자. 그렇다면 다른 모든 것이 평등할 때(모든 지원자가 동일한 교육 수준을 가지는 것 등) '안 좋은' 가난한 동네 출신의 지원자가 알고리즘에 의해 선발될 가능성이 더 낮아지는 결과가 나올 수 있을 것이다. 이 결과는 불공정해 보인다. 그런데 정확히 어떤 것이 불공정한 것인가? 또 그 이유는 뭔가?

우선, 통계적 측면에서 보면 상관관계가 있지만 인과관계는 없으므로 불공정하다고 말할 수 있을 것이다. 사실 이 동네의 많은 사람들은 (좋은 교육의 부족 등 다른 요인들로 인해) 일자리를 얻을 가능성이 낮다. 하지만 문제의 한 특정인이 실제로 좋은 교육을 받아 다른 지표가 좋다는 사실을 감안하면, 이 통계 범주(거주지 우편번호가 X임)에 그 사람이 속한다는 이유만으로 일자리를 얻을 기회가 더 낮지도, 그래서도 안 된다는 것이다. 그 사람이 불공정한 대우를 받은 것은 이 특정한 경우와 관련이 없는 기준을 근거로 결정이 됐기 때문이다. 둘째로 그렇지만 실제로 교육받을 기회도, 관련 업무 경험도 적은 이 동네의 다른 많은 사람들이 취업할 기회가 적은 것은 공정한지 또한 의구심을 가질 수 있다. 왜 우리는 이 점에 관해서는 사회적으로 그렇게 큰 차이를 허용할까? 기회의 평등이라는 관점에서 또다시 이 문제가 제기될 수 있다. 하지만 이 문제는 교육의 분배, 취업 기회의 분배, 일자리의 실제 분배가 불공평하다는, 공정으로서의 정의 문제로 규정될 수 있다. 그렇다면 다음 질문은 이렇다. 정확히 왜 이러한 것들이 공정하지 않은가? 정당한 분배의 기준은 무엇인가?

공정과 **평등주의, 재분배**로서의 정의 개념으로 보면, 모든 사람이 균등하게 얻는 것이 필요하다. 이때의 의미는 다음과 같다. 사회정책과 인공지능 알고리즘은 반드시 모든 사람이 직업을 가질 기회를 동등하게 얻거나 일자리를 얻게 하는 것이다.(이런 경우는 선발 알고리즘이 애초에 필요하지 않을 것이다.) 이 방식은 부엌 식탁이나 친구들 사이(케이크를 나눠 먹어야 할 경우)에 분배적 정의를 다룰 때 흔히 쓰이지만 정치, 고용 등과 관련해서는 잘 사용하지 않는 편이다. 많은 사람들은 사회적으로 완전한 공평한 분배는 공정하지 않으며, 실력이 중요하고, 재능 있는 사람은 더 많은 것을 받을 자격이 있고, (내 시각으로 볼 때 놀랍지만) 상속된 재산과 원조는 정의 문제와는 전혀 상관이 없다고 생각하는 듯하다. 노직(1974)이 사례로 든 내용을 보면, 사람들은 자신이 가진 것으로 원하는 일을 할 수 있다고 생각한다. 즉 사람들은 자발적인 양도를 통해 취득하는 한 그에 대한 권리가 있다고 생각한다. 노직은 생명, 자유, 재산, 계약에 대한 권리를 보호하는 최소 국가(제한적 임무만 수행하는 일종의 야경국가 – 옮긴이)를 옹호하며 재분배적 정의 개념을 거부한다.

하지만 재능과 상속 재산은 개인의 통제하에 있지 않고 운의 문제이기 때문에 정의를 위한 어떤 역할을 해서는 안 되며, 따라서 그로 인해 나타나는 불평등은 불공정하다고 주장할 수 있을 것이다. 실제로 정의에 대한 **능력주의**meritocratic 개념은 사람들이 하는 일과 관련되며 일자리를 얻기 위해 열심히 노력하는 등의 요인으로 취업에 성공하는 것으로만 그칠 것이다. 이때 공정한 알고리즘은 실력을 고려하는 알고리즘이 될 것이다. 하지만 학위와 그 외의 결과물 같은 외적 기준은 한 개인이 그런 결과를 얻기 위해 얼마나 노력했는지 반드시 말해주는 것은 아니기 때문에, 이 또한 문제가 있다. 위 사례에 나오는 사람이 학위를 받기 위해 무얼 했는지 우리가 어떻게 아는가? 예컨대, 어떤 지원자는 자신의 교육적, 사회적 배경을 감안할 때 학위 취득이 쉬울 수 있다. 또 '안 좋은' 동네에 사는 사람들의 실력에 대해 우리는 얼마나 아는가? 이들의 배경만을 생각하고 안 좋은 측면(여기서는 학위가 없다는 점)에서만 볼 때, 그들이 자신의 지위를 향상하기 위해 노력하지 않았다고 생각할 수도 있다. 하지만 이런 생각이 실제로는 전혀 사실이 아닐 수 있다. 따라서 그들은 이른바 능력주의 개념에 기초하여 얻는 것보다 훨씬 더 많은 것을 누릴 자격이 있다. 실력이라는 측면에서 이해되는 정의는 공정할 수는 있어도 알아차리기는 그리 쉽지 않을 것이다.

완전한 분배적 평등으로서의 정의나 실력에 근거한 정의를 인정하지 않는다 해도 아직 다른 정의 개념은 있다. 하나는 모든 사람이 최소한의 특정한 선(여기에서는 일자리를 얻을 가능성)을 얻는 경우 공정하다는 것이다. 우리는 이 **충분주의**sufficitarian 정의 개념 (프랑크푸르트Frankfurt 2000; 누스바움Nussbaum 2000)에 따라 임계값을 만들어야 한다. 이런 사회에서는 부유한 동네 사람들이 여전히 알고리즘에 의해 선택될 가능성이 크다. 하지만 가난한 동네 사람들도 다른 요인들과 상관없이 일자리를 구할 **최소한의** 기회는 있다. 여기서도 특정 동네에 거주하는 일과 직업을 얻는 것 간의 상관관계는 여전히 있겠지만 결정 과정에서 그 관련성은 약해진다. 알고리즘이 작업을 하기 전후에 같은 변화를 가져오는 다른 정책이 있기 때문이거나, 모든 사람에게 최소한의 기회(성공을 위한 임계값)를 주는 방식으로 알고리즘이 조정되기 때문일 것이다. 후자의 경우 다른 요인들이 그 가능성을 높여 주지만 임계값 아래로 내려가게 하지는 않을 것이다. 그 대신 모든 사람이 최소한의 노동 시간(따라서 소득을)이나 돈을 벌 수는 있다.

하지만 **우선주의**prioritarian 정의 개념에 따르면, 이는 여전히 공정하지 않을 수 있다. 좋은 동네 사람들은 여전히 일자리를 얻을 가능성이 훨씬 크고 그들이 갖게 된 일자리는 정규직이고 급여도 훨씬 더 많을 것이다. 이 정의 개념으로 보면, 가장 소외된 계층에게 우선권을 주는 것이 필요하다. 이때는 (다른 기준에 상관없이) 소외계층에게 일자리를 제공하거나 일할 기회를 크게 늘리는 데 초점을 두는 정책을 의미할 수 있다. 예컨대, 교육과 업무 경험 등 관련 요소의 점수가 낮더라도 알고리즘을 이용하여 가난한 동네 사람들의 구직 가능성을 높여 주는 것이다.

롤스는 재능은 운luck의 문제이자 기회의 평등을 기반으로 한다는 의견에 호응하는 우선주의 입장에 대한 정치철학적인 정당화로 유명하다. 그는 『정의론Theory of Justice』(1971)에서 이른바 "원초적 입장original position"에서 "무지의 장막veil of ignorance"(사회계약 전 원초적 상태에서 구성원들의 이해관계에 영향을 끼칠 수 있는 정보들이 베일을 쓴 것처럼 가려진 상황 – 옮긴이)이라는 실험 사고thought of experiment를 활용했다.(12) 여러분이 재능을 가지고 태어날지, 부모가 부자일지 아니면 가난한 사람일지, 평등한 기회를 얻을지, '좋은' 동네에 살지, 아니면 '안 좋은' 동네에 살지 등에 대해 알지 못하고 사회에서 어떤 사회적 지위를 가지게 될지 모른다면, 여러분은 어떤 정의 원칙(따라서 어떤 사회)을 선택할지 상상해보라. 롤스는 사람들이 두 가지 원칙을 내놓을 것이라고 생각했다. 하나는 모든 사람에게 평등한 자유를 제공하는 일이고, 다른 하나는 가장 소외된 계층에게 최대 이익이 돌아가도록 하고 기회의 평등을 창출하는 방식으로 사회적 불평등을 해결하는 일이다. 최소 수혜자들의 입장을 최대한 반영한다면, 불평등은 괜찮다. 이를 차등의 원칙이라고 한다.(60)

롤스의 이러한 원칙들을 따르면, 거주지 우편번호를 기반으로 선택하는 편향된 알고리즘의 문제는 알고리즘 추천이 사회경제적 자원을 불평등하게 분배하거나, 일부 사람들이 최소 임계값 아래로 떨어지는 사회를 반영하는 것이 아니다. 대신, 기회의 평등은 없고 최소 수혜자들의 입장을 최대한 보장하지 않는 불평등한 사회를 반영하고 드러내는 데 있다. 만약 롤스의 원칙들이 정책으로 시행됐다면 아마도 우편번호와 취업 가능성 간에 그렇게 높은 상관관계는 나타나지 않았을 것이다. 그 지역의 다른 사람들은 일자리를 얻을 기회가 더 많았을 테고, 그토록 안 좋은 사회적 지위에 있지도 않았을 것이다. 그래서 그 알고리즘은 약한 상관관계만 찾아냈을 테고 우편번호가 추천 알고리즘에서 중요한 역할을 하지도 않았을 것이다. 좋은 배경과 교육을 잘 받았지만 자신과 매우 다른 사회저 지위에 있는 사람들이 대부분인 가난한 지역에 사는 상황은 존재하지 않거나, 존재한다고 하더라도 문제가 최소한 덜 두드러졌을 것이므로 알고리즘이 차별하는 특정한 문제도 일어나지는 않을 것이다. 현 상황이 매우 불공정하다고 하더라도 최소 수혜자들의 지위를 최대한 보장해주는 방식으로 알고리즘을 변경할 수도 있을 것이다. 이것이 바로 롤스의 차등 원칙에 따라 실제 상황을 변화시키는 긍정적인 차별이다. 이를 '설계에 의한 공정'의 구체적인 한 형태로 '설계에 의한 긍정적 차별'이라 부를 수 있을 것이다.

이 긍정적 차별 형태는 무엇보다도 애초부터 잠재하고 있던 **의도하지 않은** 편향을, 프로그래머와 설계자가 인식할 필요가 있다는 점에 유의해야 한다. 더 넓게는 차별이나 관련 있는 다른 정치적 영향을 의도하지 않았다 할지라도, 설계 단계에서의 선택이 정의와 평등 같은 측면에 영향을 미칠 수 있음을 알고 있어야 한다. 더 많은 사람들이 편향을 인식하고 설계 단계에서 정치적, 윤리적 가치를 구현하고, 잠재적인 정치적 영향에 대한 인식을 일깨우는 데에는 해야 할 일이 여전히 많다. 일례로, 인공지능의 학습 데이터에 젠더, 인종 등과 같은 기준에 대한 명시적 언급이 없다면 편향을 인식하기 어려울 수도 있다.(제팔Djeffal 2019, 269) 따라서 이런 문제를 인식하지 않는다면 해결책이 없을 수 있다. 긍정적 차별 측면에서의 해결책도 마찬가지이다. 알고리즘의 공정성에 대한 기술적 연구는 이런 문제를 도울 수 있다. 인공지능 알고리즘을 사용할 때 공정성을 확인하고 측정하면서 개선하려는 노력이 바로 그런 일이 될 것이다.(페사흐·슈무엘리Pessach and Shmueli 2020) 적절한 법률 체계를 도입하여, 해커(Hacker 2018, 35)가 말하는 "설계에 의한 평등한 조치"로 이어지게 하는 것도 가능하다. 하지만 앞서 살펴본 대로 평등은 이런 문제를 규정하는 한 가지 방법일 뿐이다. 설계는 긍정적 차별에도 이용될 수 있다. 이 경우, 알고리즘의 공정성 목표와 정의는 부정적 편향을 피하기 위한 젠더, 민족성 등과 같은 변인들과 독립적인 결과물이라기보다는, 오히려 이런 변인들에 대한 하나 이상의 긍정적 편향을 만들어내서 과거부터 있던 불공정을 바로잡는 일일 것이다.

하지만 곧 알게 되듯이 긍정적인 차별 조치는 대체로 자유주의 철학 전통에서 연구하는 사람들이 아닌, 이 전통을 비판하거나 적어도 보편주의를 비판하는 사람들에 의해 제안된다.

편향은 왜 문제가 되는가?(2)
보편주의적 자유주의 사상에 비판적인, 계급과 정체성 이론

마르크스주의 이론은 정의와 평등에 대한 자유주의 철학 입장에 대해, 그 기초가 되는 자본주의 사회구조는 건드리지 않고 구체적이지 않은 형식과 추상적인 원칙에 중점을 두고 있다고 비판한다. 마르크스주의 이론에 따르면, 자본주의 사회구조는 형식상 자유로운 개인이 자발적으로 계약을 맺지만(또한 노직Nozick의 주장 참조), 실제로는 자본주의 조건하에서 생산수단을 소유한 계급의 착취와 또 다른 계급이 착취당하는 계급, 즉 이 두 계급 사이에 분열과 위계를 만들어내면서 유지한다. 우리는 가상의 지위와 계약을 상상하기보다는 불평등과 부당한 차별을 야기하는 물질적, 역사적 조건을 살펴보고 그 조건을 변화시켜야 할 것이다. 또 생산과 분배에 관한 문제를 따로 떼어놓기보다는 생산을 조직화하는 방식을 바꿔야 한다. 같은 의미에서 적어도 정의를 재분배적 정의로 이해한다면 공산주의 사회는 정의가 있다고 볼 수 없을 것이다.(닐슨Nielsen 1989) 우리는 자유주의 이론에서 언급하는 것처럼 처음 자본주의적 생산이 이루어진 다음에는 정의의 원칙에 따라 재분배하기보다는 자본주의 자체를 폐지해야 할 것이다. 또 객관적 입장에서 사회를 평가하기보다 착취당하는 계급의 이익을 옹호해야 할 것이다. 우리는 개인과 이들의 집단에 적용되는 정의 원칙에 대해 이야기하는 대신에 계급과 계급투쟁에 주력해야 할 것이다.

그런데 이러한 마르크스주의 관점에서 보면, 편향된 알고리즘과 이 알고리즘이 영향을 미치는 사회는 정의나 평등의 추상적 개념을 구체화하지도, 적용하지도 못하기 때문에 부당하고 불공정한 것은 아니다. 또 오히려 생산수단을 소유한 계층과 소유하지 않은 계층 간의 위계적인 사회적 관계를 형성하는 사회경제적 시스템인 자본주의를 만들어내고 유지하도록 도와주기 때문이기도 하다. 자유주의 이론이 제기한 이 문제는 자본주의 사회 안에서 틀지어져 있다. 대출 사례 또는 고용 사례를 다시 한번 살펴보자. 두 경우 모두 자본주의 사회와 경제구조 안에서 발생한다. 여기서는 자본가의 이익이 한 부류의 사람들을 부채 상태와 착취에 노출시키는 불안정한 사회경제적 위치에 계속 머물러 있게 한다. 따라서 편향은 알고리즘이나 특정한 사회 상황에만 있는 게 아니다. 자본주의 안에는 어떤 사람들(생산수단의 소유자인 자본가)은 유리하게 만들고, 또 어떤 사람들(프롤레타리아 노동계급)은 불리하게 만드는 편향과 역학이 존재한다. 인공지능은 착취 수단으로 이용되며, 로봇은 노동자를 대체하고 실직자 프롤레타리아를 만들어내는 데 이용된다. 이런 상황은 여전히 일자리가 있는 사람까지도 더 쉽게 착취할 수 있도록 한다. 이 문제는 인공지능이 아닌 "인공지능 자본주의AI capitalism"라고 부르는 것에 있을 수 있는데, 이 용어는 주보프(2019)의 "감시 자본주의surveillance capitalism"보다 더 일반적인 용어를 사용하고 인공지능의 역할을 강조하기 위한 것이라 할 수 있다. 이러한 근본적인 문제가 해결되지 않는다면 정의도 평등도 존재 이유가 없어질지도 모른다. 소외계층이 혜택을 보도록 알고리즘을 조정할 수는 있겠지만, 궁극적으로 증상에 따른 일시적 치료에 지나지 않는다. 진짜 문제는 인공지능과 로봇이 자본주의 체제 안에서 사람들의 해방을 위해 사용한다기보다는 자본가를 현재보다 훨씬 더 부유하게 만드는 데에만 이용된다는 사실이다. 게다가 시간이 지남에 따라 알고리즘 차별이 없어질 것이라는 자유 시장의 믿음은 '근거가 없다.' 알고리즘을 이용하는 사람들은 편향을 최소화할 유인이 없기 때문이다.(해커 2018, 7) 위 사례에서 사람을 고용하는 은행과 기업의 경우도 자본주의 논리 안에서 작동하므로, 차별을 줄이는 것을 자신들의 일로 생각하지 않는다. 이것이 바뀌지 않는다면 알고리즘의 조정 같은, 증상에 따른 일시적인 치료는 큰 도움이 되지 않을 것이다. 자본가 쪽에서도 이 기술과 사용을 실제로 바꿀 유인이 없기는 마찬가지이다. 그렇게 하는 것은 자신들의 이익에 결코 부합되지도 않기 때문이다.

이 같은 관점에서 본다면, 노동자를 위시한 그 밖의 사람들은 자본주의 체제에 저항하고, 인공지능이 주도하는 자본주의에 맞서 싸우는 것이 중요하다. 그런데 한 가지 문제는 많은 경우 인공지능이 범주화하고 차별한다는 사실은 말할 것도 없고, 이 기술이 이용되고 있다는 사실조차 모른다는 것이다. 인공지능의 작동방식과 이것이 편견을 야기한다는 사실도 거의 알지 못한다. 게다가 인공지능 자본주의가 노동자들에게 미치는 영향은 동일하지가 않다. 어떤 일자리는 다른 일자리보다 더 불안정하다. 어느 정도는 모든 일자리가 위태로워지고 있다. 아즈마노바(Azmanova 2020, 105)는 불안과 스트레스를 유발하는(무어Moore 2018) "경제적, 사회적 불안정이 현대사회의 핵심적인 특징이 됐다"라고 주장하면서 "불안정한 자본주의"에 대해서 언급한다. 불안정한 사회에서는 보수가 좋은 숙련된 일자리를 가진 사람들조차도 안전하지가 않다. 그런데 어떤 일자리는 분명 다른 일자리보다 더 불안정하고, 또 어떤 노동자의 자아는 다른 노동자보다 더 정량화되어 있다.(4장 참조) 이 또한 현대 자본주의의 심리적 영향이 불평등하게 분포되어 있다는 것을 의미한다. 다시 말해 어떤 사람들은 다른 사람들보다 "수행해야 할 의무를 내면화하는 불안한 자아"를 갖고 있으며(무어 2018, 21), 어떤 사람들은 다른 사람들보다 기계에 의해 대체되는 것을 더 두려워한다.(15) 하위층 노동자는 빠져 나올 여지도 없이 감시에 상당 시간 노출되는 반면, 상위층 노동자들은 그들의 데이터가 부당하게 이용되더라도 더 많은 보호를 받는다.(쿨드리·메지아스 2019, 191) 모든 사람이 실존적, 사회경제적, 심리적으로 취약하지만, 어떤 사람은 다른 사람보다 더 취약하다. 인공지능을 인식하는 방식에도 문화적 차이가 있다. 어떤 문화는 다른 문화보다 인공지능(과 전반적인 기술)에 대해 더 긍정적인 태도를 보인다. (이 또한 특히 세계 수준에서 인공지능을 규제하는 것과 관련된 문제에 영향을 미친다. 결론부에서 이것에 대해 다시 이야기할 것이다.) 이 모든 것을 종합해 보면, 인공지능 기술과 관련된 문제점을 조금이라도 알고 있는 사람이라면 다른 사람보다 인공지능 자본주의에 저항할 동기가 더 강할 것이라는 사실을 시사한다. 이런 사실은 하나의 계급(의식)이라는 우산 아래 노동자들이 광범위하게 동맹을 맺는다는 마르크스주의 이상에 의문을 제기한다.

그런데 사회변화는 단지 사람들과 이들의 행동과 노동만이 관련되는 것은 아니다. 인공지능을 포함하여 기술은 사회 시스템 곳곳에 깊숙이 자리하고 있다. 가장 뛰어난 마르크스주의 기술 분석가군에 속하는 다이어 위데포드, 쿄센, 슈타인호프Dyer-Witheford, Kjøsen, and Steinhoff는 인공지능을 자본주의에서 노동자 소외의 정점으로 봐야 한다고 자신들의 저서 『비인간 권력Inhuman Power』(2019)에서 주장한다. 그 이유는 인간을 상품화하고 착취하는 자본의 권력을 인공지능이 재현하기 때문이다. 이러한 문제는 자유(1장 참조)와 관련되는 문제일 뿐만 아니라, 심각한 불평등과 불의를 야기하는 자본주의의 문제로도 볼 수 있다. 동시에 정치적으로 중요한 다른 쟁점에도 문제가 될 수 있다. 경제적 불평등의 경우는 프랑크푸르트(2015)가 다음과 같이 주장한 것처럼 민주주의에 관한 문제이기도 하다. "훨씬 부유한 사람들은 덜 부유한 사람들보다 상당한 이점을 누리는데, 이런 이점은 선거 및 규제 절차에 부적절한 영향력을 미치고자 할 때 악용될 수 있다."(6)

프랑크푸르트 같은 자유주의자는 불평등한 일이 "그 자체로 우리 인간의 가장 기본적인 야망의 목적이 될 수 없다"고 주장한다.(5) 하지만 마르크스주의자에게, 불평등은 단순히 민주주의에 영향을 미치기보다는 그 자체가 자본주의의 착취와 연결되는 문제이다. 하지만 (좌파) 자유주의 사상가들의 경우 마르크스주의자에게 가장 중요한 문제인 생산수단(여기서는 AI)에 대해서는 그 어떤 말도 하지 않은 채 계속해서 재분배를 요구한다. 다이어 위데포드의 경우, 인공지능과 자본이 밀접하게 얽혀 있기 때문에 사회변화는 기술과 함께 전체적인 사회경제체제의 변화를 필요로 한다는 점을 시사한다. 따라서 노동자가 자본에 맞서 행동을 취하고 싶다면, 인공지능을 이용해야 하지만 동시에 그에 맞서야 하는 역설적인 상황에 직면한다.(다이어 위데포드 2015, 167) 생산수단의 재조직화가 필요하다는 마르크스의 시각에 기반한 마르쿠제(Marcuse 2002)의 글을 참고한다면, 이 같은 이런 상황을 이해할 수도 있을 것이다. 마르크스에 따르면 생산은 직접적인 생산자들에 의해 유기적으로 이루어져야 한다. 하지만 마르쿠제는 기술이 "노동계급을 포함하는 정치계에서 통제 및 결속의 매개체가 된다면 기술 구조 자체에도 변화"가 필요하다고 주장한다.(25)

이런 주장은 기술 그 자체도 변화되어야 함을 시사한다. 그렇지만 대다수 마르크스주의자는 기술 자체에는 의문을 제기하지 않은 채 생산수단의 **소유권**에 초점을 둔다. 퓨크스(Fuchs 2020)에 따르면, 진정으로 정의로운 사회는 공유지를 기반으로 해야 한다. 이는 정보가 자본의 상품으로 취급되기보다는 온 인류를 위한 공동선이어야 하기에, 커뮤니케이션의 조건에 대한 공동의 통제가 있어야 함을 의미한다. 자본은 공유지를 자신들 편으로 끌어들이려 애쓴다. 퓨크스는 대신 노동자들이 "경제적 생산수단으로서 커뮤니케이션을 이용하고 집단적으로 통제해야" 한다고 제안한다.(310) 또 페이스북과 같은 플랫폼은 시민사회를 기반으로 하는 협동조합으로 운영되어야 한다고 말한다.(311) 퓨크스는 이러한 "공동선으로서의 정보와 상품으로서의 정보 간의 대립 관계"를 정의와 평등의 관점에서 다음과 같이 설명한다. "상품이 불평등을 의미한다면 진정으로 공정하고 민주적인 정의로운 사회는 공유지를 기반으로 하는 사회임이 틀림없다. 커뮤니케이션 시스템에 있어서는 공유지로서의 커뮤니케이션 시스템이 인류와 사회, 민주주의의 본질에 부합한다는 사실을 의미한다."(28) 마찬가지로 커뮤니케이션 기술 및 정보가 되는 인공지능과 데이터는 마르크스주의 관점에서 보면 생산수단이며, 따라서 자본에 의해 통제되는 대신 공유되어야 한다고 말할 수 있을 것이다. 인공지능에 대한 트랜스휴머니즘의 기술 낙관론과 기술 결정론적 전망(퓨크스는 이것을 "포스트휴머니즘"이라고 부름)에도 의문을 제기할 수 있을 것이다. 이들은 "신기술의 등장으로 인해 사회와 인류가 근본적으로 바뀌는 것"(21)이 꼭 필요한 좋은 변화라고 가정하는 듯하다. 이에 대해 퓨크스는 사회 계급과 자본주의의 중요성을 무시하는 것(21)이며, 사람이 로봇으로 대체되고 민주주의와 평등 대신 권력이 집중되는 현상을 초래할 것이라고 경고한다.(82) 새로운 정보통신 기술이 필연적으로 진보적이라고 생각하는 것 또한 이 기술이 출현할 때의 "적대적 조건"과 "글로벌 자본주의에 내재된 잔혹성"을 인정하지 않기 때문이라는 주장이 제기됐다.(딘Dean 2009, 41)

오늘날 미국에서 매우 인기 있는 관심사이자 정의와 평등에 대한 고전적 자유주의의 철학적 접근을 비판하면서 등장한 대안적 접근이 중요하게 여기고 있는 것은 사회경제적 범주가 아닌 인종과 젠더 같은 정체성과 관련된 범주이다. 때로 이러한 접근 방식을 '정체성 정치'라고 부른다. 이 문구 자체에는 정치적 색채가 강하고 논란의 여지가 있지만 "특정 집단에 속해 있는 사회 구성원이 공유하는 부당한 차별 경험에 기반을 둔 다양한 정치적 활동 및 이론화"와 관련 있다.(헤이즈Heyes 2020) 정체성 정치가 자유, 정의, 평등 같은 정치원리를 이용하는 경우, 특정 집단에게는 이런 원리들이 그들의 역사와 정체성의 측면에서 정의하는 일이 될 것이다. 자유주의 철학 전통에 있는 이론가들은 보편주의 입장(만인을 위한 정의나 만인을 위한 평등을 요구하는 일 등)을 취하는 반면, 정체성 정치사상을 고수하는 사람들은 이런 정치원리가 여성, 유색인종, 성소수자, 토착민, 장애인 등 특정 사회집단의 주변화 또는 억압을 없애기에 충분치 않다고 주장한다. 이들은 이런 문제를 해결하기 위해 (집단) 정체성을 정치적 관심사의 중심에 올려놓는다. 롤스가 말한 무지의 장막을 걷어 올린 것이라고도 말할 수 있을 것이다. 그들은 우리에게 비현실적인 개인과 이런 개인들로 구성된 사회에 대한 사고 실험에 무심코 참여하기보다는, 특정 집단(의 사람들)에 대한 부당한 차별의 역사와 구체적인 현실을 들여다보라고 요청한다. 또 그들은 비현실적인 보편주의 개념에 호소하기보다는, 마르크스주의자처럼 부당한 차별을 야기하는 사회구조를 바꾸고 구체적인 역사적 사실을 살펴보고 싶어한다. 이런 요구를 하는 까닭은 특정한 사회경제적 계층이 소외되기 때문만도, 자본주의에 문제가 있기 때문만도 아니다. 더 정확히 말하면, 특정한 정체성으로 정의된 집단이 과거에도, 지금도 소외되고 있기 때문이다. 차이의 정치와 짝을 이루면 정의가 요구되기도 하지만, 정체성과 차이를 **개의치 않고** 보편적 인류에 포함되는 것이 목표가 아닌 정체성과 차이 자체를 존중받는 것이 목표라 할 수 있다. 이 또한 보편적인 '우리'에 대한 이야기가 아닌 특정 집단과 이러한 집단에 속하는 사람들을 인정하는 것을 의미한다. 후쿠야마(Fukuyama 2006)는 이 생각을 다음과 같이 설명한다. 헤겔 이후 정치는 인정을 중요하게 여겼다. 하지만 이제는 그 누구보다 과거에 차별받은 집단의 입장에서 볼 때 "공통의 인류애에 기반한 보편적 인정만으로는 충분치 않다. 이런 이유로 오늘날의 정체성 정치는 집단 정체성의 인정에 대한 요구 위주로 돌아가고 있다."(9) 이러한 정체성은 역사적 맥락과 특정 집단에 기반을 두며 특정한 형태의 억압과 불의에 맞서면서 그 모습을 드러내는 경우가 많다.

오늘날 이 같은 정치 형태는 자유주의 좌파에게 인기가 있다. 다이어 위데포드가 부른 이른바 "포스트 마르크스주의" 입장은 가부장제와 인종차별에 침묵하고 문화적 다양성을 부인하는 마르크스주의 이론을 전체론적이고 환원론적인 것으로 일축한다. 대신, 포스트 마르크스주의자들은 차이, 담론, 정체성에 주목하고 혁명보다는 민주주의에 대해 이야기한다.(다이어 위데포드 1999, 13) 여기서 일부는 포스트모던 정치의 연속으로 간주된다. 많은 사람들은 자본주의에 맞서 연대의 비전을 제시하는 대신,

차이와 정체성을 강조하기 시작했다. 사실 이러한 주장은 자본주의에 문제를 제기하기보다는 유행 같은 형태로 자본주의와 꽤 쉽게 공존하는 경우가 많다.(딘 2009, 34) 마찬가지로 개인 정체성이 매우 유동적임을 강조하는 포스트모던은 신자유주의 이데올로기와도 매우 잘 어울린다. 그렇지만 이보다 더 많은 이야기에서는 과거부터 내려온 불의를 인지하고, 계급과 사회경제적 범주에 초점을 두지는 않더라도 보편주의를 거부하고 투쟁과 저항, 체제변화라는 마르크스주의 수사학을 다시 일부분 받아들인다.

인공지능의 편향 및 인공지능에 의한 차별과 관련하여 규범적인 질문은 다음과 같다. 인공지능 기술과 이를 이용하는 사람들은 어떤 경우에 특정 집단을 차별하는가? 따라서 어떤 인정 투쟁이 인공지능에 의해 위협받는가? 여성에 대한 편향은 있는가? 트랜스젠더, 흑인, 장애인에 대한 편향은? 벤저민(2019a; 2019b)이 인종을 기반으로 인공지능과 로봇 분야에 주장한 내용은 유명하다. 그녀는 이러한 기술이 정치적으로 중립적이지 않을 뿐더러 인종차별과 불평등, 부당한 차별을 심화시킨다고 주장한다. 또 그녀는 미국의 인종차별을 역사적(불행하게도 지금도 존재함) 맥락에서 쓴 글을 통해 부당한 일이 흑인이라는 특정 집단에게 행해지고 있다고 말한다. 같은 관점에서 보면 문제의 편향된 알고리즘이 가지고 있는 잘못된 점은 이 알고리즘이 중립적이지 않은 게 문제라기보다는, 구조적으로 흑인이 불리하기 때문에 기존의 불평등을 재생산하고 무엇보다도 인종적 편견이라는 "연동 형태의 차별"에 기여하고 있다는 사실이다.(벤저민 2019b) 한편, 리(Rhee 2018, 105)는 많은 반려 로봇과 스마트 인형의 등장이 "백인성을 정상화한다"고 주장한다. 따라서 이런 주장은 기술이 중립적이라는 도구주의 견해를 무너뜨리는 동시에 "공평한 경기장"이 있고, 심지어 "불평등이 바로잡히는" 곳으로 이야기되는(흔히 업계에서 나오는) 디지털과 중립적인 기술에 근본적으로 이의를 제기한다.(벤저민 2019b, 133) 여기서 불평등 문제는 객관적인 보편주의 관점보다는 인종과 정체성의 렌즈를 통해 바라봐야 해결이 가능하다.

이 책의 시작 부분에 나오는 부당한 체포 사례를 다시 한번 생각해보자. 벤저민과 유사한 정체성 관점을 취하는 사람들이 말하는 이 사건(와 이와 유사한 다른 경우들)의 잘못된 점은 전반적으로 현실적이지 않은 어떤 '사람' 혹은 '시민'이 부당하게 체포된 게 아니라 어떤 **흑인**이 **흑인이라는 이유**로, 즉 인종차별로 체포되었다는 사실이다. 인종차별이 원인이 되어 일어난 폭력에 반대하여 지난 10년간 미국에서 벌어진 시위에 사용된 인기 있는 슬로건의 관점에서 표현하자면, 이러한 정체성에 기반하여 주장하는 초점은 "모든 생명은 중요하다"가 아니라 "흑인의 생명은 중요하다"라는 것이다. 벤저민 같은 사상가는 고전적 자유주의 이론이 바라보는 고상한 '백인'의 관점에서 파악하는 대신, 인종의 렌즈를 통해 실제로 현장에서 일어나고 있는 일을 살펴보는 방식을 선호한다. 이 사상가들은 보편주의적 사고가 정의롭고 평등한 사회를 만드는 데 효과적이지 않다고 지적하며, 특정 집단(백인, 남성 등)에게만 도움이 된다고 주장한다. 벤저민(2019b)의 경우 보편주의 원칙에 호소하기보다 "흑인의 인종 전통을 기반으로 하는 해방적 상상력"을 통해 "**테크노 쿼**techno quo(기술과학에 관한 일반적인 비즈니스)"에 대한 대안을 상상해보라고 요청한다.(12) 여기서 정치적 상상력은 정의나 평등 같은 관념적 개념에 호소하기보다는 특정한 (집단 및 정체성) 역사를 통해 풍부해진다.

정체성 사고의 매우 중요한 측면은 역사적 배경에 대한 언급이다. 인종 정체성과 관련하여 정체성 정치를 옹호하는 사람들의 경우 과거 식민주의와 노예제로 인한 공포를 지적한다. 이러한 정체성에 대한 사고는 적어도 두 가지 양립 가능한 방법으로 이루어진다. 하나는 **오늘날** 미국 흑인들에게 행해지는 부당한 차별의 경우 (마치 인종차별이 일종의 추상적 신념 체계인 것처럼) 인종차별에 뿌리를 두고 있을 뿐만 아니라, 공식적으로 노예제와 식민주의를 인정하지 않지만 억압과 인종차별적 관행의 잘못된 역사 형태가 실제로 충격적일 정도로 계속되고 있다고 주장하는 것이다. 따라서 인공지능의 편향을 바로잡는 한 가지 방법은 인종차별과 맞서면서 이러한 형태의 억압을 (부분적으로가 아니라) 전면적으로 철폐함으로써, 앞으로 그런 일이 다시는 일어나지 않도록 하는 데 있을 것이다. (신)식민주의에 초점을 둔 비판도 이 같은 역사적 관점을 취한다. 쿨드리와 메지아스(2019)의 경우 최소한 "우리가 만들어내는 데이터 이용으로 우리가 착취당한다는 점에서" 현재의 불평등이 어떻게 역사적 형태인 제국과 착취의 연속인지 드러내기 위해 "데이터 식민주의data colonialism"에 대해 이야기한다.(107~108) 여기서는 사람들이 가진 데이터와 노동이, 그리고 마침내는 사회적 관계가 자본주의에 의해 독점된다.(12) (특권을 가진 자들이) 한 장소에서 인공지능을 이용하는 일 또한 멀리 떨어진 다른 곳에서의 노동과 착취를 야기하는데, 기계학습 훈련의 경우 이런 형태의 착취가 수반될 수 있다.

역사적 관점으로 식민주의라는 주제에 접근해볼 수도 있다. 과거 식민주의를 배경으로 신식민주의의 위험성(또는 현실?)을 언급함으로써, 현재의 인공지능과 다른 기술적 관행을 비판적으로 바라볼 수 있다. 자유주의 이론이 다루는 보편적 인간과 개인은 사실상 풍요로운 서구사회에 사는 사람들을 의미하는데, 이로 인해 남반구 저개발국의 이익과 정체성이 간과될 수 있다는 우려의 목소리가 나온다. 이러한 우려는 자유주의와 마르크스주의 관점에서도 나오는데, 자본주의 맥락 안에 있는 사회경제적 불평등과 불의, 또는 지정학(정치와 지리적 조건의 관계 등 - 옮긴이)적 노동자에 대한 억압에 대한 언급 등이 그에 해당한다. 이 문제는 또한 정체성과 식민주의 측면에서 접근이 가능하다. 강력한 실리콘 밸리의 기술 기업들이 가난한 국가를 제국주의 방식으로 착취하는 "디지털 식민주의"에 대해 이야기하는 한 오피니언 기사가 그 사례에 속한다.(크웨Kwet 2019) "인공지능의 아프리카 침공이 식민지 시대의 착취를 되풀이하는 것"이라는 주장도 마찬가지이다. 지역의 필요와 이익을 무시하고 소수 집단(예를 들면, 서류가 없어 국가 생체인식 시스템에서 제외되는 사람들)에게 불리한 방식으로 역사적 편견을 영속화하는 것은 아프리카 대륙을 "알고리즘적으로 식민화"하는 것이나 다름없다는 이야기이다.(비르하네Birhane 2020) (이러한 문제들 가운데 어떤 점은 기술 이전의 측면에서 다루어질 수도 있는데, 이런 기술 이전이 종종 개발도상국의 비민주적인 관행을 영속화한다. 이 같은 형태는 특정 집단에 대한 식민주의와 불의의 한 형태로 볼 수 있지만 동시에 인권 침해의 관점에서도 규정될 수 있다.)

또 하나의 양립 가능한 방식을 역사에서 가져오면, 과거에 일어난 것보다 덜 나쁠 수 있는 현재의 불의가 **미래**에는 더 나쁜 억압의 형태로 이어질 수 있으므로, 그 시점에 도달하기 전에 멈춰야 한다고 경고하는 데 이용하는 일이다. 이 사례에서는 오늘날 억압 형태와 인종차별이 특정한 인종 배경을 가진 사람들을 조직적으로 억압하고 착취하는 사회, 즉 식민주의 사고와 노예제 사고에 기반한 사회로 필연적으로 이어지는 것으로 여겨진다. 인공지능의 인종차별과 인공지능을 통한 인종차별이 이루어지는 것을 막아야 하는 것은 바로 이런 이유에서다. 또 다른 예는 젠더

이다. 인공지능의 젠더 편향은 역사적인 억압 형태이자 가부장제의 연속**이며**, 새로운 억압 형태와 가부장제로 이어질 수 있는 문제로 간주된다. 인터넷상의 언어와 특정 언어의 말뭉치에 들어있는 편향(의사 같은 특정 직업을 남성과 연결하는 편향 등)의 경우가 그럴 수 있다. 이러한 편향이 자연어 처리용 인공지능과 데이터 과학 도구에 반영된다면(칼리스칸·브라이슨·나라야난Caliskan, Bryson, and Narayanan 2017; 선 외Sun et al. 2019), 텍스트에 존재하는 과거의 편향을 영속화하는 **동시에** 미래에도 그런 편향을 잠재적으로 악화시킬 것이다.

그런데 이 접근 방식은 자주 과거의 편향이 지속된다는 것에 초점이 맞추어져 있다. 크로포드와 칼로(Crawford and Calo 2016)의 경우《네이처Nature》에 게재된 논문에 예측치안유지 정책에 대해 언급하면서 정체성 정치의 언어를 사용하여, "인종, 젠더, 사회경제적 배경 같은 요인으로 이미 사회적 혜택을 받지 못하고 있는 소외집단에게, 인공지능 시스템이 얼마나 불균형적으로 영향을 미치는지" 조사해야 한다고 말한다.(312) 이러한 주장은 이전 세대로부터 여성에 대한 편견을 물려받은 남성이 압도적으로 많은 기술 개발자 팀 내에 존재하는 편견으로 인해, 인공지능이 여성에 대한 편견을 반영할 수 있다는 내용으로도 종종 주장된다. 따라서 사회경제적 같은 하나의 기준보다는 정체성(인종, 성별 등) 측면에서 특징지어지는 특정 집단에 대한 과거와 현재의 차별 형태를 기준점으로 삼아야 할 것이다. 현시점에서 일어나는 개별적인 차별과 억압의 사례는 정체성과 역사에 대한 인정을 추구하며 정체성의 측면에서 정의된 특정 집단에 대한 역사적 차별에 비추어 볼 수 있다. 역사적 관점은 마르크스주의와 공유되지만, 특정 사회경제적 계급의 이익을 옹호하고 보편적 해방(마르크스주의)의 목표를 달성하도록 촉진하는 것에서 정체성으로 정의되는 특정 집단의 현재 관심사와 역사, 미래로 옮겨가는 것이 중요하다.

마찬가지로, 로봇을 '노예'로 생각하고 사용하는 것에 반대하는 주장도 역사에 기반하여 문제를 제기할 수 있다. 로봇을 노예로 사용하는 것에 **찬성하는** 주장의 근거는 인간 착취를 종식시킨다는 점이다. 브라이슨(Bryson 2010)은 로봇에 권리를 부여하는 것에 반대하면서 로봇이 법적으로 노예로 간주되어야 한다고 주장한다. 그런 다음에 플로리디(Floridi 2017)가 제안한 대로 노예 소유자가 손해에 책임을 지는 로마법을 이용하여 법적인 쟁점을 처리할 수 있다. 하지만 1장에서 시사했듯이 로봇을 노예의 관점에서 생각하는 것은 좋지 않은 상황으로 몰고 갈 수도 있다. 정체성 정치의 관점은 지금 이것이 왜 잘못됐는지에 대한 논거를 제공하는데, 이는 마르크스주의적 비판을 대신하여 사용될 수 있고, 여기에 추가하여 사용될 수도 있다. 특정 집단에 대한 차별과 노예제의 역사적 배경에 비추어볼 때, 로봇이 주인과 노예라는 사고의 역사와 특정 집단을 소외시키고 배제하는 역사를 영속시킨다고 주장함으로써 로봇을 노예로 보는 것에 반대할 수 있다. 로봇이 노예로 이용된다면, 사람은 아무도 다치지 않겠지만 사회적 관계에 대한 담론과 사고방식에 근본적으로 문제가 될 수 있을 것이다. 따라서 로봇을 노예로 보는 것에 대한 반대는 이를테면 패권적 자본주의의 사회적 관계에 반대하는 보편주의적 자유주의 사고나 마르크스주의적 사고에 의해 제기되거나, 로봇의 노예화를 특정 (인간) 집단의 과거와 현재와 미래의 소외와 연관 짓는 정체성 주장으로 뒷받침될 수 있다. 오늘날은 로봇이 노예이지만, 앞으로는 이것이 다른 집단으로 확장될 수 있지 않을까? 이같은 주장을 동물로 범위를 확장하여, 인간이 아닌 일부 동물에 대한 우리의 대우 또한 일종의 노예제가 아닌지 물을 수 있을 것이다. 5장에서는 비인간과 관련된 정치학에 대해 더 많은 이야기를 할 것이다. 그런데 여기서 흥미로운 점은 이 모든 비판이 노예에 대한 고대 그리스인이나 로마인의 생각도, 같은 유형의 사회적 위계를 가정하거나 지지하는 철학사 후기 국면도, 기술에 대한 규범적 평가를 위한 좋은 출처가 아니라는 견해를 공유하고 있다는 사실이다. 그런 생각과 국면이 일종의 패권적 식민주의 사상의 연장이기 때문이다. 그러므로 인공지능의 이용과 개발에 수반될 수 있는 정치적인 배제와 지배 담론을 비판적으로 연구하는 것은 중요하다.

정체성 사고는 정치철학과 다른 분야에서 여전히 논란의 여지가 있다. 정체성 사고에 공감하는 페미니즘 이론에서도 여성의 정체성이란 무엇을 의미하는지, 이를테면 본질적인 정체성인지 아니면 수행적 측면에서 정체성을 이해해야 하는 것인지에 대한 논의가 있어 왔다.(버틀러Butler 1999) 오늘날 페미니스트들은 "편협한 인정 정치"와 피해자 정체성에 기반한 고통의 정치를 넘어서는 탈정체성 정치를 요구한다. 대신 "더 폭넓은 다양성의 정치"와 자유를 누릴 수 있는 삶을 만드는 것에 주목한다.(맥네이McNay 2010, 513~514) 정치를 정체성의 문제로 축소하는 것에 반대하는 맥네이(2008)가 대표적이다. 그런데 예상한 대로 자유주의자와 마르크스주의자 모두에게서 비판을 받았다. 마르크스주의자는 정체성 정치의 지지자들이 기저가 되는 경제에는 관심을 두지 않고 상부구조(문화)에만 매달린다고 비판한다. 또 소외집단에 주목하고는 있지만 불평등을 야기하는 전반적인 경제구조를 간과하면서 계속 자본주의 논리에 기댄다고 비난한다. 마르크스주의자는 자본주의 하에서의 사회경제적 불평등 문제를 제기하고 분석하기 위해 '계급'이라는 범주 사용을 선호한다. 후쿠야마(2018a)는 정체성에 이끌리는 사회는 정체성의 파편화로 분열되기 때문에 숙의와 집단행동을 어렵게 한다고 경고한다. 그는 또한 우파는 백인 남성을 희생시키는 것 같은 언어를 사용하는 반면, 좌파는 "일련의 정체성 집단들"로 분열된다는 점에 주목한다.(후쿠야마 2018b, 167) 그리고 이런 민주주의에서는 "인간의 존엄성에 대한 보다 보편적인 이해로 되돌아가기 위해 노력해야"(xvi) 한다고 말한다.

　인공지능과 편향에 대한 사고에도 이 같은 논의와 정치적 맥락('흑인 생명도 중요하다' 운동 등)은 여전히 의미가 있다. 편향과 차별을 틀 짓는 방식은 철학적으로 뿐만 아니라 실제로도 매우 중요하다. 그렇다면 우리는 정의에 대한 보편적 원칙을 알고리즘에 넣어야 하는가? 아니면 특정 집단에 대한 편견에 초점을 맞추고 기술과 다른 방법으로 긍정적 차별 조치를 취해야 하는가? 언어 말뭉치에 존재하는 역사적 편견을 우리는 그대로 받아들여야 하는가?(인터넷에서 가져온 데이터가 사회를 있는 그대로 반영해야 하며, 데이터와 알고리즘은 '중립적'이어야 한다는 주장 등) 아니면, 알고리즘이 결코 중립적이지 않고 편향되어 있다고 주장하면서, 이런 편향을 수정하여 과거부터 소외된 집단에 대한 편견이 덜한 사회를 만드는 데 실질적으로 기여해야 하는 것인가? 이 두 가지 주장은 결합될 수 있는가, 아니면 서로 완전히 달라 비교조차 할 수 없는가? 규범적 이론의 양 측면들은 실제로 이행될 수 있는가? 이행될 수 있다면, 어떤 잠재적 긴장이 발생할 수 있는가?

정치적으로 중립적이지 않은 인공지능

기술철학의 관점에서 보면, 기술은 도덕적으로나 정치적으로 중립적이지 않고 그럴 수도 없다. 이는 전반적인 모든 기술에 해당하며 인공지능과 데이터 과학의 경우에도 마찬가지이다. 마츠너(Matzner 2019, 109)가 말했듯이, 어떤 사람들은 "인간의 편향으로 알고리즘을 계속해서 망치지 않는다면 알고리즘은 중립적일 수 있다"고 생각하지만, 이 견해는 잘못됐다. 오히려 인간과 기계의 관계는 훨씬 더 복잡하며 인간과 인공지능의 관계도 마찬가지이다. 인공지능 알고리즘은 결코 중립적이지 않다. 따라서 사회의 편향과 함께 알고리즘 및 데이터 과학 프로세스에서 발생하는 편향은 모두 평가받을 필요가 있다. 마찬가지로, 기텔만과 잭슨(Gitelman and Jackson 2013)이 주장하듯이 데이터 자체도 중립적이거나 객관적이거나 '날 것'이 아니다. 오히려 데이터는 감정을 포함하여 지각하고 해석하며 자료 수집 및 정보 선택 같은 큐레이션을 수반하는 "지식 생산의 작업으로 생성"된다.(케네디·스티드먼·존스Kennedy, Steedman, and Jones 2020, 3) 이미 언급했듯이, 인공지능이 사용하는 언어 말뭉치 경우에도 편향이 있을 수 있다. 언어 자체에도 편향이 내재되어 있는데, 젠더 편향이 대표적 사례이다. 영어 단어 'man'은 남성뿐만 아니라 전반적인 인간 종species을 지칭하기로 되어 있는 점을 고려해보라.(크리아도 페레즈Criado Perez 2019, 4) 이미 시사한 대로, 데이터를 다루는 팀도 마찬가지로 중립적이지 않다. 사람들도 편향될 수 있다. 이를테면, 정체성 정치에 대한 의견을 포함하여 특정한 정치적 의견을 공유하는 백인 남성 위주로 팀이 구성되어 있을 때, 이 팀은 민족성과 정치적 의견에 있어 다양성이 부족하다고 할 수 있다.(크리아도 페레즈 2019, 23) 기술관료주의 역시 중립적이지도, 비정치적이지도 않다. 기술적인 전문성만으로 윤리적, 정치적 논쟁을 해결할 수는 없다. 기술 기업도 그 나름대로 정치학이 있다. 머리(Murray 2019, 110)에 따르면, 구글과 같은 실리콘 밸리 기업들의 경우 정치적으로 좌파(정확히 말하면, 좌파 자유주의자)이므로, 직원들에게도 (직원들의 다양성을 감안하는 경우 그들이 역설하는 것이 항상 실행되지는 않더라도) 이 같은 정치 성향을 기대한다. 그래서 아마존이나 우버 같은 기술 기업은 인공지능과 알고리즘을 통해 직원들의 성과를 모니터하기도 한다. 아마존은 인공지능을 이용하여 생산성이 낮은 직원을 자동으로 해고한다.(탕게르만Tangerman 2019) 우버는 알고리즘을 통해 운전자의 순위를 매기고 급여 액수와 해고 여부를 결정한다.(버널Bernal 2020) 그런 관행이 착취적인 한 기술 기업의 정치적 담론과 반대되는 일인데, 그런 일 자체로는 전부 윤리적으로나 정치적으로 중립적이다. 마지막으로, 1장에서 이미 언급했듯이 인공지능 서비스는 기술 기업과 해당 시장이 당면해 있는 환경을 넘어 남반구 저개발국의 인간 노동에 의존한다. 이들 국가에서는 노동자가 노동에 대한 정당한 보상을 받지 못한다.

따라서 기술의 작동, 관행, 인식, 해석은 인공지능과 데이터, 기술을 다루는 사람들과 조직이 중립적이지 않은 점을 감안해서 평가될 필요가 있다. 하지만 **어떻게**라는 질문, 즉 어떤 근거에서 규범적 평가가 내려질 수 있는지 질문에는 여전히 답을 내놓지 못하고 있다. 이 때문에 규범과 관련 개념을 논하는 일은 매우 중요하다. 이 장에서 이 점은 편향과 차별, (부)정의, (불)평등 같은 용어들이 의미하는 바가 무엇인지, 정확히 왜 그것들이 문제가 되는지 논하는 것을 의미한다. 지금까지는 평등과 정의 같은 개념에 기반하여, 인공지능을 평가하기 위한 규범적 **정치철학** 개념틀의 또 다른 개념 일부를 소개했다. 이러한 개념은 기술이 개발되고 활용되는 곳에서 인공지능의 정치학에 관한 논의에 영향을 미칠 수도 있을 것이다.

이 또한 **누가** 이 문제를 평가하고 조치를 취해야 하는지라는 질문을 할 수 있다. 기술 개발자들은 여기서 중요한 역할을 한다. 개발 당사자로서 기술의 영향에 대한 책임도 있기 때문이다. 또 이들은 부분적으로는 적어도 말만 앞세우는 회사와 조직에 의해 개발에 대한 책임을 지도록 종용받는 고용인으로, 돈을 버는 것 외에도 다른 것에 관심을 기울이는 기업가로, 아니면 해커의 경우처럼 상황을 변화시키려는 동기를 가진 시민으로 이미 역할을 하고 있다. 웹(Webb 2020)이 이야기하듯이 디지털 혁명과 함께 대중 감시와 권력 집중, 그리고 이를 가능하게 하는 권위주의에 대응하여, 하는 일에 지장을 주면서까지 변화시키려는 투쟁이 일어나고 있다. 그렇다고 하면 해킹은 사회운동의 일환이자 스스로 일을 해결하려는 새로운 행동주의일 수 있다. 시민으로서 해커는 "민주주의를 되찾기 위해"(웹 2020, 4), 어쩌면 자유를 지키고 정의와 평등을 보다 많이 추구하기 위해 싸울지도 모른다. 그 외에도 우리는 인공지능의 정치적 영향력에 관한 보다 광범위한 시민 교육을 목표로 할 수 있을 텐데, 많은 경우 예측하기 어려운 인공지능의 영향을 과연 어떻게 측정할 것이냐는 문제가 제기될 수 있다.(제팔Djeffal 2019, 271) 정치적 중요성과 영향력 자체를 두고 논란이 벌어질 수도 있다. 인공지능이 잠재적으로 우리 미래에 미칠 중요한 사회적, 정치적 영향을 탐구하고, 그 가능성에 대한 양질의 논의가 이루어질 수 있는 조건을 만들기 위해서는, 더 많은 새로운 도구들이 개발될 필요가 있다. 그래야만 인공지능 개발자와 시민 모두에게 유익하다.

보다 일반적으로는 그 배경에 어렴풋이 보이는 근본적인 정치적 문제들에 대한 방대하고도 난해한 논의들을 감안할 때, 기술 노동자와 기업, 조직, 정부, 해커, 교사, 시민들이 인공지능이라는 정치학에 외롭게 대응하도록 내버려 둬서는 안되며, 이 주제에 대한 보다 광범위한 공적 논의도 이루어져야 한다. 시민이 정치적 방향을 결정해야만 민주적 사회라 할 수 있다. 이런 문제는 전문가의 도움과 함께 기술을 개발하는 사람들이 인공지능의 편향을 분석하고, 필요할 경우 기술을 통해 편향을 바로잡을 수 있는 렌즈를 만드는 데 도움이 될 수 있을 것이다. 정치철학에서 가져온 개념적 도구(이 장에서는 정의와 평등에 대한 논의)는 이런 민주적 논의의 질을 높이면서 규범적인 방향을 찾고 기술을 재설계하는 데 기여할 수 있다. 다음 장에서는 인공지능과 민주주의의 관계에 대해 더 자세하게 검토한다.

3장

민주주의,
반향실과
기계 전체주의

민주주의에 대한 위협으로서의 인공지능

민주주의는 인권 및 법치와 함께, 대개는 서구 자유주의 헌법(네 미츠Nemitz 2018, 3)과 자유주의 정치사상의 핵심 요소 중 하나로 간 주된다. 민주주의의 이상은 세계의 많은 정치 시스템에 매력적인 요소임에 틀림없다. 과연 인공지능은 민주주의를 강화시킬 수 있 을까? 아니면 오히려 약화시킬까? 인공지능이 사회 곳곳에 미치 는 정치적 영향을 감안할 때, 인공지능은 민주주의에 어떤 영향 을 미칠까?

현대사회의 많은 비평가들은 인공지능이 민주주의를 위협한 다고 경고한다. 인공지능 기술이 '민주주의의 새로운 아테네 시 대를 여는 데 도움이 되지 않을 뿐만 아니라, 1990년대 중반 당 시 부통령이었던 앨 고어가 한 연설에서 컴퓨터 네트워킹에 대 해 말했던 것처럼(사코Saco 2002, xiii) 인터넷과 인공지능의 사용이 새로운 정치광장의 시대를 열기보다는, 디스토피아까지는 아니 더라도 민주주의를 퇴보시킬 수 있다는 우려가 그에 해당한다. 비평가들은 기술이 정치적으로 중립적이라는 생각에 의문을 제 기한다. 인터넷과 인공지능 등 디지털 기술이 반드시 진보를 가 져온다고도 생각하지 않는다. 예컨대, 주보프는『감시 자본주의 의 시대』(2019)에서 대중의 행동수정기법을 이용하는 감시 자본 주의가 개인의 자율성은 물론이고, 사람들의 자주권까지 무너뜨리기 때문에 민주주의를 위협한다고 주장한다. 그리고 이것이 왜 반민주적인지 분명히 하기 위해, 그 누구에게도 책임지지 않는 귀족정치에 대해 경고하는 페인Thomas Paine의 『인간의 권리The Rights of Man』를 언급한다.(513) 하지만 오늘날은 귀족이 아닌 감시 자본주의에서 폭정이 나온다. 감시 자본주의는 인간의 경험을 무단으로 이용하고, 지식의 집중이 곧 권력의 집중을 의미한다는 점에서 지금껏 없었던 새로운 방식으로 통제하는 원시 자본주의의 한 형태라 할 수 있다.(518) 웹은 자신의 저서 『빅 나인The Big Nine』(2019)에서 이에 동의하고, 거대 기업이 우리의 미래 모습을 만들고 있기 때문에 우리에게는 통제권이 없다고 말한다. 이는 민주적이지 않다. 다이아몬드(2019)는 이렇게 말한다. 첨단 기술기업에 좋은 것이라고 "반드시 민주주의에도, 개인의 정신과 신체 건강에도 좋은 것은 아니다."(21) 게다가 시민과 국가는 갈수록 기업과 이들이 시민에 대해 알고 있는 것에 영향을 받게 된다.(쿨드리·메지아스 2019, 13) 그렇지만 주보프(2019)는 여전히 민주주의를 통해 개혁이 가능하다고 믿는다. 한나 아렌트에게서 영감을 받은 그녀는 새로운 시작이 가능하며 "디지털 미래를 인류의 고향으로 되돌아가게 할" 수 있다고 생각한다.(525) 반면, 하라리Harari는 『호모 데우스Homo Deus』(2015)에서 미래의 민주주의는 데이터에 대처할 수 없으며, 이 때문에 쇠퇴하고 완전히 사라질 수 있다고 다음과 같이 경고한다. "데이터의 양과 속도 모두 증가하기 때문에 선거, 정당, 의회 같은 오래된 제도들이 구식으로 바뀔지 모른다."(373) 기술 변화가 빨라서 정치는 더 이상 따라잡을 수도 없다. 인터넷에 관련된 선택의 경우처럼, 지금은 이미 우리 삶에 영향을 미치는 중대한 선택이 민주적 절차를 거치지도 않는다. 독재자조차 기술 변화 속도에 압도된다.

이 장에서는 민주주의와 지식/전문성의 관계 등 민주주의와 그 조건에 관한 정치철학 이론을 가져와 전체주의의 기원을 탐구하고, 인공지능이 민주주의에 미치는 영향을 자세히 검토한다. 우선, 한편으로는 통치자의 지식, 교육, 전문성을 강조하는 플라톤과 기술관료주의적 정치 개념을 살펴보고, 다른 한편으로는 듀이와 하버마스식 참여와 숙의 민주주의의 이상을 검토하여 그 긴장 관계를 개략적으로 설명한다. 이 같은 주장 때문에 듀이와 하버마스는 서로 다른 급진적·경합적 민주주의와 정치를 제시하는 무페와 랑시에르Mouffe and Ranciere에게서 비판을 받는다. 인공지능이 민주주의에 대한 서로 다른 이상과 개념을, 어떻게 위협하기도 지원하기도 하는지 검토한다. 일례로, 인공지능이 직접 민주주의를 가능하게 하는 데 이용될 가능성이다. 하지만 전문가나 (하라리가 시사한 것처럼) 인공지능 자체에 의한 법칙으로 권위주의적 기술관료를 인공지능이 지원할 수도 있다. 따라서 시민들이 서로 다른 사람의 견해에 대한 정보를 가지고 있고 합의를 지향하는 숙의에 참여하는 것을 민주주의가 필요로 한다면, 이런 점을 디지털 기술이 촉진할 수 있다 하더라도 공론장의 분열 및 양극화를 야기하여 민주주의의 이상을 위협하는 현상도 일부 생길 수 있을 것이다. 그리고 종국에는 정치적인 것을 파괴하려는 사람들한테 인공지능이 이용될 수도 있다. 플라톤의 철학자 왕(정치적 기술과 철학적 지식이 결합된 가상의 통치자-옮긴이) 또는 하버마스식 민주주의를 위한 도구로, 즉 정치에 대한 이해를 합리주의적이고 기술해결주의로 밀어붙이는 데 인공지능이 이용될 수 있는 것이다. 이런 정치는 정치의 본질적인 경합적 차원을 무시하는 동시에 다른 관점을 배제할 위험이 있다

둘째, 이 장에서는 전체주의가 등장할 수 있는 조건을 형성하는 데 인공지능이 기여하는지 묻는다. 고독과 신뢰 부족이 전체주의 경향을 더 심화시키고, 그런 사회를 인공지능이 뒷받침하는지 여부를 전체주의의 기원에 대한 아렌트(2017)의 연구를 기반으로 검토한다. 인공지능이 데이터를 통해 사람을 기업과 관료들의 인적관리를 위한 도구로 이용한다면 인간이 사물로 취급되면서, (그저 그들의 일을 할 뿐인 사람들의 흔히 의도하지 않은 결과를 통해) 아렌트(2006)가 말한 "악의 평범성the banality of evil"을 초래할 가능성이 있다. 이는 역사적인 과거 문제일 뿐만 아니라 현재의 위험이 되기도 한다. 관리자와 정치인이 하는 말에 따라 움직이고 **사고하지** 않는 기술 기업과 행정관료의 손에 우리의 데이터가 들어있다면 말이다.

민주주의, 지식, 숙의 정치를 위협하는 인공지능

플라톤에서 시작하기, 민주주의와 지식과 전문성

인공지능이 민주주의를 위협할 수 있는지, 또 위협한다면 어떤 식으로 위협하는지 알기 위해서는 먼저 민주주의란 무엇인지 알아야 한다. 지식/전문성과 민주주의의 관계를 포함하여 민주주의와 그 조건에 대한 서로 다른 견해를 살펴보자.

민주주의는 '누가 통치해야 하는지'라는 오래된 질문에 대한 답이다. 민주주의 이론은 민주주의를 부정하는 동시에 통치하기 위해서는 무엇보다도 선과 정의에 관한 지식이 필요하다고 주장한 플라톤에 대응하는 경우가 많다. 그는 『국가Republic』에서 민주주의를 무지와 연관시키고 폭정으로 이어진다고 주장한다. 또 항해를 비유 삼아, 훌륭한 지도자는 선장으로서 국가라는 배를 통제할 수 있어야 하므로 지식이 있어야 한다고 말한다. 플라톤이 사용하는 또 하나의 비유는 의사인데, 아플 경우 전문가의 조언을 바란다는 것이다. 국가를 통치하는 것은 기교와 전문성의 문제이다. 그래서 지혜와 실재(플라톤에게 실재는 감각적으로 보이는 겉모습과 달리 참된 무엇이다 - 옮긴이)와 진리 추구를 좋아하는 철학자가 통치해야 한다. 플라톤에게 '철학'이란 학문적 철학을 의미하지 않았다. 『국가』에서 그는 왕의 수호자(통치자 계급과 전사 계급 - 옮긴이)도 음악, 수학, 군사, 체력 훈련을 받는다는 사실을 명확히 한다.(볼프Wolff 2016, 68) 대조적으로, 민중에게 권력을 준다는 것은 무지, 히스테리, 쾌락, 비겁함이 지배하도록 내버려 둔다는 것을 의미한다. 적절한 지도력이 없다면 정치적 갈등과 무지가 강력한 지도자와 폭군에 대한 요구로 귀결될 것이다.

이러한 견해는 근대에 들어와 인간 본성과 정치에 대한 새로운 개념이 등장하면서, 소수만이 아닌 다수가 자치를 할 수 있는 생각으로 바뀐다. 폭정을 피하는 것이 목표이기도 한 루소의 사상이 대표적이다. 하지만 그에게, 플라톤의 권위 문제에 대한 해결책은 교육받은 소수의 지배가 아닌, 모든 시민에 대한 교육이다. 그는 모든 시민이 도덕 교육을 받는다면 자치가 가능하고 바람직한 일이라고 생각했다.(루소 1997) 따라서 루소는 민주주의를 신뢰하고 모든 시민에게 자치를 확대하는 **동시에** 몇 가지 조건을 자치에 덧붙이면서 또 다른 정치이론의 기초를 세웠다. 그런데 어떤 조건을 이 자치에 적용해야 하는가? 또 어떤 형태를 취해야 하는가? 한 가지는 민주주의가 철학자 왕에 의한 통치의 문제가 되어서는 안 된다는 것이다. 민주주의에 어떤 지식이 필요한지 구체적으로 명시하고, 민주주의가 취해야 할 정확한 형태를 규정하는 것은 전혀 별개의 문제이기 때문이다. 예를 들면, 다음과 같다. 민주주의는 깊이 생각하고 충분히 논의하는 숙의 및 참여를 수반해야 하는가? 또 인공지능은 이러한 형태의 민주주의와 어떻게 관련되고, 그럴 가능성이 있는가?

지식과 민주주의에 관한 문제로 시작해보자. 우리의 논의와 관련된 한 가지 정치이론은 기술관료주의/민주주의의 논쟁이다. 이 논쟁은 더 이전에 일어난 적이 없다면 플라톤에서 시작됐을 것이다. 근대 관료제의 부상과도 관련이 있다. 최근 수십 년간 데이터 기반의 의사 결정, 디지털 기술 기반의 공공 행정smart governance, 과학적 증거 기반의 정책에 대한 요구가 있었다. 이런 요구들은 참여 행정과 보다 급진적 형태의 민주주의에 대한 요구와 긴장 관계에 있다. 이렇게 서로 다른 주장과 언어로 나뉘는 현상(길리Gilley 2016)은 정치에서의 지식과 전문성의 역할에 대한 상반된 견해를 반영한다.

인공지능은 기술관료주의 편에 확고하게 서 있다고 생각하는 경우가 많다. 이런 경향은 사회 현실에 대한 지식이 발생할 새로운 가능성을 열어준다.(사회 현실을 구성하기 위한 것이라고 말할 수도 있을 것이다.) 통계학은 근대 행정에서 이미 오랜 기간 이용해 왔지만 기계학습으로 예측 분석의 가능성이 확장되고 있다. 쿨드리와 메지아스(2019)는 인공지능이 가능하게 하는 새로운 사회 인식론에 관해 이야기한다. 인공지능은 민주주의의 이상과 정반대에 있는 기술관료주의 사회로 내모는 새로운 힘을 만들어낸다. 인공지능은 대부분의 사람들이 이해할 수 없는 전문가의 영역이 되는 듯하다. 파스콸레(Pasquale 2019, 1920)의 경우 전문성과 권한의 공정한 분배를 위해서라도, 인공지능과 그 공급망을 개인이 이해하도록 유인책을 만들어야 한다고 주장한다. 그렇게 하지 않는다면 인공지능과 이 기술을 이용하여 우리를 통제하는 관료들에게 사람들이 전적으로 의존하는 일이 당연시될지도 모른다. 심지어 하라리 같은 트랜스휴머니스트는 인공지능이 미래에는 우리를 지배할 것이라고 생각한다. 하지만 공상과학 소설은 차치하더라도, 이미 우리는 인공지능을 이용하여 우리를 조종하는 거대 기업에 의해 지배되고 있다고 할 수 있다. 주보프가 지적했듯이, 이런 상황은 민주적 통제를 완전히 벗어나 있다. 우리가 이미 구글, 아마존, 그리고 또 다른 거대 기업의 지배를 받고 있다면 누가 지배해야 하는지는 이론적인 질문일 뿐이다. 이 점에서 인공지능에는 본질적으로 반민주적인 것이 있다. 또한 인공지능이 제공하는 지식은 의사 결정에 충분한 것인가? 여기에는 민주적인 숙의 과정과 인간의 판단이 필요한 간극이 있다고 할 수 있다. 많은 경우 인공지능이 드러내는 지능의 유형은 종종 인간의 사회적 지능과 대비되기도 한다. 이 사회적 지능은 민주주의 정치 담론과 사회적인 의미 형성에 필요한 것처럼 보인다. 그런데 인공지능이 보다 민주적 형태의 정부와 통치를 뒷받침할 수는 있을까? 그럴 수 있다면, 어떻게 뒷받침하는가? 이런 논의를 발전시키기 위해서는 민주주의란 무엇이며, 지식의 측면에서 어떤 민주주의가 필요한지 가장 핵심적인 문제를 더 자세히 살펴볼 필요가 있다.

다수결 원칙과 대의제를 넘어서

많은 사람들은 민주주의가 다수결을 의미한다고 생각하면서 대의제 형태로 민주주의를 떠올린다. 하지만 이 두 가지 견해 모두에 이견이 제기됐고, 제기될 가능성이 있다. 우선 **다수결로서의 민주주의**가 반드시 좋은 것인지는 분명치 않다. 드워킨(2011)의 표현을 빌리면, "수적으로 더 많은 사람들이 다른 행동보다 한 가지 행동 방침을 선호한다는 사실은 더 선호하는 정책이 더 공정하거나 낫다는 신호를 보내는 이유는 뭘까?" 예컨대, 선동적인 지도자의 영향 아래, 다수가 민주주의를 폐지하고 권위적인 정부(플라톤이 이미 경고한 것)를 세우기로 결정할 수 있다고 생각해보자. 적어도 다수결로서의 민주주의는 민주주의를 위한 충분조건으로 보이지 않는다. 아마 필요하더라도 더 많은 것이 필요할 것이다. 어떤 사람들은 자유나 평등이 더 필요하다고 할 것이다. 이런 가치들은 자유민주주의 헌법에 굳건히 자리 잡고 있는 경우가 많다. 다른 사람들은 (다수결 원칙이 좋은 결과를 보장하지 않기 때문에) 정치적 결정이 훌륭해야 한다는 요건 등 몇몇 플라톤식 요소를 더 추가할 것이다. 물론 이 경우는 무엇이 좋은 결정이고 결과인지, 즉 통치자는 어떤 스킬과 지식을 갖추어야 하는지에 대한 문제를 제기할 수 있다. 플라톤과 루소가 주장하는 것처럼, 통치자는 도덕적으로 선해야 하는가? 아무튼 민주주의에서조차 지도자의 몇몇 자질은 필요하다고 주장할 수 있을 것이다. 벨(Bell 2016)은 정치 지도자의 지적 능력, 감성 지능을 포함하는 사회적 스킬(추·모핏·브라이언트Chou, Moffitt, and Bryant 2020 참조), 미덕 등 세 가지 속성을 통해 정치적 자질이 결정된다고 주장한다. 마지막 미덕은 플라톤의 주장에도 들어있다. 에스틀런드(Estlund 2008)는 플라톤의 관점에 반대하며 정치적 권위를 전문성으로 보는 그의 개념이 전문가를 보스와 혼동하게 한다고 주장한다. 그는 이를 전문가/보스 오류라고 부른다. 즉, 어떤 사람이 다른 사람보다 더 많은 전문성을 가지고 있다고 해서 "그들이 우리보다 권위가 있다거나 있어야 한다는 것은 단순히 그들의 전문성에서 나오지 않는다는 것이다."(3) 그런데 전문성에 관한 문제에서 정치적 권위 문제를 분리할 경우, 전문성을 지닌 개인의 자질이 민주주의에서 아무런 역할을 해서는 안 된다는 의미인가? 우리가 아는 국민국가(국민공동체를 기초로 형성된 국가 - 옮긴이)의 맥락에서 관료주의적 운영은 전적으로 불가피한 일인가? 그러면 몇몇 조건 하에서는 행동에 영향을 미치려는 의도로 인공지능을 이용하는 것이 허용될 수도, 심지어 바람직한 일일 수도 있는가, 아니면 이것이 필연적으로 권위주의로 이어지는가? 기술관료주의를 반대하는 것은 전문가와 전문성, 그리고 기술이 민주주의에서 정확히 어떤 역할을 해야 하는지에 대한 의문이 남는다.

우리가 알고 있는 **대의 민주주의**에도 논쟁이 있다. 어떤 사람은 직접 민주주의만이 진정한 민주주의라고 생각한다. 하지만

(거대한) 국민국가의 맥락에서 이 생각은 실현하기 어려운 듯하다. 고대의 민주주의는 도시 국가에서 발생했다. 따라서 루소는 자신이 알던 도시 국가(제네바)를 염두에 두고 있었다. 이때의 민주주의가 더 나은 거버넌스였을까? 아니면, 근대 국민국가에서도 직접 민주주의가 가능한 것인가? 인공지능은 직접 민주주의를 도울 수 있는가? 그럴 수 있다고 하면, 정확히 어떻게 도울 수 있는가?

대의 민주주의와 다수결에 대한 대안이 있다. 그리고 이 대안은 동시에 정치적 권위에 대한 플라톤의 견해를 회피하는 일이다. 바로 **참여적**이고 **숙의적**인, 합의지향적 민주주의의 이상이다. 때로 이 민주주의 개념들은 "진실을 말하고, 다른 사람의 생각reasons에 관여하고, 증언의 존중 같은" 공개 토론의 가치 있는 규범을 무시한다고 비난받는 포퓰리즘에 대한 대답으로 표현된다.(스위프트Swift 2019, 96) 이때는 다수결 원칙과 대의 민주주의에 더 많은 조건이 들어가야 한다고 가정한다. 민주주의가 단순히 가끔씩 투표하거나 다수결 원칙을 따르는 것 이상을 시민들에게 요구한다는 생각 때문이다. 한 사례로, 민주주의의 한 가지 의미를 지닌 공적 정당화와 숙의로서의 민주주의가 그에 해당한다. 이는 평등한 사람들 간의 자유롭고 논리적인 사고에 기반한 토론이 시민들 사이의 논리정연한 합의로 이어진다는 뜻이다.(크리스티아누·바자즈Christiano and Bajaj 2021) 이런 민주주의의 개념은 숙의와 공적 이성(롤스는 공적 이성을 민주 정부와 시민의 관계, 시민들 상호 간의 관계를 규정하는 기본적인 도덕적, 정치적 가치로 규정하고, 정치적 관계를 이해하는 방식과도 연관시킨다 – 옮긴이)의 활용과 민주주의 간의 연관성을 믿는 하버마스, 롤스, 코헨, 오닐O'Neill 같은 학자들에게서 발견할 수 있다. 구딘Goodin의 경우 『성찰적 민주주의Reflective Democracy』 (2003)에서 사람들이 다른 사람의 입장에서 상상하는 민주적 숙의의 한 형태를, 하버마스와 유사하게 주장한다. 그리고 민주주의를 사람들의 '외부' 투표 행위로만 국한하지 않고, 민주주의의 근간이 되는 '내부' 행위와 과정에, 특히 집단적으로 해야 할 일에 대한 공동 결정과 성찰적이고 사려 깊은 판단에 초점을 맞출 것을 제안한다.(1) 여기서 그가 말하는 "성찰적"이란 무엇보다도 사람들이 다른 사람의 입장에 서서 생각하고 자신과 전혀 다른 관심사를 가진 사람들과도 함께 "타인의 역경에 보다 공감한다"는 의미이다.(7) 상충하는 가치만이 아니라, 사실과 신념도 중요하다.(16)

따라서 투표로 사람들에게 발언권을 주는 "표층적" 또는 절차적인 형식상의 민주주의의 이상과 "단순한 투표"보다는 민주주의를 더 풍요롭게 만드는 상상력, 지식/전문성, 숙의 같은 몇몇 조건을 포함하는 "심층적" 민주주의의 이상을 구별할 수 있다.(구딘 2003, 17) 하지만 계몽주의적 관점과 엘리트적 또는 권위주의적인 플라톤의 시각을 피하고, 참여적 형태의 민주주의를 뒷받침하기 위해서라도 모든 시민을 참여시키고 교육하는 것이 중요하다. 그러나 참여를 높이는 것은 쉬운 일이 아니다. 가령, 사람들에게 직접 투표 기회를 준다고 해도 정치 참여가 반드시 높아지는 것은 아니다.(톨버트·맥닐·스미스Tolbert, McNeal, and Smith 2003) 물론 소셜 미디어 등 온라인 정치 참여를 포함하여 공개적 형태의 정치 활동에 참여할 수는 있다. 어쨌든, 참여 민주주의는 철학자 왕이나 엘리트 집단에 위임하기보다는, 정치적 결정을 내릴 수 있는 사람들이 자신의 잠재력을 진지하게 받아들인다. 루소와 또 다른 계몽주의 사상가들의 영향을 받은 참여 민주주의의 이상은 '폭민'(다수의 난폭한 시민들이 이끄는 정치 – 옮긴이)에 의한 통치를 언급하는 플라톤의 비관주의에 반대하며, 평범한 시민과 이들의 숙고 및 정치 참여 능력을 더 신뢰한다.

그렇다면 이러한 민주주의가 인공지능에 어떤 의미인가? 이 같은 형태의 민주주의는 전문가와 인공지능에 의한 **배타적** 기술 관료적인 거버넌스와 알고리즘을 통한 인공지능 추천에 대한 **맹목적**인 배타적 의존 같은 비참여적 거버넌스 방식를 배제한다. 하지만 시민들이 스스로 최종 발언권을 가지고 자신의 판단을 믿고 논의하는 한, 민주적 절차에 인공지능으로부터 얻은 지식과 전문가가 어떻게든 관여할 수 있는 가능성의 여지는 있다. 그렇지만 인공지능이 잠재적으로 관여할 수 있는 정확한 형태는 명확하지가 않다. 실제로 인공지능과 데이터 과학은 이미 민주적 의

사 결정에 관여하고 있지만, 기존의 민주주의 유형은 대부분 매우 숙의적이지도 참여적이지도 않기 때문에 이 조합이 어떻게 작동할 수 있는지는 말하기 어렵다. 또 인간의 판단과 기계의 계산 및 예측 사이에는 여전히 긴장이 존재한다.

숙의적·참여적 민주주의 이론과 그에 대한 급진적 비판에 대해서도 자세히 살펴보자.

숙의적·참여적 민주주의와 경합적·급진적 민주주의

숙의 민주주의에서는 자신의 목표와 이해에 관심을 기울이는 동시에 다른 사람에게도 똑같은 관심을 갖는 평등한 사람들 사이의 공적 숙의에, 시민들이 현실 문제를 해결할 수 있는 실용지능 practical intelligence을 사용한다.(에스틀런드Estlund 2008) 여기서 민주주의는 자유로운 공적 추론과 논의에 관한 것이자, 이러한 논의를 위한 조건을 만들어내는 것이다.(크리스티아누Christiano 2003) 하버마스는 이런 민주주의를 합리적인 정치의 의사소통 과정, 즉 이성이 이끄는 의사소통 과정으로 본다. 그의 설명은 "이상적인 발화 상황"에 기대고 있는 것으로 유명하다. 여기서 숙의 과정은 오직 이성의 힘에 의해서만 인도되고, 비합리적인 강압적 영향은 없으며, 합의를 이끌어내고자 하는 열망이 동기를 부여한다. 나중에, 논증의 전제들은 그의 담론 윤리학의 기초를 형성했다.(하버마스 1990) 에스틀런드(2008)에 따르면, 이러한 접근방식은 민주주의에 대한 절차상의 이해가 없기 때문에 민주주의와는 전혀 다른 가치 기준을 불러온다. 하지만 숙의 민주주의를 지지하는 사람들은 민주주의를 투표 절차로 축소할 수 없으며, 이성의 공적 사용을 포함시켜야 한다고 응수할 수도 있다. 따라서 논증과 숙의는 또 다른 가치나 원칙으로 민주주의의 이상에 더해지는 '추가사항'이 아닌 필수적인 민주주의의 개념 일부라 할 수 있다. 구딘과 하버마스의 사고에서 나온 (다른) 추가적 국면을 고려하면 타인의 관점 수용과 연대 역시 추가할 수도 있을 것이다. '실용 지능'과 고대 용어인 **프로네시스**phronesis, 즉 당시 시민들의 (아렌트의 견해를 덧붙이자면) 정치적 상상력을 포함하여 실용적인 지혜를 발달시켜야 했던 것을 다시 연결할 수도 있을 것이다.

투표나 대의제로서의 민주주의를 넘어, 의사소통의 중요성을 강조하는 다른 민주주의의 이론도 있다. 예컨대, 듀이의 **참여** 민주주의의 이상은 시민의 적극적 참여를 요구하고 지적 요건을 다시 한번 강조한다. 즉, 사람들이 정치에 참여하기 위해서는 교육이 필요하다. 『민주주의와 교육Democracy and Education』(2001)에서는 단순한 정부 형태가 아닌, 특정한 형태의 사회를 민주주의의 이상으로 주장한다. "민주주의는 무엇보다도 어울리는 삶의 양식이자 함께 소통하는 경험의 양식"으로 정부 형태 이상이다.(91) 보다 넓은 관점에서 보면, 정치는 사회적인 것을 구축하는 일이 가장 중요하다. 하지만 듀이에게는, 공동의 목적을 위해 가까워지거나 노력하는 것만으로는 진정한 사회적 관계가 되기에 충분하지 않았다. 듀이는 공통의 결과에 도달하기 위해 기계 부품들이 함께 움직이지만, 사회집단이나 공동체는 그렇게 해서는 안 된다며 기계를 비유하여 성찰한다. 아직도 사회는 너무도 기계적이라는 이야기이다. 진정한 사교성을 지닌 공동체에게는 의사소통이 필수적이다. 우리가 공동의 목적을 향해 함께 노력하고 합의를 찾고자 한다면 의사소통이 필요할 것이다. "각각의 개인은 상대방에 관한 것을 알아야 하고 자신의 목적과 진척 상황에 관해 상대방에게 계속 알려줄 수 있는 방법이 있어야 한다."(9) 참여에도 "사회적 관계와 통제에 대한 사적 이해와 무질서를 초래하지 않고 사회변화에도 흔들리지 않는 사고방식habits of mind을 개인들이 갖게"하는 교육이 필요하다.(104)

듀이는 이 같은 민주주의의 이상이 플라톤의 주장처럼 들린다는 것을 인정하지만 플라톤의 계급 권위주의에는 반대한다. 듀이가 말하기를, 플라톤의 이상은 "개인이 아닌 계급을 사회 단위로 만들어 실현하는 데 타협"(104)하고 변화의 여지도 없다. 듀이는 19세기 국가주의nationalism도 거부한다. 듀이의 민주주의 개념은 더 포괄적이다. 민주주의는 특정 계층만이 아닌 모든 개인의 삶의 방식이자 소통하는 경험이어야 하기 때문이다. 그는 개인들이 교육을 통해 사회적으로 용인되는 행동 양식을 발전시킬 수 있다고 믿는다. 따라서 듀이에게 민주주의는 서로 연결하여 소통하는 존재로서의 개인들에 관한 것이다. 서로에게 영향을 미치는 의사소통을 통해 민주주의가 만들어진다는 의미이다. 노력도 필요하다. 다른 사람과 관계를 맺는다는 의미에서 우리는 사회적 존재로 태어났지만, 공동체와 민주주의는 만들어져야 한다. 따라서 제한된 수의 대표가 아닌 모든 시민이 민주주의를 만든다.

그런데 민주주의가 숙의와 합의를 지향해야 한다는 생각은 영Young, 무페, 랑시에르 같은 급진적 사상가들로부터 비판을 받는다. 영은 자신의 저서『포용과 민주주의Inclusion and Democracy』 (2000)에서 특히 하버마스의 개념을 비판한다. 그녀에게 정치는 그저 논쟁이나 감정에 지배되지 않는 공정한 표현에 관한 것이 아니며, 따라서 민주주의는 새로운 목소리와 다른 스타일과 말하는 방식을 통합한다는 의미에서 보다 **포용적**이고 소통적이어야 한다. 사람들이 최선을 다해 주장을 펼치는 숙의는 교육받은 사람들이 자기 자신을 표현하기 위해 사용하는 발화 스타일을 무시한다. 대화의 규범이 배제될 수도 있다. 사람들은 다른 방식으로, 이를테면 공개적으로 이야기하는 방식을 통해 스스로를 표현할 수도 있다.(영 2000; 또한 마르티네스 바스쿠냔Martínez-Bascuñán 2016 참조) 영(2000)은 정치의 포용적 개념을 옹호하고 투표를 넘어서는 의사소통을 강조한다. "민주적 결정이라는 규범적인 정당성은 그 결정에 영향받는 사람들이 의사결정 과정에 포함되는 정도에 좌우된다." 이는 투표권보다 더 많은 것을 요구한다. 영은 의사소통, 대표, 조직화 방식을 고려해야 하므로 정치적 의사소통 개념을 논쟁으로 국한시켜서는 안 된다고 주장한다. 숙의 민주주의에서는 특정 방식의 표현이 선호되는데, 이것이 다른 방식과 특정 사람들을 배제한다. 영은 감정과 수사학으로 하버마스(와 칸트)를 해석하고자 노력했으며(토르세스Thorseth 2008), 그로 인해 감정의 역할과 다른 방식의 정치를 인정하게 된다.

무페는 하버마스를 위시한 다른 숙의적이고 합의지향적 민주주의의 이상에 대응하여, 차이는 계속해서 언제나 남아 있을 것이고 그래야 하므로 갈등에서 벗어날 가능성이 거의 없는 정치적 대립과 차이를 강조한다. 그녀는 정치와 민주주의에 대한 플라톤과 합리주의자의 이상에 반대하면서, 모든 갈등에 대한 영구적인 정치적 해결책은 없다고 생각한다. 오히려 갈등은 민주주의가 살아 있다는 신호이다. 그녀는 이를 정치의 **경합적** 차원이라 부른다. 그녀는 정치적인 것을 "모든 인간 사회에 내재한 적대적 차원"으로 이해한다.(무페 2016: 또한 무페 1993, 2000, 2005 참조) 특정한 정치적 관행과 제도에 관계없이 적대적 차원은 결코 제거될 수 없다는 것이다. 이 또한 배제가 불가피함을 의미한다. 배제 없는 합리적 합의, '그들' 없는 '우리'는 불가능하다. 민주주의 사회에서는 갈등이 근절되어서는 안 된다. 정치적인 정체성은 '우리'와 '그들'을 구별하는 방식으로 형성된다.(5장 참조) 영과 마찬가지로 무페도 이성과 함께 감정의 역할을 인정한다. 여기에는 '정넘passions'의 역할도 포함된다. 그렇지만 다른 사람을 적으로 보지 않고 상대방으로 봐야 한다는 의미에서 갈등은 전쟁을 의미하지 않는다. 사회생활에 갈등이 존재한다는 사실을 인정한다는 것은 바로 민주주의에 대한 이해라 할 수 있다.(무페 2016) 사회를 조직하는 데 합리적이거나 객관적인 방법은 없다. 이런 식의 해결책도 결국 권력관계의 결과물이기 때문이다. 합리적인 합의는 환상이다. 대신, 무페는 건설적인 의견 불일치에 기반한 시스템으로 경합적 다원주의를 제안한다. 파카스(Farkas 2020)가 언급했듯이, 무페는 '어떠한 의견 일치도 삶의 형태에 따라 달라지기 마련이다'라고 생각한 비트겐슈타인의 영향을 받았다. 목소리가 하나가 된다는 것은 이성의 산물이 아닌 공통된 삶의 형태로 가능하다.(무페 2000, 70) 무페는 하버마스가 대부분 숙의적이고 합리주의적 방식으로 접근하는 것에 반대하면서 "민주 시민이 되는 다양한 방식"을 마련해야 한다고 주장한다.(73) 이러한 경합적 다원주의를 확립하지 못할 경우, 객관적인 사실에만 근거하여 지도자가 결정을 내려야 하는 권위주의만이 그 대안일 것이다.

랑시에르 역시 민주주의에 대한 플라톤식 합의지향적 민주주의의 이상에 반대하면서, 전문가에 의한 관리와 대의 민주주의를 모두 거부한다. 특별한 형태의 사회주의 영향을 받았던 그는 직접 민주주의를 거부하는 것이야말로 교육을 거의 받지 못한 계층에 대한 겸손한 태도라고 주장한다. 대신, 그는 노동자들이 하는 말에 귀를 기울일 것을 제안한다. 그가 말하는 정치와 민주주의에서는 의견 충돌과 의견 차이에 근거한 정치적 행동을 지지한다. 그가 쓴 『의견 충돌Disagreement』(1999)와 『의견차이Dissensus』(2010)에서는 오늘날 거의 모든 사회에서 나타나는 불평등은 사라지고 바뀔 때만이 평등이 입증된다고 주장한다. 또 마땅히 그렇게 돼야 한다. 랑시에르는 대의제와 민주주의가 나란히 함께할 수 있는지에 대해서도 의문을 갖는다. 그는 지금의 제도가 대의제라고는 하지만 소수가 이끄는 과두정치로 보기 때문에 민주적이지 않다고 생각한다. 그런데 "몇몇 사람이 다른 사람을 지배해야 하는 이유에 대해서는 합당한 이유가 존재하지 않는다."(랑시에르 2010, 53) 지배계급의 권력과는 싸워야 한다. 대의제의 불안정을 민주주의 탓으로 돌려서도 안 된다. 그는 무지한 대중과 명석한 합리적 엘리트의 구분을 비판한다. 심지어 위기 상황에서도 전문가가 지배하는 것을 정당화해서는 안 된다. 한 인터뷰(콩파브뢰·랑시에르Confavreux and Rancière 2020)에서 그는 "정부는 지금까지 오랜 기간 임박한 위기를 핑계로 세계 문제를 일반 주민들에게 맡기지 않고 위기관리 전문가에게 관리를 맡겨야 한다고 한다." 오히려 그는 일반 민중들이 지식을 완벽하게 습득할 수 있다고 생각한다. 『무지한 스승The Ignorant Schoolmaster』(1991)에서 그는 "모든 사람이 평등한 지능을 가지고 있으며"(18) 가난하고 권리를 박탈당한 사람도 스스로 깨우칠 수 있으므로 지적 해방을 위해 전문가에게 얽매여서는 안 된다고 말한다.

무페와 랑시에르의 영향을 받은 파카스와 쇼우(Farkas and Schou 2020)는 민주주의의 개념을 "**선험적인** 방식으로 이성과 합리성, 진실에 대한 생각"과 동일시하는 것에 대해 반론을 펴면서 가짜 뉴스와 탈진실 논쟁에 개입한다.(5) 이들은 단순히 거짓말이 민주주의를 위협한다는 견해에도 의문을 제기한다. 또 하버마스 주장과 반대되는 무페와 랑시에르를 따르면서, 민주주의는 계속해서 진화하고 정치적, 사회적 투쟁 대상으로 남아 있다고 생각한다. 이들은 대의 민주주의에도 의문을 갖는다. 민주주의는 단지 투표에 관한 것만도, 이성이 민주주의를 구할 수 있는 것도 아니라는 것이다. 이들은 진실에 기반하는 해결지상주의와 정치 공동체를 위한 단 하나만의 공식으로 합리적인 합의라는 이상과 진실 및 이성에 기초한 합의에도 반대한다. 오히려 민주주의는 늘 (대문자 'T'를 사용하는 **유일한** 진실이 아닌) 서로 다른 진실을 보여주고 근거나 기반이 다수 존재한다. 적어도 민주주의가 진실에 관한 것이라면 차이와 다원성과 다양성에 관한 것이기 때문이다.

> 제대로 작동하는 민주주의에 계속해서 적합한 것은 이성과 진실에 기반하여 복잡한 상황을 다루는 능력이 아니라, 다양한 정치적 프로젝트와 집단을 아우르고 목소리를 낼 수 있는 능력이다. 민주주의는 사회가 어떻게 유기적으로 이루어져야 하는지에 대

한 다양한 비전visions에 관한 것이다. 이것은 정동(감정, 정서, 기분과 관련되는 복합적인 심리생리적 상태 - 옮긴이), 감정, 기분에 관한 것이다.(파카스와 쇼우Parkas and Schou 2020, 7)

파카스(2020)는 '가짜 뉴스'가 상대방을 공격하는 다음과 같은 질문에 이용될 수 있는 미사여구식 무기가 될 수 있다고 경고한다. 누가 가짜와 진짜를 구분하는가? 누가 권위자라고 입증하는가? 따라서 정치와 진실, 탈진실의 의미가 실제 행해지고 구성된다면, 누가, 어떤 진실 담론을, 어떤 이유로 실제 행하는지도 물어야 할 것이다. 파카스와 쇼우(2018)는 데리다와 마찬가지로, 의미의 종결은 배제에 달려 있다고 생각한다. 또 담론은 늘 "시간이 흐르면서 대안 경로가 억압된 정치적 투쟁으로 인해 특정한 의미가 고정된"(301) 결과라고 믿는다. 이러한 접근은 전문성이 더 이상 민주주의에서 설 자리가 없음을 의미하는 것은 아니다. 오히려 자유 민주주의 국가에서는 이런 긴장이 계속해서 하나의 역학으로 남아 있으므로, 민주주의가 그런 힘들 간의 균형을 맞춰야 한다. 민주주의의 이상을 실현하는 데는 인공지능 같은 신기술이 도움이 될 수 있다. 파카스와 쇼우(2020, 9)는 디지털 기술을 더 참여적이고 포용적인 민주주의와 짝을 이루는 것이야말로 앞으로 나아갈 수 있는 유일한 방법이라고 믿는다.

다음 장에서는 감정이라는 쟁점을 다시 논의한다. 지금으로서는 한편으로 전문성, 진실, 이성, 합의에 호소하는 사람들(플라톤에서 하버마스까지)과, 다른 한편으로 파카스와 쇼우(2020, 7)처럼 민주주의를 이성의 지배가 아닌 민중의 지배로 보면서 민주주의를 투쟁 및/또는 직접 참여로 생각하는 사람들 사이에 긴장이 존재하는 것은 분명하다. 숙의적, 참여적 그리고 경합적 민주주의의 이상은 모두 평범한 사람들이 권위주의에 호의적이라거나 무관심할(달Dahl 1956 또는 사르토리Sartori 1987 등 참조, 사르토리가 말했듯이, 유권자는 좀처럼 행동하지 않고 "반응한다."(123)) 수 있다는 경고에 반대한다. 또 슘페터가 다음과 같이 옹호하는 견해에도 반대한다. "평범한 사람들은 어리석어 정치적 결정 이면에 있는 문제를 이해할 **능력**이 없기 때문에, 그런 문제들을 처리할 만한 자질을 더 많이 갖췄다고 생각하는 사람들에게 결정을 기꺼이 넘겨준다."(밀러Miller 2003, 40)

그런데 사람들은 어떻게 그러한 능력을 습득할 수 있을까? 랑시에르의 생각처럼, 스스로 깨우치는 것으로 충분한 것인가? 아니면 듀이의 제안처럼, 교양 교육이 필요한가? 듀이가 생각하는 민주주의의 이상은 대의제가 아니다. 그렇지만 대의제에서도 대표자를 더 잘 선택하기 위해서는 사람들에 대한 교육이 필요하다고 주장할 수 있을 것이다. 교육은 권위주의의 위험마저도 저지한다. 중요한 점은 교육을 더 많이 받은 사람에게 더 많은 표를 주기 위한 것이 아니라, 밀이 제안하고 플라톤의 견해에도 들어 있듯이 모든 사람을 대상으로 교육하는 것이다.

과학과 기술은 이런 교육을 통해 무지를 극복하는 데 도움이 될 수 있을까? 과학과 기술이 어떻게 이용되고, 어떤 지식을 제공하는지에 따라 많은 것이 달라질 수 있다. 사실facts은 필요하지만 사람의 마음까지는 바꾸지 못할 수 있다. 아래에서 보는 것처럼 정보 하나만으로는 충분하지 않기 때문이다. 정치가 과학, 기술, 그리고 능력 있는 경영인으로 대체될 위험도 있다. 합리적인 의사 결정이 다른 것보다 더 객관적인 결과를 가져와, 정치 투쟁과 골치 아픈 복잡한 문제를 줄어들게 한다고 생각하는 사람들이 인공지능을 동원하거나 옹호하여 정치적으로 이용할 수도 있다. 여기에는 정치를 철학적인 진리와 전문성에 대한 문제로 바꾸려는 플라톤식 유혹이 존재한다. 벌린은 모든 정치적 문제를 기술적 문제로 바꾸는 것에 대해 '자유에 대한 두 가지 개념'(1장 참조)에서 다음과 같이 이미 경고한 바 있다. 모든 사람이 목적에 동의할 경우 남은 유일한 질문은 수단에 관한 것이다. 이 수단을 "전문가나 기계가 해결할" 수 있으므로, 정부는 생시몽이 말한 "사물들의 행정부administration of things"가 된다.(벌린 1997, 191) 과학적 지식도 당연히 정치적 판단에 필요할 수 있으나 충분하지 않다는 것은 확실하다. 마냐니(Magnani 2013)는 도덕적인 면에서 우리에게 필요한 지식은 과학적인 것만이 아니라 "새로 형성된 '문화' 전통에 들어 있는 인간적이고 사회적인 것"이어야 한다고 주장한다.(68) 그리고 많은 경우 시공간적으로 멀리 떨어진 곳까지 영향을 미친다는 점을 고려해 볼 때 "새로운 글로벌 조건에서 살아가는 인간의 삶을 논할 수 있는" 도덕성이 필요하다고 말한다.(68) 하지만 여기에는 상상력이 필요하다. 정치적 지식에 대해서도 같은 말을 할 수 있다. 나아가 듀이가 제안한 것처럼, 이러한 문제를 다루는 한 가지 방법은 정치를 보다 포용적이고 기술관료주의의 영향을 덜 받게 하면서 통합된 집단 지성에 기대는 것이라 할 수 있다. 과학이 (쉽게?) 제공하지 못하는 구체적인 역사적, 문화적 맥락에 들어가 형성되는 사회적 맥락에 관한 지식을 이런 방법이 가져다주기 때문이다. 정치적 상상력은 바로 이러한 지식이 도움을 줄 수 있다.

그런데 민주주의가 보다 숙의적이고 참여적이어야 한다면 인공지능의 역할이란 무엇인가? 인공지능은 이 책에서 검토된 이론가들이 생각하는 숙의, 의사소통, 참여, 상상력에 도움을 줄 수 있는가? 아니면 단순히 유권자를 교묘하게 움직이고, 더 나아가 사람들을 사물(데이터)로 전환시키는 도구인가? 공적 추론에는 도움을 줄 수 있는 것인가, 아니면, 인공지능이 추천하는 것과 추천하는 방식이 투명하지 않을 수 있고, (최소한 기계학습 형태로) 작동 방식이 추론이나 판단과는 관련이 없다는 점을 감안할 때, 인공지능은 이런 민주주의의 이상에 위협이 되는가? 또 (정치인을 포함하여) 사람들은 인공지능과 데이터 과학이 제공하는 정보를 처리할 충분한 지식과 기술을 갖추고 있는가, 아니면 우리는 무엇이 우리에게 좋은지 알고 있는 기술관료 엘리트의 수중에 놓여 있는가? 스캔런의 표현을 차용하면, 인공지능이 "아무도 합리적으로 거부할 수 없는" 규칙을 제공할 경우에는 어찌되는가?(스캔런Scanlon 1998, 153) 인공지능은 주로 플라톤의 거버넌스를 위한 환경을 조성하는가, 아니면 하버마스나 듀이식 민주주의를 가능하게 하는가? 인공지능이 이성과 객관성의 측면에서 사용될 경우, 감정적이라고 생각되는 사람들에게는 잠재적으로 불리한 일인가? 차이가 지속적으로 존재하고 모두의 해방을 추구하는 경합적·급진적 민주주의에서는 마찬가지로 인공지능이 어떤 역할을 할 수 있는가? 이런 문제를 추가로 논의하기 위해서는 정보 거품과 반향실echo chambers 문제를 다루는 것이 한 가지 방법이라 할 수 있다. 이제 이런 문제에 대해 이야기해보자.

정보 거품, 반향실, 그리고 포퓰리즘

숙의 및 경합적 민주주의의 이상에 근거하여 인공지능 같은 스마트 기술이 소셜 미디어를 통해, 사람들이 폭넓은 포용적 정치 참여를 할 수 있게 도움이 돼야 한다고 제안할 수 있을 것이다. 하지만 그런 다음에는 지식의 관점에서 이 기술의 과제와 한계를 고려해야 할 것이다.

　인터넷과 소셜 미디어에 관련된 이러한 문제들 일부는 이미 미디어 연구를 통해 알려져 있다. 개인화와 파편화, 양극화와 관련된 문제를 분석한 선스타인(Sunstein 2001)과 우리의 시야를 제한하는 필터 버블filter bubble(알고리즘이 이용자의 정보에 기반하여 필터링된 정보만을 보여줌으로써 자신만의 문화적, 이념적 거품에 갇히는 현상 - 옮긴이)을 개인화가 만들어낸다고 주장한 패리저(Pariser 2011)가 대표적이다. 하지만 이제는 소셜 미디어와 인공지능이 결합하여 이러한 경향을 악화시키고 있다. 이 문제는 정보 거품과 반향실이라는 용어로 명료하게 설명된다.(니야조프Niyazov 2019 참조) 즉, 각각의 개인들이 관심 가질만한 정보를 개인화 알고리즘이 제공함으로써, 반대 의견에 노출되지 않고 자신만의 신념을 강화시키면서 자기만의 세계에 고립된다는 것이다. 이러한 경향은 공감 정치를 촉진하기보다 오히려 방해하는 듯하며, 구딘(2003)이 생각하는 정치적 상상력을 더 어렵게 만든다. 또한 정치를 더 양극화하고 합의와 집단 행동을 모두 불가능하게도 만든다. 이로 인해 사회가 파편화되고, 붕괴 위험이 존재한다. 소셜 미디어는 특히 문제거리로 여겨진다. 인쇄물, 텔레비전, 라디오에도 반향실이 있지만, 그럼에도 이들 매체는 "어느 정도 편집으로 통제가 가능하다."(다이아몬드Diamond 2019, 22) 소셜 미디어 반향실에는 이러한 편집 통제가 없으며, 그 결과 양극화와 증오 표현이 그대로 노출된다.

합리적이고 합의지향적인 하버마스식 토론을 하길 원할 경우, 이러한 현상은 문제가 될 수 있다. 그런데 반대 의견에 사람들이 노출되지 않을 때는 경합적 민주주의조차 어렵게 된다. 엘 버마위(El-Bermawy 2016)는 지구촌이 "매일 더 멀어지는 고립된 디지털 섬들"로 바뀐다고 말한다. 고립되는 경우는 더 많다. 페이스북상에서 우리는 대체로 자신의 견해와 유사한 정치적 내용만을 소비한다. 터널 비전tunnel vision(본래 일종의 시력 결함을 이르는 말인데, 여기서는 한 가지 문제나 원인에 집착하여 주변의 다른 것을 보지 못하는 현상임 – 옮긴이)은 이 같은 방식으로 생긴다. 누웬(Nguyen 2020)은 관련 목소리를 아예 빼버리는 인식론적 거품(흔히 의도적이지 않음)과, 관련된 다른 목소리를 적극 배제하여 사람들이 모든 외부의 정보원을 불신하게 되는 반향실을 구분한다. 검색 엔진의 경우, 작동하는 방식을 통해 이용자를 필터 버블과 반향실에 고립시켜 다양성과 함께 민주주의까지 위협할 수 있다.(그랜카Granka 2010) 이는 분명 위험하다. 경험적 연구에서 소셜 미디어는 이용자를 반대 관점에도 노출시키고 소수의 이용자만 의도적으로 반향실 방식으로 의견 환경을 찾는 것으로 나타났음에도 그렇다.(푸슈만Puschmann 2018) 소셜 미디어는 사람들이 주요 뉴스 매체에서 검열될 수 있는 의견을 게시할 수 있게도 하는데, 이 점에서 다양한 의견이 최소한으로 존재할 가능성은 있다.

그런데 숙의 민주주의의 이상에 의거하면, 민주주의는 단순히 의견을 교환하는 것도, 일시적으로만 관심을 갖는 것도 아니

다. 이를테면, 숙의 민주주의의 이상은 이성의 공적 사용public use
에 관한 것이자 더 오랫동안 함께 사는 법과 약속에 관한 숙의를
포함한다. 벤하비브Benhabib(왈 요르겐센Wahl-Jorgensen 2008 인터뷰)는 민
주주의를 인터넷을 통해 "제한받지 않는 의견의 교환"으로 축소
한다. 또 소득 일부를 지역사회에 장기 기부하는 것과 같은 "행동
약속"을 무시하는 견해에 반대한다.(965) 인공지능은 하버마스,
아렌트 등이 생각하는 의사소통의 합리성과 공론장도 위협할 수
있다. 벤하비브에 따르면, "한편으로는 의사소통과 정보 및 의견
의 형성이라는 네트워크와 다른 한편으로는 의사 결정의 표현 측
면에서 공적 표현 간의 상호 작용을 개념화하기란" 무척 어려운
일이다.(964)

    지식의 측면에서 명확히 표현하면, 반향실은 (적어도 민주주
의에 대한 숙의적이고, 참여적이고, 공화주의적인 설명에 따르면) 민주주의
의 인식론적 기반을 위협한다고 볼 수 있다. 킨키드와 더글러스
(Kinkead and Douglas 2020)는 이 문제를 다음과 같이 규정하고 있다.
루소와 밀에서 하버마스, 구딘, 에스틀런드에 이르기까지, 정치
사상가들은 민주주의에 대한 인식론적 힘과 미덕, 정당화를 믿는
다. 자유로운 공개 토론을 통해 진실을 추적하고 다양한 견해를
공유하며 논의할 수 있기 때문이다.(121) 하지만 빅 데이터 분석
과 결합된 소셜 미디어는 정치 커뮤니케이션의 본질을 변화시킨
다. 이제는 방송을 통해 공개적으로 논의하고 검토하여 사람들의

생각을 드러내는 대신, 고도로 표적화된 메시지를 전 세계 수많은 사람들에게 보내고 "전 지구적으로 도달할 수 있는 정치적 메시지를 특정 대상에게 보내는 것"이 가능하다.(129) 이 같은 변화는 다음과 같은 인식론적 결과를 낳는다.

> 민주주의의 인식론적 미덕에 한 가지 위험은 폐쇄적인 소셜 네트워크가 공론장을 독점하고 비공개로 만든다는 점이다. 일단 정치적 담론이 사적이고 유사한 개인들 사이에서만 공유되면, 다양한 관점으로 아이디어가 더 이상 도전받지 않으므로 인식론적 견고함을 일부 잃게 된다.(127)

사적 담론에서도 참가자들이 눈치 채지 못하게 조작하는 것이 더 쉬워진다.(127~128) 개방적인 사상의 시장에서 더 나은 생각과 진실이 나타날 거라는 밀의 견해를 다시 한번 숙고해보라. 여기서의 개방성은 반향실, 필터 버블, 특정 집단에게만 보내는 협송narrowcasting에 의해 위협받을 수 있다.

보다 넓게 민주주의의 관점에서 보면 이러한 공론장의 사유화는 매우 심각한 문제라 할 수 있다. 민주주의는 **공론**장을 필요로 하며, 정치는 공적 문제에 관한 것이기 때문이다. 하지만 반향실과 같은 현상은 민주주의를 위험에 빠뜨릴 수 있다. 그런데 도대체 공론장이란 무엇인가? 또 현재의 디지털 기술에 비추어 볼 때 무엇이 '공적'인가? 소셜 미디어상에서 공적/사적 구분은 사람들이 가장 사적인 생각과 감정을 공유할 때 구식이 되어 사라진 듯하며, 정체성에 기반한 정치와 기술이 이런 구분에 압박을 가하기도 한다. 그럼에도 숙의 민주주의 이론이 내놓은 근거로 보자면 '공적'이라는 개념을 유지하고 방어하는 것이 유익하다. 집단 문제에 대해서는 집단적 해결책이 필요하다고 할 수 있을 것이다. 쿨드리와 리빙스턴과 마크험(Couldry, Livingstone, and Markham 2007)에 따르면, 공적 문제와 정치는 시민권이 단순히 생활방식의 선택이 아닌 것처럼 "마찬가지로 단순히 '사회적 소속감'이나 정체성의 표현보다 더 많은 것을 수반한다.(또한 정체성 정치에 반대하는 주장을 다시 참조) 이런 구분은 포스트모더니즘 사상가들이 공적/사적 구분이 사라지는 것을 긍정적으로 평가하고 있음에도, 여전히 중대한 무언가가 위태롭게 남아 있다."(6) 민주주의는 어떤 공적 문제에 대한 생각을 필요로 하고, 공통된 정의와 집단적 해결책을 요구한다는 것이 그들의 주장이다. 하지만 기술은 공적 관심사와 사적 관심사의 구분을 어렵게 할 수 있다. 따라서 이른바 '정치학'이라 부르는 공론장에서는 종종 정치적 비판이 배제될 수 있는데, 실제로는 소셜 미디어와 예술 같은 다른 영역에서도 일어난다. 여기서는 공적일 수도, 그렇지 않을 수도 있으며, 어떤 면에서만 공적일 수 있다.

포퓰리즘은 이와 관련하여 다양한 방식으로 인공지능과 연결될 수 있는 문제이다. 포퓰리스트 정치인이 인공지능을 이용하여 유권자 선호도에 대한 데이터 분석의 경우를 가정해보자. 그런데 민주주의에서 정치인은 시민이 필요로 하는 일을 아는 것은 좋지만, 이런 식으로 인공지능을 사용하는 것은 "가령 미국의 건국 아버지들이 구상했던 합리적인 숙의 과정이라기보다 대중의 흥미를 끌기 위한 선동으로 바뀔 가능성이 있다."(니야조프Niyazov 2019) 포퓰리즘에 대해 보다 긍정적인 시각을 갖고 있는 일부 이론가들도 있다. 라클라우(Laclau 2005)의 경우 포퓰리즘은 단지 실체적인 경험적 실재reality(특정 정치)라기보다는, 그 자체로 정치적인 것에 관한 용어라는 점에서 정치와 동의어이다. 그리고 새로운 정치적 과제라는 가능성을 본다. 하지만 여기서 고려된 대부분의 이론과 '월가를 점령하라Occupy' 같은 운동은 포퓰리즘과 거리를 둔다. 아무튼, 소셜 미디어에서는 엘리트가 아닌 사람들의 논평에 가치를 부여하고 미화하면서 전문지식을 묵살하는 경우도 목격한다.(모피트Moffitt 2016) 이를 일컬어 "인식론적 포퓰리즘 epistemological populism"이라고 한다.(소레트·건스터Saurette and Gunster 2011) 모피트(2016)는 부패가 발각되는 경우처럼 이에 대한 긍정적인 면을 보는 동시에 반향실 효과를 지적한다. 소셜 미디어는 토론과 이해라는 정치보다는 입소문과 즉시성을 선호하고 더 심각한 이념적 분열을 초래하면서 포퓰리즘을 확산시킬 수 있다. 여기서 인공지능은 반드시 소셜 미디어를 주도하는 것은 아니지만 봇bots

형태로 정보를 여과하고 규제하면서 어떤 역할을 할 수 있다. 잠재적으로는 정치 커뮤니케이션과 유권자의 선호도에도 영향을 줄 수 있다. 이는 민중의 의지를 구현한다고 주장하는 지도자 개인의 강박이 국가의 강박이 되는 권위주의적 지도자 등장에 사회를 준비시키는 것인지도 모른다. 인공지능은 소셜 미디어를 통해 이러한 포퓰리즘과 종국에는 권위주의의 부상을 도울 수 있다.

더 많은 문제들, 조종과 대체와 책임 그리고 권력

인공지능은 사람을 조종할 목적으로 이용될 수 있다. 결정을 내리는 데 영향을 미치는 넛지의 가능성에 대해서는 이미 언급한 바 있다.(1장 참조) 인공지능은 다른 디지털 기술과 마찬가지로 인간의 경험과 생각을 형성하는 데도 이용될 수 있다. 라니어(Lanier 2010)는 과학 기술자들을 대신하여 다음과 같이 말한다. "우리는 사람들의 인지적 경험을, 간접 방식이 아닌 직접 조작으로 논쟁을 하는 철학을 어설프게 만든다. 믿을 수 없는 속도로 전체 인간의 미래 경험을 형성할 수 있는 기술을 만들어내는 데는 아주 작은 엔지니어 집단만 있으면 된다."(7) 인공지능과 또 다른 디지털 기술은 대의 민주주의의 투표 절차가 진행되는 상황에서 개인화된 광고 등을 통해 유권자가 특정 정치인이나 정당을 지지하도록 유도할 수 있다. 니야조프(2019)는 이것이 소수(부동층 유권자들)의 횡포로 이어질 수 있다고 주장한다. 잘 알려진 사례로, 케임브리지 애널리티카 사건(1장 참조)은 사람들을 교묘하게 이용하는 것과 관련이 있다. 당시 이 기업은 수많은 페이스북 이용자들의 개인 데이터를 동의 없이 수집한 다음, 2016년 도널드 트럼프의 대선 캠페인 같은 정치 과정에 영향을 미칠 목적으로 이용했다. 조작에 인공지능을 이용한다면 벨(Bell 2016)의 정치 리더십 기준으로 볼 때 지성과 사회적 스킬과 미덕을 갖춘 리더라고는 볼 수 없을 것이다. 따라서 벨은 인공지능이 정치적 리더십을 넘겨받는 경우, 과연 요구되는 지적 능력과 사회적 스킬, 미덕을 갖출 수 있을지는 의심스럽다고 말한다.

인공지능이 인간의 리더십을 대체하는 것은 어떤 경우라도 위험하고 반민주적인 일이다. 인간 세계를 장악한 인공지능이 단지 인류를 말살시킬 수 있다는 것만이 아니라, **인류의 최고 이익을 위해** 인공지능이 통치하거나 통치권을 주장할 수 있다는 점에서 위험하다. 고전적인 공상과학 소설의 비유(영화 〈아이 로봇I, Robot〉이나 닐 애셔Neal Asher의 『정치 조직체Polity』에 관한 공상과학 소설 등 참조)이지만 모든 민주주의의 이상에 준하는 위험이기도 하다. 여기서 위험은 인공지능이 자유 민주주의를 파괴한다는 것인데, 그 이유는 자율성으로서의 시민의 자유를 파괴하기 때문이다. 그리고 종국에는 다먀노비치(Damnjanović 2015)가 주장한 대로 정치 자체를 우리에게서 앗아갈 수 있는 위험이다. 이런 시나리오는 플라톤의 매우 특별한 해석으로만 뒷받침될 수 있을 것이다. 이 해석에서는 인공지능이 (어쩌면 인간 전체의 효용 극대화를 지향하는 근대 공리주의 주장이나 인간의 생존과 평화를 지향하는 홉스의 주장과 결합된다.) 인공적인 철학자 왕으로서 행동할 것이다. 그러면 국가라는 배의 선장이나 조타수(그리스어로 kybernete, 이 용어는 '사이버네틱스cybernetics'의 어원임 – 옮긴이)는 자동조종장치가 된다. 어쩌면 인류 전체와 행성을 조종할 수도 있을지 모르겠다. 당연히 이런 비전은 여기서 살펴본 모든 민주주의 이론의 비판을 받을 것이다. 이런 인공지능이 **실질적인** 권한을 행사하느냐는 마찬가지로 인공지능이 권한을 갖는 것이 옳고 정당한지 여부와 상관없이 명확하지 않다.

　기술철학의 관점에서 보면 이런 시나리오와 논의는 인공지능이 단순히 하나의 기술로만 그치는 게 아니라 도덕적, 정치적인 일과 언제든 연결될 가능성을 나타낸다. 또 정치를 위한 도구만이 아닌 정치 그 자체를 바꿀 수 있는 인공지능의 비도구성을 설명한다. 민주주의 틀 안에서 인공지능이 이용되고 있다 하더라도 인공지능 추천으로 결정을 내렸다면 정당성과 책임 문제도 발생할 수 있다. 특히 결정 방식이 투명하지 않은 경우에, 또는 그 과정에 편향이 들어갔거나 재생산된 경우가 그렇다. 인공지능이 미국 판사들에게 형벌 양형과 가석방 및 사회봉사 명령의 적격성 문제에 도움을 준다는 사실은 이미 잘 알려진 사례다.(2장에서 언급한 콤파스COMPAS 사례 참조) 민주주의에서는 공적 책임이 중요하다. 시민에 관한 결정을 내리는 공무원은 그 결정에 책임을 져야 한다. 따라서 공무원이 결정을 내리는 데 인공지능에 대한 의존도가 높고 인공지능이 결정을 내리기까지의 방식이 투명하지도 중립적이지도 않다면, 이런 결정이 과연 얼마나 유지될 수 있는지는 불분명하다. 1장 말미에서 언급했듯이, 평등을 민주주의의 조건으로 볼 수 있기 때문에 투명성과 중립성도 중요하다. 같은 관점에서 데이터와 데이터의 흐름을 통제하고 궁극적으로는 사람들을 통제하는 독점화된 기술 산업에 의해 우리가 통제될 경우, 이 또한 문제의 소지가 매우 크다. 네미츠(Nemitz 2018)의 경우 오늘날 디지털 산업에 권력이 집중되고 있음을 비판한다. 그는 인공지능이 야기하는 문제들을 인공지능 윤리에 의해서만 해결할 수 없지만, 민주적 절차로 시행가능한 합법적인 규칙에 따라 처리할 필요가 있다고 주장한다. 그는 민주적인 인공지능 문화를 요구하기도 한다.

첨단 기술기업의 권력은 가짜 뉴스와 허위 정보를 다루는 데 있어서도 문제를 야기한다. 가짜 뉴스(뉴스로 제공되는 거짓 또는 오해를 만드는 정보)는 지나치게 비관적인 디지털 미디어 기술에 대한 비판과 기술결정론적 비판에 동원되기도 한다.(파카스·쇼우Farkas and Schou 2018, 302) 하지만 이런 현상은 민주주의와 관련해서도 심각한 정치적 문제를 야기한다. 무엇이 '가짜 뉴스'의 기준이며, 누가 이 기준을 결정하는가? 트위터나 페이스북 같은 소셜 미디어 기업, 말하자면 민주적으로 선출된 기관이 아닌데도 불구하고 이

기업들이 어떤 내용은 허용하고, 어떤 내용은 그렇지 않은지 결정을 내리는 검열자가 되어야 하는가? 이 기업들이 그런 권한을 갖고 있다면, 그들은 이 문제를 어떻게 처리해야 하는가? 말했다시피, 인터넷 기업은 (검열로 해석되는) 내용 조정을 이용한다. 오늘날 소셜 미디어의 플랫폼 규모와 정해진 짧은 시간 간격을 감안하면, 부분적 또는 전체적인 내용을 자동화로 조정하는 것은 불가피해 보인다. 그렇지만 이런 사실은 공적 표현에 대한 규칙(그리고 사실 및 진실로 간주되는 것에 대한 규칙!)이 실리콘 밸리의 소수 엘리트 집단에 의해 정해진다는 것을 의미한다. 주목받는 공식적인 민주주의 제도에서 벗어난 일종의 숨겨진 거버넌스에 해당한다. 여기에는 또다시 투명성과 책임이 결여되어 있다. 정의에 관한 복잡한 문제들이 어떻게 다루어질 수 있는지도 불분명하다. 심지어 이런 문제들은 탈정치화될 위험성이 있다.(고와·빈스·카첸바흐 Gorwa, Binns, and Katzenbach 2020) 증오 표현이 난무하도록 알고리즘이 내버려 둘 수도 있지만, 동시에 이용자들이 내용물에 접근하고 자신의 의견을 표현할 자유도 제한할 수 있다. 이용자의 권리가 충분히 보호될지도 확실치 않다. 또 알고리즘에 의한 표현 규제는 반드시 사회에서 상충하는 것들을 절충해서 반영하지 않는다. 사회 전체의 이익을 위해 권력이 행사되도록 보장하는 견제와 균형도 없다.(엘킨 코렌 Elkin-Koren 2020) 인공지능의 역량으로는 이 같은 문제(와 다른 모든 복잡한 정치적 문제)를 효과적으로 처리하는 데 한계가 있을 수밖에 없는 것이다. 마르크스주의적 관점에서 보면, 자유로운 표현 그 자체는 하나의 상품이자 경제적 가치로 전환되는 데이터 경제의 무언가가 된다. 이러한 맥락에서 볼 때 정치적 자유와 참여는 어떤 의미인가? 공적 논의가 수행되는 조건은 누가 규정하는가? 그러한 용어 및 조건을, 힘을 가진 소수의 행위자들이 정한다. 페이스북이나 트위터 같은 플랫폼에서 정한 약관에 이용자들이 동의하는 이른바 사용자 '동의'는 민주적 규약이 아닌 명령이다. 다시 강조하지만 문제는 인공지능이 특정 정치 게임을 하는 사람의 손에 주어진, 그저 정치적으로 중립적인 도구로만 기능하는 게 아니라 게임 자체를 변형시키고 정치가 행해지는 조건을 바꾼다는 사실이다. 인공지능은 민주주의 자체를 매개하고 형성하기도 한다. 니야조프(2019)는 열린 사회가 비판적 사고를 하기 위한 수단을 제공하기 때문에 민주주의와 평등에 관련된 복잡한 문제를 해결할 수 있다고 믿는다. 하지만 열린사회가 훨씬 더 투명하지 않고 비판적 사고에 적대적인 다른 무언가로 바뀌면 어떻게 될까?

민주주의에서는 자유와 평등 같은 서로 다른 정치적 가치들 사이에 어려운 균형도 이루어내야 한다. 1장에서 살펴봤듯이, 토크빌은 이 가치들에 근본적인 긴장 관계가 있음을 파악했다. 그는 지나친 평등이 개인의 자유와 소수자의 권리 보장을 약화시켜, 잠재적으로는 폭정으로 이어질 것이라고 우려했다. 이와 달리 루소는 민주주의와 진정한 자유는 최소한의 사회경제적 수준을 필요로 하는 정치적, 도덕적인 평등을 필요로 한다고 생각했다. 오늘날의 정치이론에서도 평등에 대한 논쟁은 계속되고 있는데, 피케티 연구에 대한 대응이 대표적이다. 2장에서는 인공지능이 다양한 방식으로 평등에 영향을 미칠 수 있음을 살펴봤다. 민주주의의 정당성과 성공은 서로 다른 정치 원리를 조율하고 균형을 맞출 수 있는지에도 달려 있는데, 이는 투명하지 않은 비공개 방식으로 인공지능이 이미 이런 가치들의 실현에 영향을 미치는 방식에 의해 영향받을 수 있다. 예컨대, 루소의 주장처럼 민주주의가 도덕적인 평등을 요구한다면, 이는 이미 다른 가치들과 상관없이 같은 근거로 사회적 불평등을 줄여야 하는 충분한 이유가 될 것이다. 실업으로 이어지거나 편견을 더 갖게 하는 등의 불평등을 인공지능이 심화시킨다면, 같은 추론를 따를 경우 **도덕 및 정치적**인 불평등도 증가하기 때문에 민주적이지 않을 수 있다. 그렇더라도 민주주의는 동시에 자유를 유지할 것을 요구한다. 충분한 정도의 소극적 자유가 대표적이라 할 수 있다. 재화의 재분배가 더 협소한 소극적 자유로 이어진다면 자유와 평등 사이에 받아들일 수 있는 절충점을 찾을 필요가 있을 것이다. 따라서 이 같은 균형 잡기는 다양한 정의 개념을 고려할 때 훨씬 더 힘들 수 있으며, 언제나 평등 그 자체를 목표로 하기보다는, (현재 또는 이전의) 소외집단 등에 대한 우선적 대우에 목표를 둘 수도 있다. 따라서 인공지능이 비민주적인 이유에 대한 정당화는 서로 긴장 관계에 있을 수 있는 평등과 정의 같은 다른 가치들에 의존해야 할 수도 있다. 인공지능과 그 밖의 기술에 대한 논의 맥락에서 민주주의에 대한 호소는 협상과 균형 잡기라는 어려운 정치학을 피하기는 거의 불가능하다.

결론적으로, 여기서 알 수 있는 것은 인공지능이 민주주의를 직접적으로 훼손하는 도구로 이용될 가능성만 있는 게 아니라, 의도하지 않은 부작용까지 초래할 수 있다는 사실이다. 예를 들면, 숙의로서의 민주주의의 이상을 인공지능이 보다 실현하기 어렵게 만들고 포퓰리즘을 강화할 수 있다. 또 공적 책임을 위협하고, 권력 집중을 심화시킬 수 있다. 잠재적으로 상충할 수 있는 서로 다른 정치적 가치들 사이에 인공지능에 관한 정책이 균형을 이룰 필요가 있다.

인공지능과 전체주의의 근원,
아렌트로부터 얻은 교훈

인공지능과 전체주의

민주주의는 권위주의 및 전체주의와 반대로 정의될 수도 있다. 전체주의는 지금까지 설명한 모든 의미의 민주주의(투표, 시민 참여, 다원주의, 다양성 등)를 중대하게 침해하는 강력한 중앙 권력을 보유하여, 권위적일 뿐만 아니라 시민의 공적, 사적 삶에까지 깊숙이 개입한다. 정치적 억압, 검열, 대규모 감시, 국가 테러, 정치적 자유의 절대적 부재가 특징이다. 히틀러 치하의 나치 독일, 스탈린 치하의 소련, 마오쩌둥 치하의 중국 공산주의, 무솔리니 치하의 파시스트 이탈리아가 전체주의 정권의 역사적 사례이다. 오늘날은 디지털 기술이 전체주의를 옹호하거나 야기할 수 있는 감시와 조작을 위한 새로운 수단을 제공한다. 인공지능은 바로 이런 기술 가운데 하나이다. 이 기술은 단지 권위적인 통치자가 그 지지자들과 함께 선거를 조작하고, 잘못된 정보를 퍼뜨리고, 반대 세력을 통제하고 억압하는 데만 도움을 주는 게 아니라, **전면적인** 감시 및 통제 같은 특정 유형의 감시와 통제를 하는 데 도움을 줄 가능성이 있다. 블룸(Bloom 2019)은 다음과 같은 상황을 초래하는 "전체주의 4.0"의 위협에 대해 경고한다. "모든 사람이 완전히 분석되고 설명된다. 모든 행동이 모니터링되고 선호하는 것이 전부 알려지면서 전 생애가 계산되고 예측이 가능하다."(vii) 따라서 인공지능을 이용한 감시가 모든 사람에 대해 아는 것으로 이어진다면, 인공지능이 우리보다 우리를 더 잘 알고 있다는 주장도 가능하다. 그렇게 되면 개입주의(1장) 및 권위주의 사회로 이어질 수도 있을 것이다. 맥카시 존스(McCarthy-Jones 2020)는 다음과 같이 표현한다.

개인주의적인 서구 사회는 우리보다 우리의 생각과 욕망 또는 기쁨을 더 잘 아는 사람은 없다는 생각에 기반을 두고 있다. (…) 인공지능은 이것을 바꿀 것이다. 우리가 우리 자신을 아는 것보다 우리를 더 잘 알 것이다. 인공지능으로 무장한 정부는 국민이 진정으로 원하는 것이 무엇인지 안다고 주장할 수 있다.

맥카시 존스는 이 생각을 스탈린의 소련과 마오의 중국에서 일어난 일과 비교한다. 인공지능은 '텔레스크린telescreens'(본래 TV 화면이라는 의미. 조지 오웰의 소설 『1984』에서는 당원을 감시하기 위해 모든 가정에 설치한 장비 - 옮긴이)을 통해 모든 시민을 지속적으로 감시하는 디지털판 빅 브라더big brother(정보 독점 및 통제로 사회를 관리하는 권력과 사회체계 - 옮긴이)를 가능하게 한다. 이 말은 오늘날 특히 권위적이고 전체주의 경향이 있는 국가에서 나오는 말인데, 그렇다고 그런 국가에서만 나오는 것은 아니다. 국가가 인공지능과 데이터 과학을 이용하여 기술적으로 대규모 감시를 방해하는 일은 거의 없다. 개인이 남긴 디지털 발자국digital footprints(디지털 장치에서 이용자가 활동함으로써 남기는 데이터 - 옮긴이)을 기반으로 작동하는 중국의 사회신용시스템을 생각해보라. 중국 정부는 감시 카메라의 비디오 캡처, 안면인식 소프트웨어, 음성 인식, 알리바바와 바이두 같은 기술 기업에서 가져온 개인 데이터를 이용한다. 다이아몬드(Diamond 2019, 23)는 이것을 "포스트모던 전체주의postmodern totalitarianism"의 한 형태라고 부른다.

하지만 인공지능은 단순히 전체주의 국가에 힘을 실어주는 데 이용되는 것만은 아니다. 일종의 전체주의 기업을 생존하게도 한다. 인간의 행동을 모니터링하고 조정하는 자본 축적의 새로운 논리인 "감시 자본주의"(주보프 2015; 2019) 지배를 우리가 받고 있다는 주보프의 주장을 다시 한번 숙고해보자. 주보프(2015)는 빅브라더를 언급하는 대신 "빅 어더Big Other"에 대해 이야기한다. 즉 우리는 중앙집권적 국가 통제보다 "토스터기toasters에서부터 신체, 의사소통 및 생각에 이르기까지 모든 일상의 경험을 기록하고, 조정하고, 상품화하는 네트워크 제도가 편재하는 체제에 직면해 있는데, 이 모든 것은 화폐화와 이윤으로 이어지는 새로운 경로를 구축하기 위한 것"이다.(81) 어느 정도는 이미 소셜 미디어를 통해 일어나고 있는 일일 수 있다. 하지만 '사물 인터넷'과 관련 기술이 우리의 가정과 직장 및 도시를 스마트 환경으로 변화시키면서, 인공지능을 포함한 전자 기술의 감시 아래 모든 일이 일어나는 곳으로 어떻게 점점 더 바뀔 수 있는지도 쉽게 상상할 수 있다. 또 인공지능은 우리를 지켜볼 뿐만 아니라 우리의 행동에 관련된 예측을 한다. 따라서 인공지능과 데이터 과학은 인공지능이 우리를 우리보다(또 우리가 알기도 전에) 더 잘 아는 새로운 형태의 전체주의의 도구가 될 수 있다. 하라리가《와이어드 WIRED》와의 인터뷰에서 말했듯이,(톰슨·하라리·하라리Thompson, Harari, and Harris 2018) 인간의 감정과 선택은 더 이상 신성한 영역이 아니다. 이제 인간은 완벽하게 조종될 수 있다. 즉 "우리는 이제 해킹 가능한 동물이다." 정부와 기업이 앞으로 포학한 행위를 할 수 있다는 이야기이다. 우리를 조종하고 통제하는 데 인공지능과 관련 기술을 통해 얻은 지식이 이용될 가능성이 있는 것이다.

따라서 기술은 아렌트(2017)의 표현을 빌리자면 **전체주의의 근원** 가운데 하나가 될 위험이 있다. 민주주의에서 전체주의 국가로의 이동은 **히틀러 같은 총통**이나 의장이 혁명이나 쿠데타 등을 통해 민주주의를 접수하고 공공연하게 파괴하기 때문에 (단순히) 일어나지 않는다. 오히려 이 과정은 눈에 훨씬 덜 띄고 느리지만 그렇다고 효과가 적은 것은 아니다. 힘의 균형은 인공지능과 다른 전자 기술을 통해 (정부에 있든, 기업에 있든) 힘 있는 소수에게 서서히 기울어지고 있다. 애초 이미 많은 권력을 가지고 있던 사람에게서 멀어지고 있는 것은 확실하다. 이런 의미에서 인공지능은 어떤 목적을 이루기 위해 이용되는 도구 그 이상이다. 판도를 바꾸는 것일 수 있다. 정치 분야에 인공지능이 적용되면 마찬가지로 이 분야에도 변화가 올 것이다. 인공지능이 전체주의의 동력을 창출하는 원인이 될 때가 바로 그런 경우일 것이다.

하지만 기술이 민주주의를 위태롭게 하는 유일한 요인이 아니기 때문에, 그 영향은 기술이 작동하고, 또 작동되는 인간 및 사회적 환경과 분리되어 나타나지 않는다는 것은 분명하다. 여기서 언급되는 위험의 책임은 인공지능이 단독으로 질 수 없고, 또 그렇게 돼서도 안 된다. 인간과 사회환경, 그리고 이 두 환경이 기술과 상호 작용하는 방식은 최소한 기술만큼 중요하다. 이를 이해하기 위해서는 권위주의와 전체주의의 역사적 사례를 분석한 사람들로부터 교훈을 얻을 필요가 있다. 또 민주주의가 어떻게 정반대의 상태로 악화될 수 있는지 궁금해한 사람들과, 한번 일어났던 일은 다시는 일어나지 않아야 한다는 규범적 관점으로 동기화된 사람들로부터 가르침을 받을 필요가 있다. 제2차 세계대전이후, 이전 세기의 많은 지식인들은 정확히 이러한 질문을 했다. 아렌트는 그런 사람들 가운데 한 사람이었다.

전체주의의 기원과 악의 평범성에 관한 아렌트의 연구

1951년에 처음으로 출간되고 나치 독일과 소련의 전체주의를 배경으로 쓴 『전체주의의 기원The Origins of Totalitarianism』(2017)에서 아렌트는 전체주의의 구체적인 형태를 설명한다. 동시에 그녀는 사회를 전체주의로 이끄는 조건에 대한 조사 내용을 제시한다. 그녀는 "일관된 거짓말로 허구의 세계를 설정하고 지켜내는 탁월한 능력"(499)과 "현실 세계의 전반적인 구조를 경멸하는"(xi) 움직임이 전체주의 사회로 탈바꿈하고 수립하는 데 성공했다면, 이미 그런 사회에 필요한 조건을 근대 사회가 잘 갖추고 있었기 때문이라고 주장한다. 또 스스로 만든 그런 세계에서 근대인은 이전보다 더 큰 힘을 가지고 살아가지도, 그런 세계를 이해하지도 못한다고 그녀는 지적한다.(xi) 무엇보다도 그녀는 어떻게 고독이, 즉 "고립되어 평범한 사회적 관계가 결핍된" 사람들을 폭력적인 국가주의에 취약하게 만드는지, 그리고 이것을 히틀러와 같은 전체주의적 지도자들이 어떻게 이용하는지 강조한다.(415) "공포는 서로 대립하면서 고립되어 있는 사람들만 완전히 지배할 수 있다"는 것이 보다 일반적인 말일 수 있다.(623) 개인의 삶이 "끔찍하고 야만적이고 부족"할 때만이, 고립되고 서로 다툴 때만이, 권위주의적인 검sword의 통치를 리바이어던이 확립할 수 있다는 홉스의 추론을 다시 한번 생각해보라. 문제는 권위주의와 전체주의 그 자체에 있다기보다는, 연대와 집단행동이 부재하고 종국에는 정치영역 자체를 파괴하여 더 깊은 상처를 안게 된다는 점이다. 아렌트가 말했듯이, "고립은 사람들이 공동 관심사를 추구하기 위해 함께 행동할 때, 그들 삶의 정치적 영역이 파괴될 때 몰리게 되는 그런 막다른 골목이다."(623) 이것은 신뢰가 없는 세상, "아무도 신뢰할 수 없고 아무것도 의지할 수 없는" 세상을 의미한다.(628)

오늘날 자기 자신과 추종자를 "사실에 따른factuality 영향으로부터"(아렌트 2017, 549) 방어하는 움직임은 트럼프를 추종하는 행위Trumpism와 가짜 뉴스와 (비정부) 테러리즘을 감안할 때 꽤 익숙한 현상이다. 세상을 이해하지 못하면서 고독을 이야기하는 것도 마찬가지이다. 이는 교육이 부족하거나 사회에서 배제된 사람들의 문제만이 아니다. 많은 트럼프 지지자들은 중산층이다.(렌쉬Rensch 2019) 또 이들 모두는 혼자이거나 친구가 없다는 의미에서 외롭다거나 외로웠다는 것이 아닌 것은 확실하다. 그렇지만 이들에게는 연대하고 신뢰하는 세상이 없다는 아렌트의 의미에서 **정치적으로** 외롭다고 볼 수 있다. 오늘날 미국에서 일어나고 있는 정치적 고립과 신뢰가 사라진 세상은 한편으로는 편향과 착취, 신식민지주의(2장 및 4장 참조) 같은 문제들과 관련 있고, 포퓰리스트와 우익의 선전 및 이데올로기가 역할을 했으며, 다른 한편으로는 권위주의의 부상을 위한 이상적인 토양을 형성하는 데 도움을 준다고 할 수 있을 것이다. 아렌트의 말이 옳다면, 권위주의와 전체주의는 파괴된 사회구조를 **만들어내기**보다는 **이미** 파괴된 구조 위에서 성장한다. 아렌트의 관점에서 전체주의는 엄밀히 말해 정치적 움직임이 아니라 정치영역을 파괴하는 활동이다. 권위주의적이라는 점에서 반민주적인 동시에 "조직적인 고독organized loneliness"(아렌트 2017, 628)이고, 서로에 대한 신뢰의 파괴이며, 진실 및 사실에 대한 믿음의 약화이기도 하다. 이러한 관점에서 기술에 관한 문제를 다음과 같이 반드시 다시 물어야 한다. 인공지능 같은 현대사회의 기술이 전체주의의 조건의 원인이 되고, 또 그렇게 될 가능성이 있는가? 원인이 된다면, 그 이유는 무엇인가?

인공지능이 앞서 언급한 인식론적 거품을 만들어 내거나, 잘못된 정보를 노골적으로 퍼뜨려 사람들을 현실로부터 차단하거나, 현실을 왜곡하는 등에 이용될 수 있다는 것은 분명하다. 그런데 이 또한 아렌트가 언급한 전체주의로 가는 잠재적인 심리사회적, 사회인식론적 조건을 형성하는 원인이 될 수 있다. 문자 그대로 외로움에 초점을 두고 있는, 같은 주장의 한 버전도 있다.(따라서 아렌트와 다소 다르다.) 터클에 따르면, 기계는 동료애에 대한 환상만을 주기 때문에 고독의 원인이 될 수 있다. 『외로워지는 사람들 Alone Together』(2011)에서 터클은 로봇이 "우정을 요구하지 않는 동료애에 대한 환상을 제공할 수 있다"고 적고 있다.(1) 우리는 네트워크로 연결되어 있어도 "완전히 혼자"라는 느낌이 든다.(154) 더 이상 인간과 우정을 나누는 위험을 감수하려 하지 않을 수도 있다. 우정과 함께 오는 의존성을 두려워하기 때문이다.(66) 우리는 스크린 뒤에 숨는다. 다른 사람에게 전화하는 것조차도 너무 직접적인 것으로 생각한다. 하지만 이렇게 할 경우, 우리는 인간적인 공감과 서로 보살피는 것을 놓치고, 서로의 필요에 응하는 것을 놓치고, 진정한 우정과 사랑을 놓칠 수 있다. 다른 사람을 자신의 위안거리나 오락거리로 이용하면서, 대상으로 취급할 위험도 있다.(154) 이런 위험이 얼마나 큰지, 또 이런 위험을 소셜 미디어가 만들어내는지 여부는 논쟁이 있을 수 있다. 기술이 사회에 제공할 수 있는 긍정적인 부분을 터클이 너무 무시하고 있는 건지도 모른다. 하지만 '함께 있으면서도 따로 있는' 것의 위험을 심각하게 받아들여야 한다. 아렌트가 옳다면, 이 고독은 오로지 개인 차원에서 겪는 슬픔만이 아니다. 전반적인 신뢰와 연대의 상실로 이어질 경우 **정치** 문제가 되기도 하면서, 전체주의의 기반을 만드는 데 기여할 정도로 위험하다.

인공지능과 또 다른 디지털 기술이 이런 현상의 원인이 되는 한 정치적으로도 문제가 된다. 예컨대, 소셜 미디어가 어떻게 불안을 야기하고 부족화(온라인 커뮤니티 등을 통해 형성되는 이른바 '디지털 부족화' 현상 – 옮긴이)를 초래할 수 있는지 생각해보자. 우리는 세상을 놀라게 하는 나쁜 소식을 끊임없이 접하면서 '부족'에게서 나오는 정보만 신뢰한다.(자반바흐트Javanbakht 2020) 반향실과 인식론적 거품은 이러한 부족화를 더욱 야기하는 원인이 된다. 불안은 고독과 분리를 심화시키며, 따라서 부족화는 정치의 양극화와 공론장의 분리를 초래할 뿐만 아니라 폭력으로 이어지기도 한다. 나치 강제 수용소가 과학적인 통제 방식으로 인간을 단순한 사물로 바꿔놓았다는 아렌트(2017, 573~574)의 주장을 덧붙여 보면, 해킹에 개방된 "이상한perverted" 동물이라고 아렌트가 부른 것으로 사람들을 바꿔놓는 한, 인공지능을 통한 현대적 방식의 행동 조종이 어떻게 유사한 도덕적 영향을 미칠 수 있는지도 숙고해볼 수 있다. 감시 자본주의와 함께 데이터 경제가 어떻게 사람들을 착취하고 조종하는 일에 기반을 두고 있는지도 다시 한번 생각해보라. 그러면 제2차 세계대전 때 일어난 잔학 행위와 더 나아가 전체주의의 해악과 더 많은 유사점이 있을 것이다. 카리사 벨리스Carissa Véliz는『프라이버시는 권력이다Privacy is Power』(2020)에서 우리의 개인 데이터를 현대 사회의 권위주의 정권이 장악하는 시나리오를, 나치가 유대인 대량 학살에 유대인 등록부를 이용한 사례에 빗대어 설명한다.(115) 그녀의 표현대로, "데이터 수집은 목숨을 빼앗는 행위일 수 있다."(114) 인공지능과 데이터 과학은 이런 목적에 사용될 수 있고, 눈에 잘 띄지 않지만 이런 현상을 위한 **조건**을 만들어낼 수 있다.

그런데 목숨을 빼앗거나 전체주의 정권을 수립하고 유지하는 것 자체는 결코 기술이 하는 일은 아니다. 이 역시 사람이 필요하다. 특히 명령에 복종하는 사람과 저항하지 않는 사람이 필요하다. 이는 "악의 평범성에 대한 보고서"라는 부제로 유명한 아렌트의 또 다른 책『예루살렘의 아이히만Eichmann in Jerusalem』(2006)으로 우리를 이끈다. 1963년에 쓴 이 글은 아렌트가 그로부터 2년 전에 있었던 아돌프 아이히만의 재판을 분석한 내용이다. 아이히만은 제2차 세계대전 중 유대인 대량 학살에 중요한 역할을 한 나치 당원이었다. 아렌트는 그 재판을 참관했다. 이 보고서는 엄청난 반응을 불러일으켰다. 아렌트는 아이히만을 유대인의 괴물이나 증오자로 보는 대신, 명령을 따랐다는 그의 견해를 진지하게 받아들여 다음과 같이 썼다. "그가 명령을 따르지 않았다면 양심의 가책을 느꼈을 것이다."(25) 그는 명령에 복종하고 나치 독일의 법을 따랐다는 점에서 "의무"를 수행했다.(135) 이는 **히틀러**의 명령을 따랐다는 의미였다. 예외는 있을 수가 없었다.(137) 복종하는 것이 "미덕"이었기 때문이다.(247) 이 분석은 전체주의의 기원을 연구하는 아렌트의 프로젝트에 기여했다. 아렌트는 저항하는 것보다 복종하는 것이야말로 연루된 악의 일부라고 결론지었다. 나치 독일은 아이히만처럼 '그저' 명령을 따르면서 자신의 일을 추구했던 많은 사람들이 없었다면, 그 같은 잔혹한 범죄행위를 저지르지는 못했을 것이다. 이것이 바로 전체주의 악의 평범하고 일상적인 얼굴이지만 그에 못지않게 "무서운" 얼굴이다.(252) 아렌트에게는 이 복종이 전체주의의 지도자 내면의 삶과 동기보다 더 중요했다.(278) 그럼에도 그녀는 저항하는 사람들이 늘 있기를 희망한다. "공포 상황에서 사람들은 대부분 순응하겠지만 그렇지 않은 사람도 있을 것이다."(233)

이 분석은 인공지능과 전체주의 관계를 이해하기 위해서는 사람들의 의도와 동기만을 살펴서는 안 되며,(이것은 권력을 장악하기 위해 사람들을 조종하려는 의도처럼 좋을 수도 나쁠 수도 있고, 혹은 데이터 과학자로서 인공지능 기업에서 경력을 쌓는 경우처럼 평범할 수도 있다.) 동시에 **그저 자신의 일을 하는 것**이 어떻게 그 같은 일의 원인이 될 수 있는지, 의도하지 않은 결과까지 생각해야 한다는 의미이다. 편향은 대부분 의도 되는 것이 아니다. 개발자와 데이터 과학자로 구성된 특정 팀의 경우 사회적 편향을 증가시킬 **의도**가 없을 가능성이 매우 크다. 하지만 보다 큰 기업이나 정부 조직에서는 자신이 맡은 일을 수행하면서 정확히 그렇게 할지도 모른다. (기술 기업이나 그 밖의 다른 곳에) 나쁜 의도를 가진 소수의 사람들이 있을 수는 있어도 대부분은 그렇지 않다. 오히려 그저 자신이 맡은 일을 하면서 권위에 복종하는 것만으로, 편향을 만들어내거나 확산시키는 결과를 초래할 수 있다. 아렌트의 관점에서 보면, 나쁜 것bad 또는 악evil은 의구심을 갖지 않는 것이고, 생각하지 않는 것이며, 그저 해야 할 일을 하는 것에 있다. 악은 바로 일상적인 기술적 관행과 관련된 위계 구조 안에서 자신의 '의무'를 묵묵히 수행하는 사람들의 평범함 속에 있는 것이다. 나쁜 결과를 피하기 위해 불순응이 필요할 때 순응하는 순간, 악은 그 모습을 드러낸다. 이게 아니라면, 저항이 옳은 일일 때 저항하지 않는 순간에 악이 있다고 정치적으로 말할 수 있을 것이다.

저항은 전체주의 하에서만 중요한 것이 아니며, 민주주의에서도 중요하다. 법적 틀 내에 부분적으로 불복종이 가능하다는 점이 명시되어 있다. 힐데브란트(Hildebrandt 2015)가 주장하는 것처럼, "불복종과 경합가능성은 입헌적 민주주의에서 볼 수 있는 법의 전형적인 특징이다."(10) 법으로 통치하는 민주주의에서는 시민들이 규범과 그 적용에 대해 이의를 제기할 수 있다. 그럼에도 우리는 아렌트와 함께 한 걸음 더 나아가 보다 논쟁적으로, 법

(원)이 말하는 것에 **상관없이** 도덕적, 정치적인 이유로 저항을 정당화하고 요구할 수 있다고 주장할 수 있을 것이다. 어쨌든 **맹목적으로** 규칙과 명령을 따르는 것은 매우 위험하고, 도덕적으로도 문제가 있다는 아렌트의 주장은 민주주의에도 해당된다.

한 가지 관련된 주장은 **사유**thinking의 결여를 지적한다.『예루살렘의 아이히만』에 영감을 받은 맥퀼런(McQuillan 2019)에 따르면, 인공지능은 사람들에게 "경험적인 위험 순위를 제공하는데 이 위험이 어디에서 왔는지 사람들은 질문할 길이 없기" 때문에, 이 기술은 "한나 아렌트가 서술했던 의미의 무사유를 조장한다. 즉, 지시를 비판할 수 없고, 결과에 대한 성찰이 없으며, 옳은 명령이 내려지고 있다는 믿음에 헌신한다는 것이다."(165) 인공지능이 촉진하는 통계적 접근방식의 위험은 또한 과거 데이터에 기반을 두고 있는 한, 과거와 똑같은 것을 얻고 과거에 갇힌 채 머물러 있다는 점이다.『인간의 조건The Human Condition』(1958)에서 아렌트는 다음과 같이 쓰고 있다.

새로운 것은 항상 통계 법칙의 압도적인 승산 및 그 확률과는 반대로 발생하며, 이것은 실제로 거의 확실하다. 그러므로 새로운 것은 항상 기적처럼 나타난다. 사람이 행동할 수 있다는 사실은 그에게서 예상치 못한 일을 기대할 수 있고, 매우 있을 법하지 않은 일을 수행할 수 있다는 것을 의미한다.(178)

맥퀄런이 인공지능을 보는 방식은 대단히 결정론적으로 들리면서 불필요하게 인간과 기술을 엄격한 대립 관계로 상정하는 위험이 있다.(인간도 일정 역할을 한다.) 하지만 특정 용도로 인공지능을 이용하는 것, 즉 인공지능과 인간의 특정 조합은 전체주의가 성장하고 번성할 수 있는 조건을 형성하는 데 원인이 될 위험성이 상당히 크다.

중요한 것은 조건에 대해 언급한다는 점이다. 인공지능이 야기할 수 있는 전체주의를 피하기 위해서는 (또 민주주의를 유지하기 위해서는) 기술 기업과 정부기관에 종사하는 사람들의 책임을 지적하고, 기술과 데이터 등의 설계를 개선해야 한다고 말하는 것만으로는 충분하지 않다. 동시에 다음과 같은 질문도 필요하다. 사람들이 책임을 다할 수 있게 지원하고, 저항하는 일이 옳은 일일 때 더 쉽게 문제를 제기하고, 비판하고, 심지어 저항할 수 있는 사회적 환경을 어떻게 만들 수 있는가? 앞서 언급한 민주주의에서 전체주의로 가는 것을 막기 위해서는 어떤 장벽이 필요한가? **민주주의**가 번성할 수 있는 조건을 어떻게 만들 수 있는가?

당연히 이런 질문에 대한 답은 민주주의(및 정치)의 이상에 따라 달라진다. 이 장에서는 민주주의 이상과 그 이상들 간의 긴장에 대해 중요한 내용을 간략하게 설명했다. 하지만 더 많은 연구로 민주주의가 작동하는 조건을 찾아내야 한다. 철학과 과학(과 예술!)은 이 지점에서 협력할 수 있다. 이를테면, 우익 포퓰리즘의 공간정치(정치적 관점에서 보는 공간 담론 – 옮긴이)에 관한 미센과 리트 (Miessen and Ritt 2019)의 책에서 영감을 받아, 민주주의의 공간적, 물질적 조건에 관해 물을 수 있을 것이다. 민주주의를 숙의하는 데는 어떤 공간이 좋을까? 인공지능은 어떤 공간을 생기게 할까? 문자 그대로 은유적으로 민주주의를 위한 좋은 구조를 만들어내는 데, 인공지능은 어떤 도움을 줄 수 있을까? 개념적인 동시에 매우 구체적인 물질적 공간으로, 어떤 **광장**과 공적 공간이 필요한가? 한편으로는 정치적인 것과 사회적인 것 사이에, 다른 한편으로는 물질적인 인공물 사이에 어떤 관계가 있는가? 일례로, 다른 글(코켈버그 2009a)에서 나는 '인공물의 정치politics of artifacts'에 대해 말하는 것이 무얼 의미하는지 말한 적이 있다. 다시 말하자면 나는『인간의 조건』에서 아렌트가 인간과 인공물의 엄격한 구분을 상정하는 **폴리스**polis에 대한 인간 중심의 정의에 의문을 제기했지만, 정치적 사건(아렌트가 그 책 프롤로그에서 언급한 스푸트니크 인공위성의 발사)의 중요성을 강조하고 공적 영역public realm을 위해, 어쩌면 "사물 공동체community of things"를 포함하여 우리를 한데 모으는 어떤 공통의 세계가 필요하다는 생각을 되살렸다.(아렌트 1958, 52~55) 이 책 5장에서는 비인간을 정치 영역에 포함하는 아이디어와 정치에서의 혼종성 역할에 대해 더 논의할 것이다. 더 나아가 우리는 한편으로는 정치와 사회적인 것 간의 관계에 대해, 다른 한편으로는 지식과 공간과 물질적인 기술 간의 정확한 관계에 대해 더 많은 것을 알아야 한다. 새로운 기술과 기술 환경을 고려하여, 민주주의의 조건과 공론장의 구축에 대해서도 숙고할 필요가 있다.

이 같은 과제에 정치철학과 기술철학이 공헌할 수 있는 한 가지 방법은 권력을 개념화하는 동시에 (이해도가 훨씬 낮은) 권력과 기술의 관계를 개념화하는 것이다. (위험하기도 하지만 기회이기도 한) 인공지능 같은 기술의 도움으로 함께 하는 일, 함께 **할 수 있는** 일을 더 잘 이해하고 싶다면, 어떻게 권력이 작동하는지, 지식 및 기술과는 어떤 관련성이 있는지 이해해야 한다. 이것이 바로 다음 장의 주제이다.

4장

권력,
데이터에 의한
감시와 자기 규율

정치철학의 주제로서의 권력

권력 개념은 정치에 대해 이야기하는 한 가지 방식이다. 권력은 세상일이 실제로는 어떻게 이상과 반대로 돌아가는지 상징적으로 표현하거나 부정적인 용어로 여기는 경우가 많다. 자유 민주주의의 숙의적, 참여적 이상을 옹호하는 사람들에 대한 대응으로 권력이 소환되는 경우가 대표적이다. 듀이의 참여 민주주의의 이상을 다시 한번 생각해보라. 비평가들은 그러한 이상이 갈등과 권력에 대해 이야기하는 것을 회피하기 때문에 지나치게 순진한 생각이라고 주장한다. 무엇보다도 일반 시민들이 지적으로 판단하고 행동할 수 있는 능력과 합의에 도달할 가능성을 지나치게 낙관적으로 봄으로써, "권력에 대한 갈망과 사회적 관계를 자신에게 유리하게 만들려는 의지를 포함하여 인간 본성의 어두운 힘"이라고 힐드레스(Hildreth 2009)가 지적한 것을 무시한다는 것이다.(781) 듀이 이후 얼마 지나지 않아, 밀스Mills는 『파워 엘리트 The Power Elite』(1956)에서 "현대사회의 주된 위계 구조와 조직을 지휘하는"(4) 기업과 군대, 정부에 있는 사람들이 미국 사회를 지배하면서 권력과 부wealth에 접근한다고 주장했다. 밀스는 일이 제대로 돌아가는 모습이라고 참여 민주주의 옹호자들이 생각할 수 있는 것처럼, "토론하는 공중을 결정의 정점과 연결 짓는 다수의 자발적 결사체에 의해 책임 있는 견제를 받는" 시민들 대신, 엘리트

"조직의 무책임한 시스템"(361)을 목격한 것이었다. 큰 규모에서는 듀이가 상상한 공적 문제 해결 방식은 작동하지 않는다. 정치는 권력 다툼을 필요로 하기에, 과학적 문제 해결의 모형을 모델로 삼을 수는 없다. 어떻게 권력이 사회에 분배되고, 얼마나 심각하게 사회를 분열시킬 수 있는지 듀이가 간과한 것은 실수였다. 앞 장에서 살펴봤듯이, 이러한 비판은 도리어 권력을 불화와 경합으로 살펴보자고 제안한 무페와 랑시에르와도 일맥상통한다. 마르크스주의는 자본이 어떻게 자본을 소유한 사람들에게 권력을 부여하는지 강조하면서 사회계급 간 권력 분배에 문제를 제기한다. 두 경우 모두 권력은 다툼과 연관성을 지니는데, 특정한 조건 하에서는 생산적으로 이용될 수 있다.

인공지능과 직접적으로 관련 있는, 권력 대 민주주의의 이상의 또 다른 사례는 권력 대 동의로서의 자유이다. 미국과 유럽에서는 특정 인터넷 플랫폼의 서비스 약관에 데이터 처리 정책과 그에 따른 처리 방식을 포함하여 동의한다고 클릭하는 것은 소비자의 자유를 포함하여 권리를 보호하기 위한 것이다. 하지만 비에티(Bietti 2020)가 주장했듯이, 규제 장치는 개인의 동의 행위가 일어나는 배경의 부당한 조건과 권력 구조를 설명하지 못한다. 불균형한 힘이 "동의 결정이 내려지는 환경을 형성하고 있을 경우" 동의는 "빈껍데기"에 불과하다는 것이다.(315) 동시에 권력은 진실을 위험하게 하고(루크Lukes 2019) 잠재적으로는 기만적인 것으로 간주된다. 전체주의 국가일 경우 강한 권력을 압박에 사용한다. 그런데 이 또한 다양한 조작 형태를 취할 수 있다. 이는 다른 판단을 끌어내는 추론과 비판할 수 있는 국면을 위협한다. 시간적 여유가 없는 경쟁 환경에 늘 놓여 있을 때는 생각하는 것조차 힘들다.(베라르디Berardi 2017) 따라서 권력은 생각하는 일 자체를 적대시하는 것으로 간주된다.

그런데도 권력은 반드시 나쁘다고 볼 수 없다. 보다 복잡한 영향력 있는 권력관을 푸코가 제시한 것은 거의 틀림없다. 니체에게 영감을 받은 푸코(1981, 93~94)는 사회를 특히 힘 관계라는 권력의 측면에서 개념화했다. 하지만 그의 견해는 마르크스주의와 상당히 다르다. 푸코는 중앙집권화 방식의 통치권 및 통치자 또는 엘리트 권력이라는 측면에서 권력을 하향식으로 분석하는 대신, 주체를 형성하고 특정한 신체를 만들어내는 권력과 사회 전체에 스며드는 권력의 작은 메커니즘과 작동 방식에서 출발하는 상향식 접근을 의도한다. 그리고 이 같은 미시적 메커니즘 방식으로 감옥과 병원에서 작동하는 권력을 분석한다. 푸코(1980)는 홉스의 생각처럼 중앙의 권위적 통치자인 리바이어던의 최고 권력과 연관 짓기보다는, 권력의 다원성과 신체에 초점을 둔다. 즉 "권력의 영향으로 인해 주변화된 주체가 된 무수한 신체들"(98)과 권력이 작동하는 "극소의 메커니즘infinitesimal mechanisms"(99)에 초점을 맞춘다. 권력은 "위로부터가 아닌"(39)

사회적 신체body 내부에서 작동되며, 사회적 신체(119)를 통해 "순환한다."(98) 더 나아가 푸코는 권력이 어떻게 "개인들의 내면에 도달하여 신체에 영향을 미치고 행위와 태도, 담론, 학습 과정, 일상생활에 스며드는지"(39)에도 관심을 가졌다. 개인들은 단지 권력이 작동하는 지점이 아니라, 오히려 동시에 권력을 행사하고 경험한다. "권력이 적용되는 지점이기보다 권력의 수단인 것이다."(98) 따라서 이러한 개인은 권력의 결과물이다.

이처럼 권력을 바라보는 다양한 관점이 인공지능의 정치학에 주는 함의는 무엇인가? 인공지능은 정말로 사회적 관계를 자신에게 유리하게 만들고 우리를 속이는 사람들이 사용하는가? 또 이것은 푸코가 설명하고 있는 권력의 미시적 메커니즘과 어떻게 상호 작용하는가? 인공지능을 통해 어떤 개인과 주체와 신체가 만들어지는가? 이 장에서는 이 같은 의문을 제기하고 권력에 대한 정치와 사회이론을 인공지능에 적용한다. 우선, 인공지능이 권력에 영향을 미칠 수 있는 다양한 방식을 구분하기 위해, 사타로프가 개발한 권력과 기술에 관한 일반적인 개념적 틀을 사용할 것이다. 그다음으로는 인공지능과 권력 간의 관계를 자세히 설명하기 위해 세 가지 권력 이론, 즉 마르크스주의와 비판이론, 푸코와 버틀러, 그리고 내 글에서 제안한 수행 중심적 접근방식을 가져와 살펴본다. 이것이 내가 결론에서 "인공 권력artificial power"(이 책의 처음 제목)이라고 부르는 것으로 이어진다.

권력과 인공지능, 일반적인 개념적 틀

정치와 기술 관계는 이제는 널리 알려진 현대 기술철학의 주제이다. 기술이 의도와 무관하게 정치적 영향을 초래할 수 있음을 이야기하는 위너(Winner 1980)의 연구와 함께, 마르크스주의 비판이론(특히 마르쿠제)의 영향을 받은 동시에 경험적 연구를 지향하는 핀버그(Feenberg 1991)의 기술에 대한 비판이론을 살펴보자. 그런데 **권력**에 대한 관심은 문화연구, 젠더연구, 포스트휴머니즘 등 다른 학문 분야에서 상당한 반면, 기술철학에서는 이 주제에 대한 체계적인 철학적 논의 및 개론서도 찾아보기 힘들다. 컴퓨터 윤리학에서 알고리즘의 힘에 관한 연구가 있기는 하지만 (래쉬Lash 2007; 영Yeung 2016), 수십 년간 권력과 기술에 대해 생각해볼 체계적인 틀은 없었다. 예외가 하나 있다면 사타로프의 『권력과 기술 Power and Technology』(2019)이 있다. 여기서 그는 서로 다른 권력 개념을 구분하고, 이를 기술에 적용했다. 그가 공헌한 부분은 기술에 대한 정치철학보다는 주로 기술 윤리에 맞춰져 있지만, 인공지능과 권력관계를 분석하는 데는 매우 유용하다.

사타로프는 권력을 네 가지 개념으로 구분한다. 그가 **일화적**episodic 권력이라고 칭한, 첫 번째 개념은 유도와 강압, 또는 조종 등을 통해, 한 행위자가 다른 사람에게 권력을 행사하는 관계에 관한 것이다. 두 번째 **성향적**disposition 개념은 역량과 능력, 또는 잠재력으로 권력을 정의한다. 세 번째 시스템적 개념은 사회와 정치적 **제도**의 속성으로 권력을 이해한다. 네 번째 개념은 권력을 사회적 행위자 스스로가 **구성하거나 만들어내는 것**constituting or producing으로 간주한다.(사타로프 2019, 100) 후자 쪽 두 개념은 더 구조적인 반면, 전자 쪽 두 개념은 행위자와 이들의 행위에 관한 것이다.(13)

사타로프가 구분한 이러한 권력 개념은 권력과 기술 관계에도 적용할 수 있다. 우선, 기술은 강요와 강제로 사람들을 유도하거나 조종할 수 있으며(조종하도록 도울 수 있으며) 권한을 행사하는 데도 이용될 수 있다. 동시에 이 권력은 기술에 위임된다거나 (기술의 후기 현상학에서 자주 사용되는 개념을 가져와서) 기술이 매개한다고 할 수 있다. 이용자가 웹사이트를 방문하도록 온라인 광고가 유도하는 경우가 그에 해당한다. 운전자가 속도를 늦추도록 과속 방지턱을 강제하는 것도 마찬가지이다. 동시에 기술은 조종하는 데 이용될 수 있다. '넛지'도 기술을 통해 가능하다. 즉, 사람들이 알지 못한 채 특정 방식으로 행동할 가능성이 더 높게 선택 구조를 변경하는 것이다.(1장 참조) 둘째, 기술이 사람들의 능력과 행동 가능성을 증가시킨다는 의미에서 사람들에게 권한을 부여하여 역량을 **강화할** 수 있다. 기술이 인간에게 엄청난 힘을 주었다고 조나스(Jonas 1984)가 주장하는 것처럼, 마찬가지로 이 권한도 인류 대부분에게 해당된다. 인류 전체가 일종의 지질학적 힘이

됐다(크루첸Crutzen 2006)는 인류세 개념을 생각해보라. 즉 인류는 지구 표면 전체를 변형시키는 초행위 주체성hyper agency을 획득했다.(다음 장 참조) 셋째, 시스템적 권력 개념에서는 기술이 특정 시스템과 이데올로기를 어떻게 뒷받침할 수 있는지 알 수 있다. 예컨데, 마르크스주의 관점에서 보면 기술은 자본주의의 발전을 지원한다. 여기서 권력은 개인이 하는 일과 관련된 게 아니라 오히려 기술이 기여하는 특정한 정치와 경제, 즉 사회시스템에 들어 있다. 여론을 형성하는 매스 미디어가 대표적이다. 자본주의 같은 특정 정치경제 시스템을 지원할 수 있는 소셜 미디어도 마찬가지이다. 마지막으로, 권력은 푸코가 주장한 것처럼 단순히 개인이 소유하거나 행사하는 것, 즉 개인에게 적용되는 것이 아닌 주체와 자아 및 정체성을 구성한다면, 기술은 그러한 주체와 자아 및 정체성을 구성하는 데 활용될 수 있을 것이다. 기술 개발자와 사용자 측에서는 대부분 이를 의도하지 않지만, 그럼에도 불구하고 일어날 수 있는 일이다. 예컨대, 소셜 미디어는 내가 알아차리지 못하더라도 내 정체성을 형성할 수 있다.

그렇다면 이러한 권력 개념이 권력과 인공지능에 대한 사고를 하는 데 의미하는 바는 무엇인가?

첫째, 인공지능은 소셜 미디어와 추천 시스템 등을 통해 사람들의 행동을 유도와 강요로 조종할 수 있다. 대다수 알고리즘(사타로프 2019, 100)과 마찬가지로 인공지능은 이용자의 태도와 행동을 바꾸도록 설계되어 있을 가능성이 크다. 강압적인 방법을 사용하지 않고 사람들을 유도하고 조종함으로써 "설득 기술"(포그Fogg 2003)로도 쓰일 수 있다. 스포티파이 같은 음악 추천 시스템이나 아마존 같은 사이트는 결정을 내리는 환경의 변화를 통해 사람들의 청취 행위나 구매 행동을 유도하는 것nudging을 목표로 한다.(또한 앞 장 참조) 비슷한 독서 취향을 가진 다른 사람들이 책 x와 책 y를 구입했다고 제안하여 행동을 유도하는 경우가 그에 해당한다. 또 페이스북 게시물은 "전염contagion" 과정 등을 통해 이용자의 감정에 영향을 줄 수 있는 알고리즘으로 그 순서가 결정된다.(파파차리시Papacharissi 2015) 개인들은 유사한 관심사와 행동을 기반으로 무리를 이루며, 이를 통해 사회적 고정관념을 재생산하고 과거의 권력 구조도 다시 한번 확인할 수 있다.(바르톨레티Bartoletti 2020) 잘 알려진 편견을 포함하여 개인이 내리는 의사 결정의 취약성을 이용하는 가변적인 가격 책정과 다른 "개인화" 기법을 통해서도 사람들이 조종된다.(서저·로슬러·니센바움Susser, Roessler, and Nissenbaum 2019, 12) 모든 조작 형태에서 그러하듯이, 사람들은 이런 식으로 영향을 받는 걸 알지 못한 채 특정 방식으로 행동하게 된다. 지금까지 살펴본 대로, 개인들이 내리는 의사 결정에 끼치는 은밀한 영향력은 개인의 자율성으로 인식되는 자유를 위협한다. 같은 일이 일어나는 한, 우리는 더 이상 선택을 통제할 수도, 발생하는 방식의 기본적인 메커니즘을 이해하지도 못한다. 우리가 독립된 합리적인 개인이거나 그래야만 한다는 자율성에 대한 현대적 개념은 적절치 않다는 이유로 서구 철학의 주류 안팎에서 비판을 받아왔다.(크리스트먼Christman 2004, 베스트룬드Westlund 2009에서 관계적 자율성에 대한 논의 등 참조) 하지만 우리는 사회적 관계를 이루며 사는 존재로서 내가 결정을 내리고 내 삶을 어느 정도 통제하길 원하지, 조종당하는 걸 바라지는 않는다. 권력의 측면에서 본다면, 앞서 언급한 인공지능에 의한 유도와 조종은 우리의 데이터를 수집하여 수익을 창출하는 사람들 쪽으로 힘의 균형을 (훨씬 더 많이) 이동시킨다. 사회 내 특정 집단(인종차별 집단의 경우) 역시 소셜 미디어상에서 사람들을 조종하여 힘을 얻으려 할 수도 있다.

둘째, 인공지능은 사람들의 개인적 역량을 높여 힘을 실어줄 수 있다. 번역을 도우면서 (탈숙련화 및 프라이버시 위협 같은 문제도 야기하지만) 개인에게 새로운 가능성을 열어주는 자연어 처리의 경우를 생각해보라. 하지만 인공지능은 다른 사람(인간)과 다른 것(비인간)에 대한 권력 행사의 가능성을 높이고, 급기야는 자연환경과 지구에 대한 인간의 힘을 늘릴 수도 있다. 검색 엔진과 소셜 미디어 경우를 생각해보라. 이전에는 지금과 같은 방대한 양의 정보에 접근할 수 없었을 뿐더러, 자신의 생각을 매스 미디어에서 드러낼 수 없었던 개인들이 검색 엔진과 소셜 미디어를 통해 힘을 얻을 수 있다. 하지만 동시에 이런 검색 엔진과 그 기업에게도 많은 권한이 주어진다. 즉, 이들은 정보 흐름에 영향을 미치면서 게이트키퍼로서의 역할을 하고 있다. 게다가 이 기업들과 이들의 알고리즘은 개인화를 통해 "개인별 정보를 필터링"하고 인간과 기술적 측면에서 발생하는 편향을 끌어들인다.(보즈다그Bozdag 2013, 1) 이러한 게이트키핑과 편향은 민주주의와 다양성에도 영향을 미친다.(그란카Granka 2010) 2장에서 이미 살펴봤듯이, 인공지능은 권력의 측면에서 그 밖의 사람들보다 일부의 이익에 봉사한다. 국가 차원의 감시와 권위주의적 관행에도 인공지능이 이용될 수 있다. 새로운 감시 도구 및 역량이라는 점에서 인공지능은 강화된 억압이며, 심지어 전체주의를 초래할 수 있는 정부와 정보기관에도 힘을 준다. 때로는 중국과 미국에서처럼 국가와 민간 기업이 한 팀이 되어 그러한 역량을 끌어올리기도 한다. 기업의 기술 분야는 시민의 삶에 대해 많은 것을 알고 있다.(쿨드리·메지아스Couldry and Meijas 2019, 13) 자유 민주주의 국가들조차 안면인식 시스템을 설치하고 예측 치안을 도입한다. 또 국경에서는 인공지능이 장착된 도구를 사용한다. 새트라(Satra 2020, 4)가 말하는 새로운 형태의 "알고리즘 거버넌스"가 "인간 행동 전반"을 지시할 위험이 있다. 더 나아가 인류 전체에 인공지능이 권한을 부여하여 동물 같은 비인간과 자연환경에 영향을 끼칠 수 있다. 인류세의 맥락에서 인간이 자연에 개입하고 변형시키는 더 많은 능력을 인공지능이 갖게 한다면, 권력이 비인간에서 인간으로 계속해서 이동하도록 지원하는 일이 될 것이다. 천연자원을 지구에서 추출하는 데 인공지능이 도와주고, 이 기술(5장 참조)로 에너지 소비가 일어나는 것을 생각해보라. 결국 이러한 과정은 다시 천연자원의 이용을 필요로 한다. 인공지능이 인간에게 힘을 갖도록 하는 것은 개인 수준에서 권한을 부여하는 것일 수 있다. 하지만 지구를 파헤치고 변형시키는 인간의 늘어난 베이컨적 힘Baconian powers(베이컨의 주장에 근거한 '지식은 힘이다'에서의 '힘' – 옮긴이), 즉 자연을 통제하는 데 과학적 지식과 기술이 이용되는 것을 감안하면, 인공지능은 인간이 아닌 자연에 막대한 영향을 미칠 수도 있다. 인공지능의 정치학과 권력에 대한 비인간과 지구적 측면에 대해서는 다음 장에서 더 많이 이야기할 것이다.

셋째, 인공지능은 신자유주의 형태의 자본주의와 권위주의, 그 밖의 체제와 이데올로기를 지원할 수 있다. 인공지능과 관련된 소프트웨어 및 하드웨어 시스템은 "광범위한 사회, 경제, 정치 제도의 실재 일부"를 형성한다.(사타로프 2019, 102) 여기에는 사회경제적 시스템과 이데올로기도 포함된다. 이런 큰 시스템은 인공지능에 대한 투자 상황을 만드는 등의 기술 개발에 영향을 미친다. 하지만 이런 시스템을 유지하는 데도 기술이 도움을 줄 수 있다. 다이어 위데포드, 쿄센, 슈타인호프(2019)의 경우 인공지능이 자본의 도구라고 주장한다. 이 때문에 미국과 같은 특정 국가와 지역에 집중된 첨단 기술 소유자의 손에 권력이 집중되고 착취를 수반한다는 것이다.(네미츠Nemitz 2018) 따라서 인공지능은 기술적인 것은 물론이고 특정한 사회질서를 만들어내거나 유지하기도 한다. 여기서 특정한 사회질서는 자본주의와 신자유주의를 의미한다. 감시 자본주의에 대한 주보프의 주장도 다시 한번 생각해보라. 중요한 것은 단지 특정 기술에 문제가 있다는 것만이 아니다. 인공지능과 빅 데이터는 (많은 사람에 대한) 데이터를 수집하고 판매하면서 인간의 본성을 부당하게 이용하고 친밀한 영역에까지 손을 뻗치는 기술을 통해, 자본을 (일부에 의해) 축적하는 완전한 사회경제적 시스템을 만들어내고 유지하며 확장하는 데 도움을 주고 있다는 사실이다. 심지어 우리의 감정조차 모니터링되고 수익 창출에 이용된다.(맥스테이McStay 2018) 동일한 인공지능 기술은 전체주의 정권을 지원하거나 억압적인 정치 체제 및 그에 상응하는 내러티브와 이미지(인종차별주의적 유토피아 등)를 유지하는 데도 이용될 수 있다. 원칙적으로는 인공지능이 민주주의를 지원하는 기회도 제공할 수 있다. 하지만 많은 부분은 민주주의(3장 참조)와 실제로 정치에 대한 생각이 어떤지에 달려 있다.

인공지능과 인공지능의 정치학 분야를 연구하는 사람들 대부분은 민주적인 공정한 방식의 코딩을 지지한다. 일부는 더 많은 제한과 규제가 필요하다고 생각한다. 때때로 인종차별주의적 민족주의 정치를 조장할 목적으로 인공지능이 이용되기도 하지만, 억압적인 결과는 늘 의도된 것도, 대개는 의도되는 일도 아니다. 그렇지만 2장과 3장에서 살펴봤듯이, 의도와 무관하게 나타나는 영향이 문제가 되기도 한다. 한 개인과 집단에 대한 편견을 초래하여 인종차별주의적 신식민주의 정치 문화와 시스템을 인공지능이 지원하거나 권위주의 또는 전체주의의 조건을 만들어내는 데도 도움을 줄 수 있다. 검색 알고리즘과 분류 시스템이 "억압적인 사회적 관계를 강화할" 수 있다는 노블(2018)의 주장을 다시 한번 생각해보라.(1) 구글 포토가 아프리카계 미국인을 '유인원'과 '동물'로 태그를 지정한 경우가 대표적인 "알고리즘의 억압" 사례이다.(4) 이 경우 구글이 실제로 해결할 수 없는 문제였다.(시모나이트Simonite 2018) 그런데 이 경우에서처럼 인공지능의 특정 용도나 결과가 편향되어 있거나 부당한지 여부는 늘 불분명하다. 개인이 생각하는 정의와 평등 개념에 따라서도 달라질 수 있다.(2장 참조) 특정한 정치 시스템을 지원하기 위해 사람들의 결정과 생각, 행동, 감정이 의도적으로 통제될 가능성도 있다. 전체주의의 경우 사람들의 정신과 마음에 시스템이 무한정 손을 뻗칠 수 있도록 인공지능이 지원할 수도 있을 것이다.

넷째, 우리는 눈치채지 못하겠지만 인공지능은 자기 구성과 주체 형성에 일정한 역할을 할 수 있다. 여기서 인공지능은 단지 사람의 생각과 감정을 추론하는 데 도움을 줄 수 있다는 의미에서 개인적 차원의 내밀한 부분에 관여하여 우리를 조종한 것(얼굴 표정과 음악적 선호도 같은 관찰 가능한 행동을 기반으로 우리의 내면 상태를 추론한 다음, 감시 자본주의에 의한 예측과 수익 창출에 이용된다는 것)이 아니다. 중요한 것은 인공지능이 우리가 어떻게 스스로를 이해하고 경험하는지 구체화하는 데도 기여한다는 데 있다. 루브로이(Rouvroy 2013)가 말하는 "알고리즘의 통치성algorithmic governmentality"은 "성찰적인 인간 주체와의 어떠한 만남"(144)도 건너뛰고, 인간의 판단과 우리의 신념 및 스스로에 대한 명시적 평가의 여지를 인간에게 허용하지 않으며, 개인 간의 관계를 이용하게끔 한다.(스티글러Stiegler 2019) 하지만 그렇다고 해서 이것이 우리의 자아(자기 지식)에 아무런 영향을 미치지 않음을 의미하는 것은 아니다. 자기 인식과 자기 지식이 형성하는 데 인공지능은 어떤 역할을 하는가? 가령, 다음과 같은 질문도 할 수 있을 것이다. 이제 우리는 스스로를 판매용 데이터의 생산자이자 수집물로 인식하고 있는가? 스스로를 추적하고 다른 사람들이 나에 관한 일을 추적할 때 내 삶을 스스로 수량화하고 있지는 않은가? 인공지능이 이용자의 디지털 모형을 저장하지 않더라도 자기 자신에 대한 디지털 모형인 "데이터 복제본data doubles"(리옹Lyon 2014)이 있다고 생각하는가?(마츠너Matzner 2019) 우리는 네트워크로 타인과 소통하면서 자아감을 획득하는가?(파파차리시Papacharissi 2011) 인공지능은 어떤 정체성과 주관성에 영향을 미치는가?

이런 질문은 인간과 기술의 관계가 단지 도구적인 관계가 아님을 보여준다. 자아와 인간의 주관성이 인공지능 같은 정보 기술과 전혀 상관없이 형성되는 게 아니라는 의미이다. 오히려 "디지털 기술은 인간의 주관성 자체에 무언가를 한다."(마츠너Matzner 2019, 109) 인공지능 기술은 우리가 세상을 인식하고 행동하는 방식에 영향을 미쳐, 새로운 형태의 주관성을 형성한다.(118) 따라서 인공지능과 관련된 다양한 형태의 주관성이 존재한다. 가령, 우리는 내가 가진 주관성과 내가 속해 있는 공동체에 따라 특정 인공지능 보안 시스템에 서로 다른 반응을 보일 것이다. 만약 보안 시스템이 누군가를 인식하지 못한다면, 특정한 사회적 맥락(그 사람과 그 사람의 공동체에 영향을 미친 인종차별주의 등)에서 이전의 개인적 경험과 긴장을 감안할 때 어떤 사람은 위협으로 지각할 수 있을 것이다. 하지만 다른 배경을 가진 사람은 더 이상 문제 삼지 않을 수도 있다. 마츠너(Matzner 2019)의 표현에 따르면, "특정 용도로 인공지능을 사용하는 것은 기존의 사회기술적 상황에서 형성된 각각의 주관성에 따라 상당히 다른 방식으로 연결된다."(109) 인공지능 기술은 주체인 우리의 서로 다른 주관성에 따라 다양한 관계를 가능하게 할 것이다.(118) 이는 인공지능의 힘이 단지 (하향식의) 조작과 역량, 시스템에 관한 것만이 아닌, 기술에 의해 형성되는 인간의 구체적인 위치에서의 경험과 권력 메커니즘에 관한 것이라는 의미에서 푸코의 견해와도 다르지 않다. (이 장 끝부분에서 말하고 있듯이) 다음과 같이 말할 수도 있을 것이다. 우리는 어떤 위치에 있든 살아 움직이는 존재로서 자신의 힘을 **연기하며**, 따라서 인공지능은 이런 공연에서 공동 감독 같은 역할을 한다.

인공지능과 권력에 관한 사고 틀을 세 가지 이론적 방향에 초점을 맞춰 이해하기 쉽게 좀 더 분석해보면, 아마 권력에 미치는 인공지능의 영향을 규정하고 이해하고 평가하는 데는 마르크스주의가 무엇보다도 확실한 이론적 자원이 될 것이다. 그다음에는 푸코를 활용하여 인공지능이 우리를 주체로 만든다는 아이디어에 대해 자세하게 설명하고, 권력이 기술을 통해 작동된다는 주장을 발전시킨다.

마르크스주의, 기술자본주의를 위한 도구로서의 인공지능

마르크주의 관점에서 인공지능의 힘은 자본주의와 특정 사회계층에 대한 지원이라는 측면에서 개념화된다. 첨단 기술기업과 또 다른 자본가들은 인공지능을 통해 우리를 지배한다. 우리는 수아레스 빌라(Suarez-Villa 2009)가 새로운 형태로 부르는 "기술자본주의technocapitalism"에서 살고 있으며, 기업들은 자신들의 "권력과 이익 추구"를 위해 공적 영역의 모든 측면 뿐만 아니라 우리의 삶까지 통제하려 한다.(2)(다시 감시 자본주의에 대한 주보프 주장 참조) 자본주의 국가와 민족주의 의제를 위해서도 인공지능이 이용된다. 바르톨레티(2020)는 인공지능이 새로운 국제적 군비 경쟁에 이용된다는 점에서 인공지능을 원자력과 비교한다. (적어도 이런 주장에 따르면) 인공지능을 통해 권력이 중앙에서 하향적으로, 그리고 비민주적인 방식으로 행사된다는 의미에서도 원자력과 유사하다고 할 수 있을 것이다. 우리들 대부분이 원자력을 원하는지 물어본 적이 없는 것처럼, 인공지능의 감시 및 생체 인증, 인공지능의 의사 결정 시스템, 전화 데이터를 처리하는 인공지능을 원하는지 물어본 적이 없다. 인공지능은 개별 시민에 대한 지배를 가능하게 하고, 다른 사람들보다 일부에게 억압을 가능하게 한다는 점에서 권력이다. 데이터 경제는 철저하게 정치적이고 강력하다.

그럼에도 인공지능 기술이 그 자체로 작동하듯이, 세상에는 우리를 억압하는 '인공지능' 같은 것은 없다. 인공지능을 고립된 인자나 많은 구성 요소로 이루어진 인공적 행위자로 생각해서도 안 될 것이다. 인공지능은 항상 인간과 연결되어 있다. 인공지능이 권력에 미치는 영향은 늘 인간 때문이고 인간을 통해 일어난다. 인공지능이 조금이라도 권력을 '가지고 있다'고 말한다면(인간을 지배하는 권력 등), 그것은 인간을 **통한** 권력이자 사회를 통한 권력이다. 마르크스주의 관점에서 보면 자본가를 위해 잉여 가치를 생산하는 것은 기계 자체가 아니라 산 노동living labor이다.(하비Harvey 2019, 109) 인공지능과 로봇화는 인간의 노동을 대체하는 것을 목표로 한다. 하비(2019)의 표현에 따르면, "로봇은 (공상과학 이야기에서는 그렇지 않지만) 불평하거나, 대꾸하거나, 고소하거나, 병에 걸

리거나, 느려지거나, 집중력을 잃거나, 파업을 하거나, 더 많은 임금을 요구하거나, 작업 조건에 대해 걱정하거나, 차 마실 휴식시간을 원하거나, 결근하지 않는다."(121~122) 하지만 가상세계나 소프트웨어를 생산하는 이른바 '비물질' 노동immaterial labor(라자라토Lazzarato 1996; 하르트·네그리Hardt and Negri 2000 참조)조차 인간을 필요로 한다. 인공지능에 대한 정치적 선택 역시 정부와 인공지능을 개발하고 이용하는 사람들이 결정한다. 데이터 경제의 맥락에서 결정은 모든 단계와 수준이 보이지 않는 방식으로 사람에 의해 이루어지고, 사람에 대해 내려진다는 점에서 인공지능과 데이터 과학은 정치적이고 강력하다.

어떤 데이터 세트를 연구할 것인지에 대한 선택은 사람들이 결정한다. 주관적인 결정이고 정치적인 결정이다. 일단 데이터 세트에 입력된 각 개인은 그것들 간에 그리고 그것들을 데이터 세트에 집어넣고 그 데이터 세트를 이용해 알고리즘을 훈련하고, 궁극적으로 그것들에 대한 결정을 내리는 보이지 않는 힘 간의 새로운 거래의 일부가 된다. 이는 권력의 비대칭을 나타내며, (선택과 권력의 결과인) 이러한 비대칭은 데이터 정치학과 궁극적으로 데이터 경제를 뒷받침하는 것이다. 데이터 경제는 모든 수준에서 정치적이다. 그 이유는 대체로 일부 조직이 누가 데이터 세트에 들어가고 누가 제외되는지 결정함으로써 다른 조직에 대해 막대한 영향력을 행사하기 때문이며, 그러한 결정은 광범위하게 영향을 미칠 수 있다.(바르톨레티 2020, 38)

　　인공지능이 작동하는 것과 관련된 '수많은 사람들'의 측면에서 인공지능의 정치학과 권력을 인정한다고 해서, 중앙 집권의 하향식 권력이 없어진다는 의미는 아니다. 기업과 정부는 모두 중앙 집중식으로 인공지능을 이용한다. 앞 장에서 살펴봤듯이, 이 방식은 기술관료주의 형태를 띨 수 있다. 새트라(2020)는 인공지능이 공익을 우선시하면서 합리적인 최적화 형태를 이루어낼 수 있다며, 제대로만 인식된다면 대부분의 문제는 "통계적 분석 및 최적화의 논리로 처리할 수 있는 기술적 문제"라고 옹호한다.(2) 이런 견해에 대해 환경철학 및 기술철학(저자)의 일환으로 말하자면, 기술 문제는 정치적이기도 하며 연민과 지혜를 가진 정치적 동물이자 도덕적 행위자로서 인간이 관여하고 책임져야 한다고 주장할 수 있을 것이다.(5~7) 그런데도 새트라는 인공지능이 더 발전된다면 특히 과학과 공학, 복잡한 사회문제 및 거시경제적 문제 같은 영역과 관련해서, 인공지능이 인간보다 최선의 정책을 더 잘 만들어내고 찾아낼 것이므로 우리를 위해 복잡한 문제를 해결할 수 있을 것으로 믿는다.(5) 하지만 그러한 문제도 정치적이며, 오로지 기술관료적 방식으로만 이런 정치학이 다루어질 수도, 그렇게 돼서도 안 된다고 이의를 제기할 수 있을 것

이다. 왜냐면 민주주의 원칙에 위배되고, 정치에는 인간의 판단이 필요하기 때문이다.(앞 장 참조)

그런데 이런 주장은 자본주의를 언급하지 않고서도 가능하다. 특정한 마르크스주의 관점에서 볼 때, 주된 문제는 기술관료주의와 민주주의의 결여 그 자체라기보다는 그 나름의 논리를 지닌 특정한 사회경제적 시스템에 있다. 예컨대, 다이어 위데포드, 쿄센, 슈타인호프(2019)는 오늘날 자본주의가 인공지능 문제에 "사로잡혀" 있다고 보면서 인공지능이 자본의 착취 도구라고 주장한다. 인공지능은 기술적 논리 뿐만 아니라, 무엇보다도 잉여가치의 창출이라는 사회적 논리를 적용하는 것이 가능하다. 자본주의 질서라는 특정한 사회질서를 만들어내고 유지하는 데 인공지능이 기여한다는 의미이다.(1~2) 인공지능은 노동을 대체한다. 그렇지 않을 경우, 일의 강도는 높아질 것이다. 또 이런 대체 위협은 노동자를 겁주는 데 이용되기도 한다. 그래서 사람들은 일회용품이 되거나 그와 같다고 느끼기도 한다.(5) 일부 사회주의자의 경우 보편적 기본소득 같은 수단을 통해 다른 사회를 만들 기회로 인공지능을 바라본다. 반면, 다이어 위데포드와 쿄센, 슈타인호프는 새로운 형태의 착취와 곧 들이닥칠 듯한 인간 없는 자본주의의 전망 같은 문제에 초점을 맞춘다.

하지만 인공지능이 인간에게 하는 일은 협소하게 정의된 생산과 노동 영역에만 국한되지 않는다. 인공지능은 생산의 일부가 되지만, 동시에 지식을 추출하고 우리의 앎과 정서를 구체화까지 한다. 정동 컴퓨팅(피카르Picard 1997)에서 정동 인공지능에 이르기까지, 개인적이고 친밀한 정서적 차원에도 디지털 기술이 개입한다. "감성 인공지능Emotional AI"(맥스테이McStay 2018)은 감정 상태의 식별, 감성 분석 및 행복도 측정에 이용된다. 기업의 경우 감성 분석을 이용하여 사람들의 정서 상태를 파악하는 동시에 모니터링하면서 조종할 수도 있을 것이다. 이는 인지 자본주의(지식과 인지 과정, 정서의 결과물을 생산·유통·분배·소비하는 자본주의 체제 — 옮긴이)의 한 형태이지만, 동시에 정동자본주의affective capitalism이기도 하다.(카르피 등Karppi et al. 2016) "사람들의 성격, 기분, 정서, 거짓말과 취약성을 겨냥한 작업"(주보프 2019, 199)은 데이터 기반의 캠페인 같은 새로운 형태의 착취, 지배, 정치 조작을 초래한다.(사이먼Simon 2019; 투펙치Tufekci 2018 참조) 소셜 미디어 역시 정서적으로 몰입되는 메시지를 선호하는데 군중에 영향을 미치기 위해 정동적 전염affective contagion(샘슨Sampson 2012)을 이용한다. 이는 극단주의와 포퓰리즘을 고조시킬 수 있고 어쩌면 폭력과 전쟁으로까지 번지게 할 수도 있다.

정치적 목적을 위해 감정을 조종하는 행위는 스피노자에서 현대 철학과 인지 과학에 이르기까지 '정념', '정동', '정서' 등에 관한 오랜 철학적 논의와도 관련 있다. 여기에는 정치에서의 정서 역할에 관한 논의와 다음과 같은 관련 질문 등이 포함된다.

정치에서 신체의 역할은 무엇이며, "신체 정치"란 무엇인가? 우리의 능력은 정치적으로 취약한 부분에 영향을 받는가? 하르트(Hardt 2015)의 경우 영향을 받는 권력이 반드시 힘이 없다는 것은 아니며, 동시에 우리는 비주권적 주체라고 주장한다. 이런 관점에서 볼 때, 어쩌면 분노는 정치에서 긍정적인 역할을 할 수도 있다. 이와 달리, 누스바움(2016)은 정의에 대한 관심에 분노가 필요하다고 믿는 사람들과는 정반대 입장을 표한다. 규범적으로도 부적절하고(7) 관대함과 공정한 복지제도가 필요하다고 보기 때문이다. 파카스와 쇼우(2020)는 정치에서 '정념'의 역할에 대해 좀 더 긍정적인 견해를 가지고 있다. 3장에서 살펴봤듯이, 이들에게는 정치와 민주주의가 사실, 이유, 증거에 관한 것이자 서로 다른 입장들의 충돌과 "정동, 정서, 감정"에 관한 것이다.(7) 따라서 무페가 상상하는 것처럼, 활기찬 민주주의는 정서가 필요하다.(3장 참조) 그런 다음에 인공지능이 이런 조건들에 대해 어떤 역할을 하는지 논의할 수 있을 것이다. 보통 시민들은 너무 감정적이라 민주적 토론을 할 수 없으며 정서보다는 기술관료주의나 시민에 대한 합리주의적 교육이 필요하다는 견해와는 대조적이다. 정서와 정치에 관한 또 다른 논란을 불러일으키는 주제는 소속감이다. 소속감은 중요할 수 있지만, 민족주의와 포퓰리즘으로 이어질 수 있는 문제이고 인공지능의 영향으로 더 많은 이들의 관심을 받을 가능성도 있다.(앞 장 참조) 인공지능이 정치, 자본주의, 민주주의의 정서적 측면에 영향을 미치는 방식에 대해서는 더 많은 연구가 필요하다.

"데이터 식민주의"(쿨드리·메지아스 2019)는 인공지능과 권력에 대한 비판적 시각을 취하는 것과 관련해서, 인공지능을 통한 인간의 삶과 착취가 비판이론의 관점에서 용납될 수 없음을 표현하는 데 사용되는 또 다른 용어이다. 이로 인해 식민주의 역사를 통해서도 데이터의 독점을 이해할 수 있다. 즉, 과거 식민주의가 특정 국가와 기업이 영리를 목적으로 식민지의 영토와 자원을 독점했듯이, 데이터 식민주의는 데이터의 독점을 통해 인간을 착취한다.(쿨드리·메지아스 2019) 2장에서 살펴봤듯이, 식민주의는 인공지능과 편향에 관한 논의에서도 소환된다.

비판이론의 관점에서도 넛지는 문제가 많은 것으로 보인다. 더 교묘한 조작 방법이라고 해서 덜 착취적인 것은 아니다. 넛지가 자본주의의 맥락과 방식으로 이익을 창출하는 데 이용되기 때문이다. 1장에서 이미 지적했듯이 넛지는 다른 이유로, 즉 인간의 자율적인 판단과 의사 결정을 건너뛰고 있다는 점에서 문제가 된다. 인공지능은 이 같은 넛지의 가능성을 높인다. 영(yeung 2016)은 개인의 의사 결정이 이루어지는 선택 상황을 구체화하는 데 알고리즘 의사결정 유도기법이 활용되고 있음을 이야기한다. 그리고 이런 넛지가 꾸준히 업데이트되고 널리 퍼져 있어, 민주주의와 인류 번영에 골칫거리로 작용하고 있는 "하이퍼 넛지

hypernudges"(시간이 지남에 따라, 또 피드백에 대한 응답으로 변경되는 넛지 시스템 – 옮긴이)에 관해서도 이야기한다. 그런데 단지 특정 사람에게 직접적인 영향을 미치고 있기 때문에 넛지가 문제가 되는 것만은 아니다. 동시에 넛지는 특정한 방식으로 인간을 보게 한다. 이는 특정한 착취 관계와 조종을 가능하게 하는데, 이 역시 문제가 된다. 쿨드리와 메지아스(2019)는 인포그inforgs, 즉 우리가 정보 유기체라는 플로리디(Floridi 2014)의 생각을 비판하면서, 우리가 인포그라면(인포그로 만들어졌다면) 우리는 조종과 조정에 무방비 상태라고 말한다. 즉 "인포그는 언제나 데이터 흐름에 무방비 상태여서 끊임없이 조절이 가능하게 개조됐다면 하이퍼 넛지가 지배하기에 완벽한 생물"이라는 것이다.(158) 또 이런 인포그를 공상과학 소설로 생각한다면 인간의 정서와 경험에 기반한 의사 결정법인 휴리스틱처럼, 공상과학 소설도 자본주의 시스템을 뒷받침하는 데 이용된다는 사실을 인식하는 것이 좋을 것이다.(카나반 Canavan 2015; 에순Eshun 2003) 아니면, 이런 질문을 해볼 수 있을 것이다. 공상과학 소설도 자본주의의 의제와 작동 방식을 비판하고 시민의 권한을 강화하면서 저항을 암시하는 데 이용될 수 있는가?

인공지능과 권력에 연관된 문제를 규정하고 분석하는 마르크스주의 방식은 자본주의에 저항하고 변형시키면서 전복할 방법이 있는지에 대한 질문으로 이어진다. 마르크스 이후 논의된 대부분의 질문처럼, 이 질문은 그 자체가 하나의 주제로 이 책의 범위를 벗어난다. 인공지능과 관련하여 비판이론에 주목하는 몇몇 학자들이 인공지능을 사회정의와 평등주의의 이상과 연관 짓고, 구조에 변화를 가져와 패권적 제도로부터 권력을 도로 거둬들일 가능성을 포착하고 있다는 점은 주목할 만하다.(맥퀼런 McQuillan 2019, 170) 그렇지만 인공지능을 저항이나 혁명의 도구로 생각하는 것은 인터넷에 대해 비슷한 희망과 주장이 있었다는 점을 감안하면, 상당한 도전에 직면할 가능성이 있다. 카스텔스(Castells 2001)와 다른 사람들이 언급했듯이 최초의 인터넷은 군·산업 복합체military-industrial complex로 탄생했으며, 이후 해커들이 이를 해방과 실험, 심지어 일종의 가상 공동체주의(현재는 자유주의가 실리콘 밸리에서 승리한 것처럼 보이긴 하지만) 공간으로 여겼다. 실제로 인터넷은 일종의 개방성을 가지고 좀 더 '수평적인' 권력 구조를 약속한다. 적어도 어느 정도는 노동과 사회계층을 재구성하기도 한다. 다이어 위데포드(2015)의 말에 따르면 기술 산업에 종사하는 사람들은 계층과 정확히 일치하지 않는다. 해커 윤리는 자본주의 패권에 저항할 가능성 때문에 힘을 실어주는 것처럼 보인다. 가령, 해커는 억압적이거나 착취적으로 보이는 기업이나 정부기관 웹 사이트에 지장을 줄 수 있다고, 카스텔스(2001, 139)는 말한다. 그렇지만 정보기술을 이용하고 개발하는 사람들은 대체로 기업과 군military에 우선순위로 부응한다는 비판도 있다.(다이어 위데포드 2015, 62~63) 인공지능도 그런 방향으로 가고 있어, 사회 변화의 도구가 아닌 억압 및 착취의 도구가 될 가능성이 있다고 많은 이들은 우려한다. 첨단 기술기업은 때로 인공지능의 민주화를 옹호하지만 동시에 인공지능의 힘을 제한하는 것을 꺼리고 외부의 개입을 받아들이지 않는다.(수드만Sudmann 2019, 25) 선언하는 것과 실제로 행하는 것 사이에는 언제나 긴장감이 있다. 많은 경우 인공지능 연구는 이상주의가 주도하지만 경쟁이 기업 내부를 지배하면, (수드만 2019, 24) 미국의 사례에서처럼 인공지능과 알고리즘이 사회적 불평등을 악화시키는 원인이 될 수 있다.(노블 2018) 결국, 인공지능이 등장하는 공상과학 시나리오는 지배적인 사회경제적 시스템인 자본주의에 문제를 제기하기보다는 유지하는 데 도움을 주는 듯하다. 하비(2019, 113)가 언급하고 있듯이, "(인터넷과 소셜 미디어 같은) 새로운 기술은 유토피아 사회주의 미래를 약속하지만, 다른 움직임이 없는 상태에서는 자본이 새로운 착취와 축적을 가져온다." 그럼에도 유럽의 경우, 인공지능 자본주의가 적어도 어느 정도는 민주주의 사회 윤리 및 정치 규범에 영향 받는 사회경제 시스템이 있다는 점에 주목하라.

푸코, 인공지능은 어떻게 인간을 종속시키고 주체로 만드는가?

권력에 대한 마르크스주의 견해 또는 권력은 중앙으로부터 행사되는 것이라는 관점에 모든 사람이 동의하는 것은 아니다. 푸코는 이 주제에 관한 영향력 있는 저술에서, 권력이란 (단순히) 권력을 휘두르는 통치자의 정치적 권위에 관한 것만이 아닌, 모든 사회적 관계와 제도 전반에 관련되어 있다고 주장했다. 푸코는 권력이론에서 그가 본 마르크스주의의 "경제주의"에 대해 비판적이었다.(푸코 1980, 88) 경제 권력이 권력의 전부가 아니라고 생각했기 때문이다. 권력은 "생산관계의 재생산"에 기여하면서 계급지배를 유지하는 것은 사실이지만, "훨씬 더 정교한 경로로" 다른 기능을 수행하기도 한다."(72) 이 장의 서두에서 이미 설명했듯이 푸코가 보는 권력은 경제 영역에 국한되기보다 사회 전반에 퍼져 있어, 다양한 맥락과 방식으로 개별 주체와 이들의 신체 내부로 침투한다. 푸코는 자아와 주체 또한 **만들어지는** 동시에 스스로 만들어 나가며, 이런 방식 역시 권력의 한 형태라고 생각한다. 이제 푸코의 관점에 대해 더 자세히 살펴보자.

규율과 감시

우선, 푸코는 권력이 규율과 감시의 형태로 온다고 주장했다. 『규율과 처벌Discipline and Punish』에서 그는 개인들이 근대의 규율 권력하에서 유순하고, 순종적이고, 유용한 신체로 만들어지면서 사물과 도구로 취급됐다고 말한다.(푸코 1977, 170) 이 틀을 바탕으로 본다면, 인공지능 기반의 소셜 미디어와 감시 기술 등을 통해서도 유순한 신체가 만들어진다고 할 수 있을 것이다. 소셜 미디어의 관심 경제attention economy는 우리로 하여금 모니터 화면을 스크롤링하고scrolling 클릭하는 기계로 만든다. 또 출입이 통제되는 공항과 또 다른 국경에서도 사람들이 감시를 받는다. 따라서 인공지능은 새로운 파놉티콘panopticon의 탄생에도 기여한다.(푸크스 외 Fuchs et al. 2012) 18세기 영국의 철학자였던 제러미 벤담이 고안한 파놉티콘은 본래 원형 감옥 안에 있는 중앙 전망대 형태의 감옥 건축 양식을 이르는 말이었다. 타워에서 간수는 모든 죄수를 볼 수 있어도, 죄수는 타워를 볼 수 없다. 이는 자신이 감시받고 있다는 사실을 결코 알지 못한다는 의미이다. 하나의 규율 개념으로써의 파놉티콘은 사람들이 감시당하는 사실 여부를 알지 못한 채, 마치 감시당하는 것처럼 행동한다는 것을 가리킨다. 일종의 자기 규제이자 "정치적 기술"로 보다 미묘한 통제 방식이다.(다우닝Downing 2008, 82~83) 푸코(1980)에게 파놉티콘의 원리는 권력이 행사되는 새로운 방식인데, "권력의 질서에 부합하는 기술의 발명"이었던 셈이다.(71) 푸코가 언급한 것은 벤담이 설계한 감옥이었지만, 오늘날에는 소셜 미디어가 활용되는 맥락의 경우 훨씬 알아차리기 어려운 방식으로 작동하는 파놉티콘에 인공지능이 기여한다. 푸코는 오늘날 데이터 과학에 기반한 거버넌스라고 불리는 것에 대해 일찍이 글을 쓴 적이 있다. 파놉티콘 원리 또한 관리와 데이터에 관한 것으로, 푸코가 말한 "통합 감시"로 이어진다. 이 방법은 초기에는 협소하게 사용되다가, 이후(18세기와 19세기) 경찰과 나폴레옹 행정부 등 국가 차원에서 활용됐다.

> 사람들은 서류 작성법과 평가 및 분류 체계, 개인 기록을 통합적으로 계산하는 법을 익혔다. (…) 그러나 학생과 환자를 쉬지 않고 감시하는 것은 다른 문제였다. 또 어느 순간부터 이 방법이 보편화되기 시작했다.(푸코 1980, 71)

오늘날 우리는 인공지능에 힘입어 이런 방법이 한층 더 보편화된 시대에 살고 있다. "알고리즘 거버넌스"(새트라 2020, 4)라 부르는 현재의 데이터 기반 거버넌스는 벤담이 고안한 파놉티콘과 유사한 방식으로 작동하지만, 이제는 모든 사회생활의 측면에 퍼져 있다는 사실에서 푸코(1977)가 말한 "규율사회"로 이어진다. 규율 권력은 "감시하기 좋은 단일 장소에서 행사되기보다 이동하면서 여러 장소에 퍼져 있는 일상생활의 내부 곳곳에" 영향을 미친다.(다우닝 2008, 83) 우리의 사회생활 전반에 스며들어 있는 소셜 미디어와 스마트폰 등을 매개로 인공지능과 데이터 과학이 이런 효과를 낸다. 이러한 현상은 자율성으로서의 자유, 민주주의, 자본주의와도 관련된다는 사실은 이미 앞에서 설명했다. 그렇지만 우리는 탈중심화된, 좀 더 작은 미세한 방식으로 권력이 작동한다는 사실 또한 푸코를 통해 이해할 수 있다. 소셜 미디어를 이용할 경우, 우리는 단순히 권위적인 기업의 수동적 피해자는 아니다. 개인들도 다른 이용자와 서로 소통하고 플랫폼을 상호 교차로 이용하면서 일종의 권력을 행사하기 때문이다. 다양한 형태의 개인 간(P2P) 감시와 알브레츨런트(Albrechtslund 2008)가 말하는 "자기 감시self-surveillance"와 "참여적" 감시도 있다. 이런 감시는 (집단 따돌림과 달리) 어쩔 수 없이 이용자에게 위해를 끼치기보다는 재미를 주고 심지어 힘을 실어줄 수도 있다. 낯선 사람과 교류하고, 우정을 쌓고, 행동할 기회를 엿보면서 이용자가 자신의 정체성을 구성하도록 하기 때문이다. 이러한 접근은 탈중심화된 수평적 권력에 대한 이해를 나타낸다. 권력의 미시적 메커니즘이라는 측면에서 인공지능을 이해하는 데도 활용될 수 있다.

그렇더라도 중앙에 권력이 집중되는 위계적 권력 형태는 계속해서 존재한다. 가령, 테러에 대응하는 경우 "누가 구금될지, 누가 교도소 밖 세상을 다시 볼 수 있는지 여부를 결정하는 긴급 사태"라는 통치성governmentality의 형태를 지원하는 데 인공지능이 활용될 수 있다.(버틀러 2004, 62) 보안이나 테러에 대응한다는 명목으로 정치 공동체 안팎에 있는 사람들에 관한 결정을 위임하는 방식으로, 인공지능이 국가 권력을 행사하는 데 이용되는, "알고리즘의 통치성"(루브루아Rouvroy 2013 다시 참조)의 일부 형태인 것이다. 유럽 연합의 자유 민주주의 국가들조차 국경 통제를 위해 점점 더 많은 인공지능을 활용하는 추세이다. 푸코의 독자라면 과거 시대의 유물로 여길 법한 통치성의 형태가, 이제는 인공지능과 데이터 과학의 영향으로 가능하게 되면서 21세기에 귀환한 셈이다. 코로나19(COVID-19) 전염병과 싸우기 위해 경찰의 감시와 격리, 검역 등 전통적 규율 조치들이 이용됐지만, 이제는 첨단 기술로 가능해졌다. 인공지능은 의료 영상 기술로 병을 진단하고 치료제와 백신을 개발하는 데 도움을 주기도 하지만, 개인 간 접촉을 추적하고 수집 가능한 데이터를 활용해 바이러스 확산을 예측하는 데도 이용될 수 있다. 스마트폰이나 스마트 밴드를 활용해 자택 격리 중인 환자를 추적하고 감시하는 데도 쓰일 수 있다. 즉, 인공지능은 감시를, 그것도 매우 수직적인 하향식 감시를 지원한다. 팬데믹이라는 '한 가지' 문제만 터졌을 뿐인데, 이런 풍경이 펼쳐졌다. 인공지능은 드론과 중증도 분류체계에도 활용되어 전에 보지 못한 새로운 형태의 감시와 생명을 죽이고 죽게 내버려 두는 생명정치를 가능하게 하는 새로운 도구가 된 것이다.(리버로Rivero 2020) 그런데 오늘날 대부분의 감시는 정치적 권위자(빅 브라더)와 관련된 문제이기보다는, 공식적인 정치제도 밖에서 사회 전체에 걸쳐 일어난다는 점에서 푸코의 관점을 강조할 필요가 있다. 다시 말해 이제는 인공지능이 모든 것을 "보는" 것은 물론이고, 이른바 "후각 감시odorveillance"라는 말이 있듯이 모든 낌새를 "감지"한다.(리저 2019, 145)

실제로 이런 일이 일어난다면, 국가 권력 외에 누가 새로운 권력을 차지할까? 이전과 다른 새로운 중앙 권력이 나온다면, 사람일까 아니면 사람 외의 것일까? 한 가지 대답은 기업인데, 특히 첨단 기술기업이다. 벨리스(Véliz 2020)는 첨단 기술기업과 정치인들이 우리의 데이터를 수집하여 지식을 권력으로 바꾼다고 말한다. 여기서 권력은 한쪽으로 기울 수밖에 없다. "그들은 우리에 대해 거의 모든 것을 알고 있기"(86) 때문이다. 인공지능 덕분에 감시와 조종이 가능하지만, 문제는 이미 데이터 수집 자체에 있다. 벨리스는 기술tech을 하드 파워hard power와 소프트 파워soft power로 구분한다. 하드 파워는 허가를 거부하는 등 우리가 반대하더라도 데이터를 가져가는 것을 말한다.(55) 이와 달리 소프트 파워는 종종 조작하면서 다양한 방식으로 작동한다. "소프트 파워는 우리가 자신의 이익을 위한 척하면서 다른 사람의 이익을 위해 무언가를 하게 만든다. 의지가 자기 자신을 거스르게 하는 것이다. 우리는 소프트 파워의 영향으로 최상의 이익을 해치는 행동을 한다."(58~59) 벨리스는 우리가 페이스북 뉴스 피드를 아래로 스크롤링하는 모습을 예시로 든다. 우리가 빠져드는 것은 무언가를 놓치고 있다는 두려움('포모증후군' - 옮긴이) 때문인데 의도적인 것도 있다. 무언가에 이끌리는 관심은 우리가 얻을 최선의 이익에 반한다.(59) 바로 우리가 컴퓨터와 스마트폰을 사용할 때 일어나는 일이다. 하지만 소프트 파워를 행사하는 데 개인용 로봇과 디지털 단말기 같은 장치가 이용되기도 한다.

지식과 권력, 주체와 자아를 형성하고 만든다는 것

둘째, 인공지능과 데이터 과학은 단지 규율과 감시를 할 수 있다는 의미에서만 강력한 도구가 아니다. 새로운 지식을 생산하고 정체성을 함께 정의하기도 한다. 푸코는 『규율과 처벌』 이후 자신의 거의 모든 글에서 지식은 권력의 도구이며, 권력은 지식과 새로운 주체를 낳는다고 주장했다. 구글은 우리의 데이터로 힘을 얻는데 여기서 그치지 않는다. 즉 "구글은 내 개인 데이터를 활용하여 나에 관한 지식으로 간주되는 것을 결정할 권한이 있다."(벨리스 2020, 51~52) 따라서 기술기업은 단순히 우리에게 영향을 미치는 것만이 아니라 인간 주체로 구성하기까지 한다. 욕망(스크롤하고 싶은 욕망 등)을 갖게 하고, 세상에서 서로 다른 존재 방식을 가진 상이한 존재로 만든다.(벨리스 2020, 52) 심지어 인문학에도 이런 기술이 이용된다. 이 또한 새로운 형태의 지식과 권력을 야기한다. 지식의 경우 알고리즘에 의한 담론 분석으로 인간의 의도와 생각을 건너뛰는 비인류발생론적non-anthropogenic 방식으로 생성된다.

데이터 마이닝mining(대규모 자료를 바탕으로 새로운 정보를 찾아내는 것-옮긴이)과 텍스트 마이닝은 의도적인 질문을 통해 반드시 다 추출해 낼 수 없는 지식의 패턴과 형태를 볼 수 있게 한다. 여기서 인간의 지능은 과학적 자기도취에 빠져 진정한 활동 분야로 간주하는 모든 것(사물의 정리 및 분류, 유사성 식별, 계보 생성)을 알고리즘에게 맡긴다.(리저Rieger 2019, 144)

푸코(1980)가 보는 개인의 정체성은 권력의 산물이다. 즉 "특유의 정체성을 지닌 개인은 욕망과 힘에 따라 다양성을 지니는 신체에 대해 행사되는 권력 관계의 산물이다."(74) 오늘날에는 보다 '수평적' 사회구조와 함께 소셜 미디어를 이용하는 과정에서도 개인 정체성이 형성된다. 여기서 우리는 정부와 기업 같은 위계적 권력 기관만이 아닌 동료에게, 종국에는 자기 자신에게 감시되고 규율된다. 자신도 모르게 신체에 공을 들이고 자아 및 정체성을 형성하고 있는 것이다. 우리가 소셜 미디어상에서 다른 사람과 교류하면, 이를 인공지능이 분석하고 분류한다. 그로 인해 우리는 자본주의의 통치성과 생명 권력bio-power(푸코의 용어로 규율제도를 통한 신체 통제를 의미 – 옮긴이)의 피해자가 되는 것은 물론이고, 주관성을 스스로 규율하고 수량화하며 만들어내기까지 한다. 푸코가 보는 규율된 신체는 사회의 모든 곳에서 발견된다. 디지털 미디어와 인공지능은 전적으로 이런 사회의 일부분으로 존재한다.

　신체에 대한 강조는 버틀러의 여성주의 글 등에 계속해서 등장하면서, 주체가 규율되어 만들어진다는 푸코의 접근방식을 매우 구체적이면서도 항상 사회적 차원까지 연결되도록 만든다. 푸코(1980, 58)는 사회마다 다른 신체가 필요하다고 주장했다. 18세기부터 20세기 중반까지 학교, 병원, 공장, 가족 등의 규율 체제는 신체에 많은 권력을 부여했다. 하지만 이후에는 더 교묘한 형태로 신체에 대해 권력이 행사됐다. 오늘날에는 인공지능과 다른 디지털 기술에 의한 규율을 통해 어떠한 신체가 필요하고 만들어지는지 물을 수 있다. 또 이런 기술을 가능하게 하는 이전과 다른 교묘한 형태의 권력과 덜 교묘한 권력이란 무엇인지도 질문할 수 있다. 오늘날의 ‘인공지능 사회’는 스마트폰과 또 다른 기기와의 상호작용을 통해, 데이터와 숫자를 전달할 수 있도록 **데이터화되고** 수량화되어 이동이 가능한(불가능한) 신체를 필요로 하는 듯하다. 우리 몸에 행사되는 훨씬 더 부드럽고 눈에 잘 띄지 않지만 널리 퍼져 있는 권력이다. 따라서 규율과 권력, 주체성 측면에서 인공지능이 우리에게 하는 일은 단지 ‘정신’ 작용이나 인지만의 문제가 아니다. ‘인지’의 경우 체화되지 않는 완전한 비물질이지만 신체적으로도 영향을 미친다. 하지만 오늘날 인지과학(바렐라·톰슨·로슈Varela, Thompson, and Rosch 1991)의 교훈을 고려할 때, 논의할 만한 인지는 모두 체화된 인지라 할 수 있다. 우리의 생각과 경험은 신체에 좌우된다. 신체가 인지 과정에서 적극적인 역할을 하기 때문이다. 포스트휴머니즘(해러웨이 등, 다음 장 참조)에서 통찰력을 얻는다면, 신체 또한 그냥 생물학적 신체가 아니다. 그 자체로 물질과 연결되고 통합되기도 하며 '사이보그'의 특징을 가진 것으로 받아들여진다. 같은 의미에서 비물질 노동이 이루어진다는 일부 마르크스주의 학자들의 주장은 오해의 소지가 있다. 즉, 우리의 몸과 마음이 하는 일은 우리가 사용하는 물질 기술과 매우 밀접하게 연관되어 있으며, 신체와 건강과 웰빙에 미치는 영향을 포함하여 매우 물리적인 결과를 초래하기도 한다. 인공지능 기반 스마트폰과 스마트폰 앱 사용 등을 통해 우리 스스로 규율하고 규율 받고 자아 및 주체성을 형성할 때, 근육과 눈 등에 영향을 미치는 것은 물론이고 스트레스, 부정적 정서, 수면 장애, 우울증, 중독을 유발할 수 있다. 이 경우, 인공지능이 소프트웨어와 데이터베이스 형태를 띤다는 점에서 '가상적'이거나 '비물질적'일 수 있지만, 그 사용 및 효과는 몸과 마음을 포함하여 물질적이고 신체적이다. 마르크스의 흡혈귀 은유를 가져오면, 감시 자본주의는 **산 노동의 피를 빨아먹는다.**

그렇지만 권력과 주체, 몸, 지식의 산물은 그 자체로 반드시 나쁜 것은 아니며 필연적으로 폭력적이거나 억압적인 경우도 없다. 푸코는 권력과 강제력이 물리적이지만 반드시 폭력적이지 않은 미묘한 방식으로 행사될 수도 있다고 주장했다.(호프만Hoffmann

2014, 58) 모든 것은 행해지는 방식과 결과에 달려 있다. 권력은 무엇을 생산하며, 기술은 어떠한 물리적 힘을 만들어내는가?

권력에 대한 푸코의 생산적 접근방식에 대해 좀 더 자세히 설명해보면, 자아의 강력한 기술적 형성에 대한 아이디어는 푸코의 후기 연구에서 그 근거를 찾을 수 있다. 여기서 푸코는 "자아에 대한 기술technologies of the self"을 적용하여 고대 그리스와 기독교의 자기 변형에 관한 글을 썼다. 여기서 자기 변형은 인간이 스스로에 대한 지식을 향상시키는 법 가운데 하나이다. 자아에 대한 기술은 다음과 같다.

> 개인들이 자신만의 수단으로 또는 다른 사람의 도움을 받아 자신의 몸과 영혼, 생각, 행위, 존재 방식에 일정 수로 작동하게 해서 영향을 미치게 허용하여 특정한 행복, 순수함, 지혜, 완벽함, 즉 불멸의 상태를 얻기 위해 스스로를 변화시키려는 것이다.(푸코 1988, 18)

푸코는 이러한 '기술'을 물질로 보지 않고 생산 기술과도 구별한다. 그는 "자아에 대한 해석학"과 그리스·로마 철학과 기독교의 영성 및 실천에서 자기 자신을 돌보는self-care 미덕과 실천에도 관심이 있었다.(19) 그런데 현대 기술철학의 관점에서 푸코의 주장을 수정하면, 자기를 돌보고 구성하면서 미덕을 갖게 하는 글쓰기를 자아에 대한 물질적 기술로 볼 수 있다. 고대 철학자, 가톨릭 수도사, 인문학자들이 자신에 대해 글을 쓸 때에는 스스로에 대해 관심을 기울이는 동시에 권력을 행사했다. 그렇다면 자기 자신을 감시하고, 추적하고, 돌보고, 규율하게 하는 인공지능 같은 기술이 "자아에 대한 기술"로 활용된다고 주장할 수 있을 것이다. 다른 사람에 의한 지배와 규율(이것이 여전히 사실일지도 모르지만, 마르크스의 분석과 초기의 푸코를 다시 생각해보라)뿐만 아니라, 일종의 **자기 자신에 대한 권력** 행사에도 이 기술이 활용될 수 있는 것이다. 섭식과 신체 운동을 규율하는 건강 앱이나 명상 앱을 생각해보라. 이런 앱들은 자기 자신을 돌보는 일에 활용된다. 하지만 동시에 자아, 영혼, 신체에 대한 권력 행사를 수반하는데, 이것이 특정한 자기 지식(자기 수량화 등)으로 이어지고 물리적 힘을 수반하며 특정한 주체와 몸을 구성하기도 한다. 여기서 권력은 기존의 것들을 제약하기보다 무언가(자아, 주체, 몸)를 존재하게 하므로 생산적이다. 제약이 아니라 허용한다는 의미이다. 실제로 자기를 구성하는 행위 안에서 인공지능이 활용될 수 있다. 그런 다음 어떠한 자아와 주체를 인공지능이 만들어내는지에 대한 질문 뿐만 아니라, 자기 자신을 돌보고 또 실천하는 것이 어떻게 관련되는지에 대한 비판적 질문이 제기되어야 한다. 기술 자체에는 이 같은 힘을 갖고 있지 않지만, 자기 자신을 돌보고 규율하는 등의 실제 행위에 인공지능 기술이 활용될 수 있기 때문이다. 그런데 인공지능 기술은 특정한 자기 모습을 형성하는 데 영향을 미친다. 예컨대, 인공지능과 데이터 과학은 실제로 자기 자신을 추적하는 행위로 '수량화된 자아'를 낳는데, 이 또한 숫자 형태를 띠고 있는 특정 지식을 생산한다고 할 수 있다.

　이러한 자기 만들기making of the self는 주디스 버틀러의 연구를 인용하면 더 많은 이론화가 가능하다. 푸코와 마찬가지로 버틀러 역시 권력을 생산적인 것으로 본다. 하지만 그녀에게는 자아를 **수행적**으로 구성하는 것이 권력이다. 그녀는 발화 행위의 일부가 어떻게 작동하는지에 대한 오스틴(Austin 1962)의 설명에 의거하여, 자아 및 정체성(젠더 정체성 등)은 본질이기보다 수행적으로 구성된다고 주장한다.(버틀러 1988) 즉, 젠더는 일종의 수행performance이다.(버틀러 1999) 여기서 자아와 정체성은 고정되지도, 가정되지도 않는다.(로아지두Loizidou 2007, 37) 따라서 버틀러는 권력에는 복종(예를 들면, 훈육으로서)만이 있는 게 아니라 주체되기(주체화 등)도 있다고 주장하여, 푸코와 같은 주장을 하게 된다. 그렇지만 그녀는 권력이 실제로 작동하는 수행적 차원을 강조하는 자신의 설명이 푸코의 것보다 덜 수동적으로 만든다고 주장한다.(버틀러 1989) 주체를 구성하는 행위가 바로 권력인 것이다. 즉 타인만이 우리를 어떤 사람으로 만드는 것이 아니라, 말을 하는 등의 행위로 우리는 스스로를 어떤 모습으로 만들어가기도 한다. 따라서 수행성은 버틀러(1993)가 이를 단 한번의 행위가 아닌 반복적인 실천으로 이해했듯이 시간의 문제이기도 하다. 즉 "수행성은 단 한 차례의 의도적 '행위'라기보다는, 대상에 붙여진 이름이 담론의 효과를 낳는 반복적인 인용구처럼 되풀이되는 실천으로 이해되어야 한다."(2) 이 주장은 바로 자기 자신을 돌보는 실천에 관해 이야기하는 푸코의 견해와 일치하는 것일 수 있다. 부르디외(1990)에게 영감을 받아 다음과 같이 덧붙일 수도 있을 것이다. 자기 구성은 **아비투스**habitus(지각, 평가, 행위의 무의식적인 성향 체계이자 인식 및 인정의 실천 원리 등 - 옮긴이)의 문제이다. 즉 자아는 우리 자신에 대한 습관적인 수행적 힘의 작동을 통해 구성된다.

　　하지만 버틀러의 수행성과 정치 개념(버틀러 1997)은 여전히 언어에 초점을 맞추고 있다. 그녀 역시 푸코와 마찬가지로 담론을 강조한다. 여기에 우리는 자아, 정체성, 젠더가 언어만이 아니라 기술 측면의 실천을 통해서도 만들어지고 수행된다는 생각을 추가할 필요가 있다. 글쓰기와 함께 다른 기술적 실천, 즉 소셜 미디어 같은 2.0웹기술(바카르지에바·가덴Bakardjieva and Gaden 2011) 뿐만 아니라 인공지능 같은 기술도 해당된다. 인공지능을 통한 자아의 구성은 당연히 언어적 측면도 있다. 하지만 앞서 말했듯이 '수량화된 자아'가 만들어질 때와 같이, 이 또한 매우 기술적이고 물질적이다. 더구나 언제나 사회적 문제가 되기도 한다. 이 과정에서 자기 자신은 물론이고 타인의 모습까지 드러난다. 예컨대, 달리기 앱과 다른 웨어러블wearable 기기로 자가 추적self-tracking 기술을 활용할 경우, 타인은 조사 대상이 되고 경쟁자가 된다.(가리브엘스·코켈버그Gabriels and Coeckelbergh 2019)

　자기를 돌보면서 자기 모습을 형성하는 이 기술적 방식은 적어도 두 가지 문제를 야기한다. 하나는 자기 자신과 타인에 대한 수량화가 자신이나 타인이 디지털 정보의 집합체로 축소될 수 있다고 오도할 수 있다. 즉, 디지털 자아가 실제 자아라고(데이터화 다시 참조) 오해할 소지가 있다는 것이다. 그렇지 않다면, 적어도 문제가 되는 것은 디지털 자아나 타인이 디지털에 기반하지 않은 자아나 타인보다 **더** 자기다운 것이라고 오도하는 일이다. 이 후자의 가정은 업로드를 통한 불멸과 부활에 대한 적어도 하나의 트랜스휴머니즘 환상에서 작동하는 듯하다. 커즈와일Kurzweil은 사망한 그의 아버지의 디지털 버전을 기계 학습이 재구성하여 아버지의 아바타와 대화할 수 있을 거라고 상상하면서 다음과 같이 말했다. "아버지와 이야기하는 것처럼 매우 현실적으로 느껴질 겁니다." 실제로 "그렇게 될 경우 살아 있을 때보다 더 아버지다울지도 모릅니다."(버먼Berman 2011) 안드레비치(Andrejevic 2020)는 이 말을 비판하면서 커즈와일이 자기(와 타인)에 대한 이상화된 이미지와 실재 주체보다 더 견고하고 일관된 이미지를 만들어내는 것을 목표로 하고 있다고 주장했다. 하지만 실제 주체는 항상 "차이와 모순으로 구성"되므로 완전한 자아와 주체를 목표로 하는 모든 시도는 "소멸시키려는 시도에 해당한다."(1) 정신적 생산물의 자동화와 그에 필요한 관련 있는 인간의 지능 역시 주체를 재구성함으로써 제거하려 한다. 즉, 동기와 의도와 욕구를 작업에서 추상적인 것으로 만들어 "주관성을 가진 성찰적인 사람"을 회피한다.(5) 이는 인간의 판단과 사고를 건너뛰는 것은 물론이고, 아렌트도 동의했듯이 인간 주체가 성가시게 방해되는 것까지는 아니더라도 더 이상 필요치 않음을 의미한다. 자동화된 주체에 대한 환상이 "예측할 수도, 감당할 수도 없고 그외에도 통제와 관리, 거버넌스 시스템을 위협하는 비이성적 방식으로" 현실 세계의 실제 주체에 의해 도전받고, 원활하게 마찰 없이 돌아가는 자동화된 사회의 방해를 받는 것처럼,(2) 업로드된 자아에 대한 **환상은 더 이상 자아나 주체가 아닌** 디지털 아바타를 만들어내려 애쓴다. 이 또한 소셜 미디어와 인공지능에 힘입어 자신과 타인의 모습을 드러내려고 할 때 문제가 된다. 즉, 우리는 자신과 타인을 더 이상 개인과 자아, 즉 주체가 아닌 **무언가**로 아마 아바타로 모습을 드러내려 한다면 문제가 될 수 있을 것이다. 또한 쿨드리와 메지아스(2019, 171)가 헤겔의 주장을 가져와 지적하듯이, 매개되는 것 자체는 문제가 되지 않으나 스스로에 대한 성찰이 사라지고 자기 자신과 함께할 공간이 없는 삶은 자유로운 삶이 아니다.

나아가 자기의 모습을 드러내는 이 모든 행위는 지치고 잠재적으로는 착취적이다.(자기 착취도 문제가 될 수 있다.) 이제 푸코의 규율사회에서 한병철(Han 2015)이 말하는 "성과 사회"로 이동해 보면,(8) 독자 여러분은 이미 2장에서 자본주의가 수행할 명령을 내면화하면서 기계로의 대체를 두려워하는 불안한 자아를 야기하는 것을 목격했다. 한병철은 금지와 명령이 현대사회에서는 "프로젝트, 주도권, 동기부여"로 대체된다고 주장한다.(9) 규율 사회는 광인과 범죄자를 낳는 데 반해, "성과 사회는 우울증 환자와 낙오자를 만들어낸다."(9) 우울증을 앓고 있는 사람들은 자기 자신이 되는 것에 힘들어한다. 무엇보다도 사람들은 일을 수행하고 완수해야 하는 상황에서 스스로를 착취한다. 이들은 기계가 된다. 하지만 착취자와 피착취자가 같으므로, 여기서 저항하는 일은 불가능한 것처럼 보인다. 즉 "과도한 업무와 성과는 자동 착취로 확대된다."(11) 우울증은 "성과 주체chievement-subject가 **할 수 있는 것을 더 이상 할 수 없을 때** 생긴다."("nicht mehr konnen kann" 10; 한병철의 독일어본 강조) 마르크스주의 분석과 연관 짓는다면, 자본주의 체제는 이러한 자기 착취를 요구한다. 자본가의 관점에서 보면, 사람들이 일의 성과를 충분히 올리지 못하고 스스로가 만족할 만큼 향상되지 못할 때, 자신만을 탓하는 것처럼 보이기 때문에 멋진 시스템이 아닐 수 없다. 심지어 우리는 사적 영역에서조차 끊임없이 자기 향상을 위해 분투해야 한다고 생각한다. 인공지능과 관련 기술은 업무 성과를 높이는 데 사용되지만 스스로를 향상시키는 데도 **더 이상 가능하지 않을** 때까지 활용한다. 심지어 자기 자신을 구성하는 일조차 더 이상 성과를 낼 수 없을 정도로 지칠 때까지 모니터링하고 분석하여, 끌어 올리는 기술에 의해 부추겨지는 성취 문제가 되었다. 자기 향상을 위해 적절한 앱을 활용하고 더 많은 노력을 기울여야 했는데 그렇지 못한 책임이 오로지 자기 자신한테 있는 듯하기 때문에, 그러한 권력과 통치성 시스템에 저항하기는 쉽지 않다. 우울증에 빠지거나 지친다면 자신의 잘못이며 성취에도 실패한 것이나 다름없다.

그런데 원칙적으로 자아에 대한 여러 기술과 다양하게 자기 자신을 점진적으로 변화시키는 것은 가능하다. 생산적 관점에서 지식과 자아를 구성하는 데 권력이 영향을 미친다는 푸코의 이론적 틀은 타인에게도 권한을 부여할 가능성을 열어 둔다. 그렇지 않고 수행적 측면에서 보면, 자아에 대한 다양한 수행이 가능하다. 수행 및 기술에 관한 연구에서는 인공지능의 이해 및 평가를 위한 수행 중심적 권력 관점의 가능성을 제안하고 있는데, 이 내용을 살펴보기로 한다.

기술수행과 권력, 그리고 인공지능

앞서 살펴봤듯이, 버틀러는 자기에 대한 구성을 개념화하기 위해 '수행'이라는 용어를 사용한다. 하지만 기술 사용을 개념화하고, 기술이 우리를 지배하는 방식을 강조하는 동시에, 개인 수행과 정치적 맥락 간의 연관성을 드러내기 위해서도 이 용어를 사용할 수 있다.(코켈버그 2019b; 2019c) 여기서 기술과 수행을 연결하는 목적은 단순히 예술 공연에 디지털 기술이 활용된다는 것을 말하려는 게 아니라,(딕슨Dixon 2007) 수행이 기술에 대해 사유하는 은유이자 개념으로 활용될 수 있다는 데 있다. 이 접근방식은 권력과 관련하여 기술이 주체에게 더 많은 권한을 부여하고 권력의 측면에서 어떤 일이 일어나는지 설명하고 평가할 수 있게 한다. 그래서 나는 기술이 우리를 **감독하고 안무한다**고 말한다.(코켈버그 2019b) 기술은 우리가 "기술수행technoperformances"(코켈버그 2019c)에 참여함에 따라 점점 더 주도적이고 조직화하는 역할을 맡는다. 여기에는 우리가 기술로만 수행하는 것이 아닌 "기술도 우리와 함께 수행한다"는 의미가 들어 있다. 인간이 부재하기보다는 기술과 함께 공동으로 수행하고, 지휘하며, 안무한다. 도리어 기술은 수행을 구체화하기도 한다. 따라서 문제는 기술을 가지고 우리가 어떤 연극과 안무 등을 만들어내고 싶어 하느냐이다. 또, 이 같은 공연에서 우리가 어떤 역할은 맡느냐 하는 것이다.(코켈버그 2019b, 155) 인공지능은 인간이 권력을 행사하는 데 이용되는 도구일 뿐만 아니라, 의도하지 않은 영향까지 미친다고 다시 한 번 이 접근방식에 기반하여 주장할 수도 있을 것이다. 이 영향 가운데 하나는 다음과 같이 설명될 수 있다. 자율주행 자동차, 로봇, 인터넷에서 작동하는 알고리즘 같은 형태로 인공지능에 더 많은 권한이 부여된다면, 오히려 의도하지 않은 인공지능의 영향이 더욱 확산되면서 우리의 동작, 말, 감정, 사회생활의 안무가와 감독 등이 될 것이다. 인공지능은 단순히 도구나 사물이 아닌, 우리가 일하는 방식을 체계화한다. 거듭 말하지만, 그렇다고 인간이 관여하지 않거나 책임이 없다는 뜻은 아니다. 오히려 우리가 하는 일과 일하는 방법을 구체화한다는 점에서, 인공지능은 도구 이상의 역할을 한다는 의미이다. 즉, 인공지능은 우리가 하는 수행을 체계화하고 힘의 장field of forces과의 강력한 관계를 변화시키는 힘을 가지고 있다.

'수행'이란 용어를 인공지능과 관련하여 사용하면 권력과 관계되는 기술 사용의 여러 차원을 이끌어낼 수도 있다. 첫째, 인공지능의 사용이 언제나 공동으로 수행하는 사회적인 일이라고 말할 수 있게 한다. 인간이 사회적 맥락에서 서로 교류하고 영향을 미치면서 관여하는 일이라는 것이다. 이 때문에 정치적 맥락에서도 인공지능의 사용은 수행과 관련된다. 또한 인공지능의 사용에 반응하는 '수용자'를 포함하기도 한다. 푸코가 언급했듯이 권력이 항상 만연해 있는 사회적 환경에 인공지능이 놓여 있다고 할 수 있다. 첨단 기술기업의 경우, 이 기업들이 하는 일에 반응하는 이용자이자 시민으로서의 수용자를 포함하는 사회정치적 맥락 속에서 인공지능을 사용한다. 여기서 '수용자'는 또한 권력관계의 일부로 권력을 가진다. 둘째, 인공지능의 사용을 수행으로 개념화한다면, 이 또한 신체와 관련된다는 의미이다. 앞서 언급했듯이, 인공지능이 소프트웨어와 같은 '비물질적' 또는 '가상적' 형태로 제공된다는 것은 권력의 영향이 신체에 미치지 않음을 의미하지는 않는다. 모든 수행이 그렇듯이 기술수행은 인간의 몸을 수반한다. 신체에 관심을 가진 푸코와 버틀러의 주장과도 일맥상통하고 있지만, 몸의 개념을 담론, 지식, 정체성에만 한정하지 않는다. 여기서 권력이 작동하는 방식은 말 그대로 몸이 움직이는 **동작**에 관한 것이기도 하다. 나는 스마트폰 앱을 통해 인공지능을 이용할 때 몸과는 별개로 '정신'이나 '인지' 기능만을 사용하는 이용자는 아니다. 물론 내 몸과 손이 계속 움직이고 있어도 내 몸 일부는 움직이지 않을 수 있다. 이는 바로 인공지능과 그 설계자들이 이 기기와 앱을 특정한 방식으로 작동하게, 필요한 동작을 안무하여 나와 내 몸에 권력을 행사하는 까닭에 그렇다. 셋째, 수행 개념은 시간 측면도 포함한다. 인공지능이 우리의 시간 경험을 구체화하고 매일의 스토리와 삶을 구성한다는 점에서, 인공지능과 이를 통한 기술권력technopower의 행사는 시간 속에서 발생하며 시간을 구성하기까지 한다. 자주 스마트폰을 손에 쥐고 메시지와 추천을 확인하는 행위가 대표적일 것이다. 이러한 행위는 우리의 일상 일부가 된다. 이 점에서 인공지능은 내 시간을 정의하는 힘을 가지고 있다. 그러면 데이터의 수집 및 분석을 통해 내 스토리는 인공지능이 만들어낸 통계적 범주 안에서 프로필로 구성된다. 이런 일은 개인 수준을 넘어 문화적, 사회적 수준에서 일어난다. 우리 시대는 인공지능의 시대이며, 인공지능은 인간 사회의 서사를 형성한다.

이 접근방식은 푸코의 무용 및 공연 이론을 포함하여 푸코의 사상을 떠올리게 한다. 코젤(Kozel 2007)은 맥킨지(McKenzie 2001, 19)가 말하는 "수행적 권력 메커니즘"에 대한 주장을 펼치기 위해 권력과 지식을 언급한다. 수행은 "시간성과 네트워크, 그리고 모든 신체에 걸쳐 분산되어 있는" 것으로 간주된다.(코젤 2007, 70) 권력도 그렇다고 덧붙일 수 있을 것이다. 즉, 기술수행의 권력은, 또 그 내부에 있는 권력도 마찬가지로 시간성과 네트워크, 신체들에 걸쳐 분산된다. 우리 시대를 인공지능이 (특정한 방식으로) 만들어낼 힘이 있다는 권력에 대한 '생산적' 관점 또한 다시 만난다. 인공지능을 수반하는 기술수행은 우리를 규율하면서 감시하에 두는 것은 물론이고, 새로운 정체성을 가진 주체이자 시민으로 구성하는 푸코와 버틀러(1988)의 주장과도 일치한다. 기술수행은 특정한 자아와 주체성을 만들어내기도 한다. 인공지능의 활용으로 특정한 방식으로 자신을 이해하게 된다. 이는 서사적 용어나 다른 방법으로 이해될 수 있다. 일례로, 이 기술수행을 통해 네트워크화된 자기감sense of self(파파차리시Papacharissi 2011)이나 내가 일찍이 제안한 대로 데이터화된 자기감을 얻을 수도 있을 것이다. 체니 리폴드(Cheney-Lippold 2017)는 알고리즘과 구글 및 페이스북처럼 알고리즘을 채택하는 기업들이 데이터를 활용하여 우리의 세계와 정체성을 구성한다고 주장한다. 이러한 의미에서, 또 체니 리폴드의 책 제목이 말해주듯이 "우리는 데이터다we are data." 그러므로 우리는 점점 더 데이터를 신뢰한다. 비판이론의 관점에서 한 가지 지적하면, 페이스북처럼 우리의 데이터를 수익 창출로 연결 짓는 비즈니스 모델을 가진 기업에게는 이것이 매우 유용하다는 사실이다. 우리는 데이터 소비자이자 동시에 생산자이다. 다시 말해, 우리는 퓨크스와 공동 저자들(Fuchs and coauthors 2012, 57)이 말하는 이용자들의 관심사를 식별해내고 분류한 다음 표적화된 광고를 가능하게 해주는, 이른바 모든 것이 한꺼번에 보이는 "파놉티콘식 분류기"를 활용하여 우리를 착취하는 이 기업들을 위해 일한다. 그런데도 세상과 자아의 구성(그리고 이와 관련된 착취)이 그저 우리에게 우연히 일어나는 무언가가 아니라는 사실을 덧붙일 수 있을 것이다. 인공지능과 함께하는 기술수행은 우리가 기술과 맺는 관계에 따라 발전하는 능동적인 과정이자 인간 노력의 결과물이다. 다른 사람이나 인공지능 알고리즘이 단지 우리를 데이터로 만드는 것에서만 그치지 않는다는 말이다. 우리는 기술을 활용하는 수행을 통해 소셜 미디어와 다른 곳에서 기술수행적으로 자기 자신을 구성함으로써 **우리 또한 스스로를 데이터로 만든다.** 따라서 우리는 스스로를 구성하는 동시에 자신을 착취하는 데 기여한다.

기술수행의 관점에서 기술을 보는 것은 기술을 활동으로 보는 기술 개념과 맥을 같이 한다. 이런 개념을 통해 기술의 사회적, 정치적 차원을 들여다볼 수 있다.(리옹Lyon 1994) 기술이 인공물과 사물에 관한 것이라는 것은 확실하다. 그렇더라도 정치적 차원을 살펴보기 위해서는 인간에게 쓰이는 기술의 용도와 역할, 나아가 기술과 인간이 사회적(그리고 지식) 맥락에서 공존하는 방식을 살펴볼 필요가 있다. 기술을 활동과 수행으로 보는 것도 언제나 인간이 관련되어 있다는 사실을 다시 한번 강조할 수 있게 한다. 인간의 지각과 행동을 기술이 함께 형성한다(전자레인지가 우리의 식습관을 형성하고, 초음파 기술이 우리가 임신을 경험하는 방식을 형성하는 일 등)는 의미에서 기술이 일을 "한다"고 공언하는 것은 틀리지 않다는 것이 후기 현상학 같은 현대 기술철학의 관점(베어벡Verbeek 2005)이지만, 마찬가지로 기술이 하는 일도 늘 인간을 수반한다. 다음 장에서는 포스트휴머니즘적 관점을 고려하면서 이 점에 대해 다시 살펴볼 예정이다.

마지막으로, 인간은 끊임없이 사회적이고 신체적인 시간 수행을 함께 감독하고 형성하여 권력이 행사되고 순환하는 데에 참여한다는 점을 감안하면, **어떤** 사람이 기술수행을 (함께) 안무하고 늘 자발적으로 이 수행에 참여하는지 여부를 묻지 않을 수 없다. 파르비아이넨(Parviainen 2010)은 누가 우리를 안무하고 있는지 묻는다. 예컨대, 첨단 기술기업은 우리의 앱과 기기에 내장된 인공지능을 통해 우리를 안무한다고 할 수 있다. 그리고 점점 더 우리가 하는 일을 설계하고 우리의 스토리를 형성한다고 주장할 수 있을 것이다. 하지만 이러한 수행과 스토리에 참여하는 것이 자발적 행위로 보기는 어렵다. 우리 대부분이 이 상황을 인식하지 못하는 것은 물론이고 설득력을 갖도록 기술이 설계되었기 때문이다. 따라서 기술수행이 언제나 더 넓은 사회적, 정치적 맥락과 연결되어 있다면, 누가 인공지능의 수행(사용과 개발 모두에)에 참여할 수 있게 **허락**되는지, 즉 누가 포함되고 누가 배제되는지, 그리고 어떤 조건으로 참여하는지 묻는 것은 중요하다.

우선, 대다수의 사람들은 이용 동의와 관련하여 허위pseudo 선택(비에티Bietti 2020)을 받는 것은 물론이고, 인공지능의 개발 방향 및 사용 방식의 결정에 대해서도 배제된다. 이 때문에 우리는 첨단 기술기업의 영향 아래에 있다고 할 수 있다. 정부조차 기술 부문이 제공하는 것을 받아들이는 경우가 많아, 규제를 최소화하는 국가도 많다. 수행 중심의 관점에서 다음과 같은 중요한 질문을 할 수 있다. 수행에서는 누가 배우이고 안무가인가? 연기와 안무에서 누가 배제되는가? 다른 사람보다 더 많은 권력을 가진 배우 및 안무가는 누구인가? 또 완전한 통제를 피하기 위한 전략은 개발될 수 있는가? 이 질문들은 또다시 민주주의에 대한 논의와도 관련된다.

둘째, 인공지능 수행은 통치 정치학과 연결되어 있다는 의미에서 고도로 정치적일 수도 있다. 나는 파르비아이넨과 함께 안무 개념으로 인공지능과 로봇이 정치적 관심과 전략 상황에 활용된다고 주장한 적이 있다.(Parviainen and Coeckelbergh 2020) 우리는 인공지능을 포함하고 있다는 휴먼노이드humanoid 로봇(인간과 비슷한 로봇 - 옮긴이), 소피아Sophia(홍콩에 본사를 두고 있는 핸슨 로보틱스가 개발한 휴머노이드 로봇 - 옮긴이)와 함께하는 수행이 인공지능 정치학과 연결되어 있음을 주장했다. 다시 말해 소피아와 함께하는 수행은 한 민간 기업(핸슨 로보틱스)의 이익에만 보탬이 되는 게 아니라, 관련 기술과 이 기술과 연관되는 시장까지 확장하려는 사람들의 이익에도 부합한다."(7) 이를 '권력'이라는 용어를 사용하여 다음과 같이 표현할 수도 있다. 인공지능과 로봇 개발에 관여하고 있는 민간 부문은 시장을 확장하여 그들의 권력과 이익을 늘리기 위한 수단으로 기술수행을 기획한다. 마찬가지로 정부도 인공지능과 관련된 계획과 전략을 실현하기 위해 이러한 수행을 지원하고 참여함으로써, 경쟁자인 다른 국가에 대응하여 국가의 힘을 증대시킬 수 있다. 아울러 소셜 로봇social robots(사람과 교감하는 감성 로봇 - 옮긴이)의 지능이나 윤리적 지위에 대한 논의는 인공지능과 로봇에 대한 기술이나 윤리적 질문만 할 수 있는 것처럼 보이게 하기 때문에 정치적 차원에서 다른 곳으로 주의를 분산시킬 수 있다. 여기서의 질문은 기술의 즉각적인 상호작용과 환경에 관한 문제지만 보다 넓은 사회 및 정치 분야는 아니다. 이는 기술이 권력과 함께 정치적으로 중립적이라고 오해할 소지가 있다. 이로 인해 인공지능과 함께하는 수행과 관련된 논의는 모든 기술과 마찬가지로 인공지능이 매우 정치적이고 강력하다는 사실을 숨길 수 있다. 연구자와 저널리스트들은 이보다 광범위한 정치적 맥락을 밝힐 수 있으며, 따라서 협소하게 특정된 인공지능 수행을 정치와 권력 게임이라는 '거시적' 수준에서 일어나는 일과도 연결할 수 있다.

따라서 여기서 사용되는 '수행'이라는 용어와 권력과의 관계는 인공지능에 대한 비판적 관점을 받아들이는 틀을 제공하며, 마르크스주의 분석과 푸코식 접근방식 모두와도 양립이 가능하고 지지될 수 있다. 또 권력과 연결되는 무수한 방식을 밝히는 데 인공지능이 도움을 준다. 여기서 권력은 기술수행에서, 그리고 이를 통해 행사되는 권력과, 이러한 수행과 함께 기업 및 정부 같은 보다 넓은 분야의 권력과 권력 주체 사이를 순환하는 권력을 말한다.

결론과 남은 질문

이 장에서는 권력과 인공지능에 관한 이야기를 통해, 인공지능의 정치적 측면을 개념화하는 데 도움을 주는 사회 및 정치이론을 어떻게 가져올 수 있는지 제시했다. 이러한 시도는 자연스럽게 권력에 관한 것만이 아닌, 다른 정치적 개념 및 문제와도 연결된다. 예컨대, 넛지에 관한 논의는 자유에 관한 문제인 동시에 2장에서 평등 및 정의와 함께 살펴본 편향의 문제와도 관련이 있다. 이런 식으로 연관되는 문제에 대해서는 더 많은 이야기를 할 수 있을 것이다. 인공지능의 편향 문제(보즈다그·Bozdag 2013; 크리아도 페레스 Criado Perez 2019; 그란카Granka 2010)의 경우 정의와 평등에 관한 문제이기도 하지만, 권력 문제로도 규정될 수 있다. 알고리즘 필터링과 검색 알고리즘, 그리고 학습된 인공지능의 데이터에 편향이 존재한다면, 여기에는 사람들이 다른 사람에게 권력을 행사하는 것과도 관련이 있을 것이다. 마찬가지로 특정 사회에 특정 권력 구조 (자본주의적 권력 구조, 가부장적 권력 구조 등)가 자리 잡고 있다면, 인공지능의 활용을 통해 편향을 유발할 수도 있을 것이다. 이를 분석하는 데는 다양한 개념이 유용하게 쓰일 것이다. 그럼에도 권력 개념은 인공지능의 정치학을 분석하고 논할 수 있는 유용한 렌즈라 할 수 있다. 이 장은 기술이 정치적이며, **어떻게** 정치적인지 개념화하는 또 다른 독특한 방법을 제공한다. 즉, 권력에 대한 이야기를 통해 정확히 어떤 일이 일어나고 있고, 어떤 것이 문제가 될 수 있는지 분석하는 데 도움이 되는 방법을 제시하고 있다.

기술과 정치가 개념적으로 결합하는 문제, 특히 인공지능이 도구로서만 권력에 영향을 미치지 않는다는 주장은 근대적 관점에서 보면 여전히 문제가 있다. 근대 사회에서는 기술과 정치가 별개로 나누어진 영역이었기 때문이다. 기술은 물질적이고 기술적인 것에 관한 것이었던 반면, 정치는 인간과 사회에 관한 것으로만 여겨졌다. 이러한 근대적 생각은 최소한 아리스토텔레스 이후 발생한 고대 철학에 뿌리를 두고 있는데 오늘날까지 계속해서 영향을 미친다. 인공지능이 정치적으로 중립적이고, 정치는 인간이 인공지능을 사용하는 목적에 관한 것이라고 가정하는 것들이 그에 해당한다. 이 장의 논의는 기술과 정치를 구분하는 이러한 경계선을 넘어선다. 어떻게 인공지능이 우리 인간의 자아를 형성하고 새로운 주체성을 만들고 안무하는지 이야기하는 경우가 그렇다. 강력한 인공지능의 수행에서는 수단과 목적이 뒤섞이고, 결국 인간과 기술 또한 뒤섞인다. 하지만 반복해서 강조했듯이, 이 생각은 인간이 기술에 의해 대체된다거나 기술이 이 모든 것을 혼자서 한다는 것이 아니다. 인공지능에 안무 같은 용어를 적용하는 목적도 권력 행사와 기술수행에 인간이 관여하지 않는다는 것이 아니다. 오히려 인공지능은 때로 더 많은 권한을 부여받는 동시에 의도하지 않은 영향을 통해 우리가 일하는 방식과 정체성을 함께 형성하기도 한다. 이런 의미에서 인공지능은 우리를 지배한다. 기술과 정치, 특히 인공지능과 권력의 경계가 점점 흐려지고 있다. 이 때문에 우리는 인공지능을 '인공 권력artificial power'이라고 말할 수도 있다. 인공지능이 **전능**해서가 아니라 인공지능을 통해 권력이 행사되기 때문이다. 인공지능은 우리가 하는 일과 우리의 정체성을 형성하는 인간 기술수행human technoperformances의 일부로서만이 강력하고 정치적이다.

이와 달리 논의할 만한, 관련된 또 하나의 경계가 있다. 인간과 비인간과의 경계가 바로 그것이다. 인공지능의 정치학을 포함하여 정치는 전부가 인간에 관한 것이라고 가정되는 경우가 많다. 하지만 이 말에 대해서도 이견이 있다. 이것이 바로 다음 장의 주제이다.

5장

비인간은 어떻게 되는가?
환경 정치와
포스트휴머니즘

인공지능과 로봇, 인간중심 정치를 넘어서

지금까지 논의된 대부분의 이론은 정치철학이 인간을 위한 정치학에 관한 것이기 때문에, 인공지능에 정치철학을 적용하는 것도 마찬가지라고 가정한다. 자유, 정의, 평등, 민주주의 같은 정치 원리는 인간을 위한 자유, 인간을 위한 정의 등에 관한 것으로 되어 있다. **데모스**demos(고대 그리스의 시민, 민중 – 옮긴이), 일반 국민the public(왕정국가의 국민 – 옮긴이), 정치체the body politic(인간 사회를 의미하는 서구의 이 '신체 정치' 개념은 고대 그리스·로마 철학에서 유래함 – 옮긴이)는 인간과 인간의 제도로 이루어져 있다고 가정한다. 따라서 대부분의 사람들은 '권력'이라는 용어가 오직 인간과 인간 관계에만 적용될 수 있다고 믿는다. 푸코가 주장하듯이 권력이 사회적 신체social body을 통해 행사된다면, 이 신체는 오로지 인간만으로 이루어져 있다고 생각할 것이다. 인공지능과 로봇 윤리, 그리고 정치학 역시 인간 중심의 방식으로 규정되는 경우가 많다. 인공지능과 로봇은 기술 및 경제에 의해 주도되는 것이 아니라 인간이 중심이 되어야 한다고 주장하는 경우도 여기에 해당될 것이다. 그런데 이 가정들에 이의를 제기하고 정치적인 것의 경계를 비인간에게까지 넓히면, 과연 어떻게 될까? 인공지능과 로봇 정치학에 이것은 어떤 의미인가? 또, 이것을 개념화하는 데 정치철학과 관련 이론은 어떤 도움을 줄 수 있는가?

이 장에서는 이미 인간과 비인간의 경계를 넘어 동물과 자연 환경을 연관 짓고 있는 정치이론을 우선적으로 고려하여 이러한 질문들을 다룬다. 동물의 정치적 지위에 대해서는 무엇보다도 비교적 최근에 제기된 관계적인 포스트휴머니즘 접근방식에 특히 주의를 기울인다. 그런 다음, 이러한 정치이론의 변화가 인공지능과 로봇 정치학에 어떤 함의를 주는지 논의한다. 여기서는 두 가지 문제를 제기한다. 첫째, 인공지능이 비인간(동물 등)과 환경에 미치는 영향을 고려한다. 인간이 아닌 동물과 생태계 등이 정치적 지위를 가질 수 있다는 점을 감안할 때, 인공지능과 로봇에 대한 정치적 사고는 비인간에게까지 미치는 영향을 고려해야 하는 걸까? 그래야 한다면, 이를 정당화하기 위해 어떤 개념을 사용할 수 있는가? 둘째, 인공지능 시스템과 로봇 자체가 정치적 지위를 가질 수 있는가? 예컨대, 일종의 시민이 될 수 있는가? 트랜스휴머니즘과 포스트휴머니즘은 이러한 문제와 어떤 관련이 있는가? 가령, 인공지능은 정치적인 통제권을 장악할 수 있고, 또 그래야 하는가? 비인간을 포함하여 정치적인 것과 사회적인 것을 어떻게 재해석할 수 있는가?

인간만이 정치적으로 중요한 것은 아니다,
동물과 자연의 정치적 지위

동물 윤리와 환경철학에서는 도덕적, 정치적으로 고려해야 할 대상을 인간이 아닌 동물과 환경에까지 그 경계를 확장하자는 제안을 이미 내놓은 것을 발견할 수 있다. 이 장에서는 이 책의 주제를 감안하여 **정치적** 고려 사항에 초점을 맞추고 **동물**의 정치적 지위에 대한 주요 쟁점 일부를 논의의 범위로 국한할 것이다. 환경과 기후변화 정치를 다루더라도 마찬가지이다.

이 분야에서 잘 알려진 싱어Singer의 『동물 해방Animal Liberation』(2009)은 공리주의적 입장에서 식품 및 의류 생산과 기타 목적을 위해 이용하고 살상하는 동물에 대한 해방을 주장한 것으로 유명하다. 즉, 동물을 다루는 관행과 그 영향을 평가해야 하고, 동물에게 고통을 줄 경우 그 고통을 줄여주고, 필요하다면 그 관행을 완전히 폐지해야 한다는 것이다. 그런데 싱어는 이 문제를 윤리학으로 규정했다. 하지만 그의 책은 주요 정치원리에 호소하는 정치철학서로도 무난하게 읽힌다. 우선, 이 책은 해방을 목표로 하고 있기 때문에 동물해방운동 단체에 의해 동물 해방을 정당화하는 명분으로 사용되었다. 1975년에 출간된 이 책의 초판 서문에는 "이 책은 인간이 아닌 동물에 대한 인간의 폭정에 관한 것이다"라는 말로 시작한다.(8) 따라서 싱어는 정치적 자유와 반대되는 폭정tyranny이라는 정치적 용어를 사용하여 윤리에 관한 생각을 명확하게 표현한다. 하지만 그는 정치적 자유만을 호소하지 않는다. 동시에 그는 동물의 이익을 고려하고 인간에서 비인간 동물로 평등 원칙을 확장한다. 또 오랜 역사를 지닌 편견과 차별의 종식에 대해서도 이야기한다. 종차별주의와 관련해서는 특정 편향과 차별에 대한 비난이 핵심이다. 모든 영역에서 동물을 학대하고 살상하는 것으로부터 해방시키려는 목표는 인간과 마찬가지로 대부분의 동물도 고통을 느끼며, 따라서 동물을 그런 식으로 취급하는 것은 인간이 아닌 동물이 다른 종에 속한다는 단 하나의 사실에 근거한 부당한 차별이자 '종차별주의'라는 주장에 의해 정당화된다. 즉 "인간종의 이익에 대해서는 우호적이면서, 다른 종의 이익에 대해서는 우호적이지 않은 선입견 또는 편견의 태도"라는 것이다.(6) 따라서 (육식주의자인) 우리 대부분은 억압자이자 차별자이기 때문에 변화가 어렵다. 그는 동물해방운동을 다른 중요한 정치운동과도 비교한다. 민권운동을 통해 (동물은 자기 생각을 말할 수 없지만) 흑인들이 자신들의 권리를 요구했기 때문에 권리를 갖게 된 경우와 노예제 폐지 투쟁 및 성차별에 반대하는 페미니스트 운동이 그에 해당한다. 상황을 변화시키기 위해서는 저항과 투쟁이 필요하다는 그의 주장을 뒷받침하는 사례들이다. 따라서 싱어의 책은 정치철학에 관한 만큼이나 윤리에 관한 내용도 담고 있다. 대부분의 철학자들이 그의 저서에 대응할 때 중점을 두는 그의 공리주의 윤리는 사실상 앞에서 거의 전 범위에 걸쳐 언급하고 있는 정치철학 개념들과도 연결되어 있다. 유의할 점은 싱어가 그의 윤리와 정치철학에서 보편주의적 입장을 취한다는 사실이다. 즉, 그는 정체성을 기준으로 설명하기보다는 종과 무관하게 보편적으로 고통을 당할 수 있다는 점에 기반하여 주장을 펼친다.

이 밖에도 보편주의적 자유주의 전통 안에서 정의라는 정치원리에 의거하여 동물을 정치적 고려 대상에 넣자는 주장이 있다. 동물을 위한 정의에 관한 계약론적 주장이 대표적이다. 롤스의 정의론은 이 분야에서 영향력 있는 이론이다. 롤스는 자신의 정의론에서 동물을 배제한다.(가너Garner 2003) 따라서 롤스의 정의론에 나오는 유형의 계약주의는 대개 인간의 합리성을 중요하게 여긴다. 누스바움(Nussbaum 2006)이 정의의 측면에서 동물에게 도덕적, 정치적 지위를 부여하는 것과 관련하여 주장을 할 때 역량 capabilities 개념에 의존하는 이유가 바로 여기에 있다. 동물도 인간처럼 기능을 수행하고 번성할 수 있는 역량을 갖추고 있다는 이야기이다. 즉, 동물은 인간이 지닌 합리성을 가질 수는 없지만 동물만이 가지고 있는 종 특유의 역량이 있으므로 동물이 지닌 가치를 존중해야 한다는 것이다. 누스바움은 그녀 자신이 가지고 있는 역량과 자격 목록이 동물에게는 어떤 의미가 있는지 면밀하게 살핀다. 일례로, 동물이 건강한 삶을 누릴 자격이 있다는 것은 잔인하게 취급당하지 않게 하는 법이 필요하다는 것을 의미한다.(394) 이러한 주장은 그 자체로 정치이론의 흥미로운 적용이 아닐 수 없다. 처음에는 인간을 위한 것이었던 것이 동물에게 적용된다니 말이다. (또한 누스바움의 역량 접근법과 인간 번영에 초점을 맞춘 고대의 덕 윤리 및 정치 사이에 흥미로운 연관성이 있음에 유의해야 한다. 하지만 여기서는 이에 대해 더 이상 논하지 않는다.)

하지만 일부 저자들은 그럼에도 계약주의에 근거하여 동물에 대한 정의를 주장할 수 있다고 제안한다. 결국 인간처럼 정의될지, 동물로 정의될지는 알 수 없는 일이기에 무지의 장막veil of ignorance에 해당한다고 할 수 있지만, 롤스가 처음 주장한 본래 의미를 수정해야 할 것이다. 로우랜스(Rowlands 2009)의 주장에서는 합리성이 과분한 자연적 이점이라는 이유로 무지의 장막 뒤에 숨겨져 있다. 또 하나의 방법은 인간과 동물의 협력을 강조하는 것이다. 나는 동물이 어떤 계획에 협력하는 일원이라면 동물을 분배적 정의의 영역으로 끌어들일 수 있다고 주장하는 입장이다.(코켈버그 2009b) 인간과 비인간이 다양한 방식으로 서로 의존하고 때로는 협력한다고 생각하기 때문이다. 이것이 사실이라면 (길들여진 동물의 경우 등), 이 동물들을 정의의 영역 일원으로 간주되어야 할 것이다. 도널드슨과 킴리카도 『주폴리스Zoopolis』(2011)에서 윤리적 논쟁을 정치이론의 영역으로 전환하면서, 비슷한 맥락으로 우리 인간은 동물과 서로 연결되어 있는 관계적 의무를 지니므로 공유 시민권이라는 협력 프로젝트에 동물을 포함해야 한다고 주장한다. 동물이 정치적 행위 능력은 떨어질 수 있지만, 그럼에도 시민으로 간주될 수 있다는 것이 이 저자들의 입장이다.

여기서 도널드슨과 킴리카는 고유한 속성이나 역량 대신 인간과 동물의 관계를 강조하는데, 이 관점을 나 또한 '관계적 relational' 시각이라고 부른다.(코켈버그 2012) 이 관계는 우리에게 의무를 부여한다. 우리에게 의존하는 동물을 돌볼 의무가 대표적이다. 그렇다고 이것이 동일한 형태의 시민권을 모든 동물이 가지고 있음을 의미하는 것은 아니다. 인간 사회에서와 마찬가지로 어떤 동물(길들여진 동물 등)은 정치 공동체의 온전한 일원이어야 하지만, 또 다른 동물(야생 동물 등)은 그들만의 공동체에 있어야 한다는 것이 이 저자들의 생각이다. 하지만 가너(Garner 2012)는 이런 주장을 비판한다. 그에 따르면, 원초적 입장을 재정의해야 한다고 주장하는 저자들이 실제로는 그러한 계약에 포함되지 않는 원칙에 의존하기 때문이다. 또 사회적 협력을 바라는 것은 길들여진 동물에게 해당되는 것이지, 다른 동물들에게는 해당되지 않기 때문이다. 이에 대해 다음과 같이 답할 수 있을 것이다. 첫째, 이전부터 존재하는 규범적 판단을 참고하기도 하는 롤스(이를테면, 정의는 사람에게만 적용된다는 것이 그의 견해)보다, 이 계약주의자들이 더 높은 규범적 기준을 지녀야 하는 이유는 불분명하다.

둘째, 동물에 대한 **정치적** 고려와 관련해서 말할 때 계약주의자들의 주장은 실제로 제한적이지만 다행히도 더 넓게 적용하는 다른 도덕적 주장들이 있다. 이 주장들을 통해 훨씬 광범위한 보호를 정당화할 수 있지만, 엄격히 말해 **정치적** 권리 및 의무와는 관련이 없다. 우리는 모든 주장(지각력에 근거한 주장 등)을 기반으로 수많은 동물에 대해 도덕적인 고려를 할 수 있다. 하지만 이 동물들 모두가 **정치적** 정의로 혜택받을 자격을 얻지 못할 수 있다. 예컨대, 숲에서 고통받는 야생동물의 경우 (섭어식으로 고통을 덜어줄 의무와 연민에 근거하는 경우) 우리가 도덕적 의무를 지니고 있을 **수 있다**고 주장할 수 있겠지만, 인간의 정치 공동체 일원으로 동물이 포함되지 않으므로 **정치적** 의무는 아닌 것이다.

정치 공동체의 범위를 모든 동물로 확대해야 한다는 요구로 이러한 제한에 대응할 수도 있다. 하지만 이것이 무엇을 의미하는지 말하기는 쉽지 않다. 이를테면, 우리가 야생동물에게 정치적 지위를 부여할 경우 야생동물에 대한 우리의 의무는 무엇인지, 정확히 어떤 의미에서 야생동물은 인간의 정치 공동체 일부인지 질문할 수 있을 것이다. 마찬가지로 우리는 동물을 넘어 특정 동물 외에 강이나 생태계에도 정치적 지위를 부여해야 하는지 논의할 수 있을 것이다. 사례가 있다. 2018년 콜롬비아의 대법원은 아마존 삼림에 인격을 부여했다. 뉴질랜드에서는 황거누이강 Whanganui River과 생태계가 법적 지위를 가지고 있다. 후자는 내재적 가치에 관한 도덕적 주장에 의거하여 정당화될 수 있겠지만, 동시에 강(영적 특성 등)과 토착민인 이위족Iwi people 간에 서로 의존하는 관계로 연결되어 있다는 관계적인 정치적 주장으로 지지받을 수도 있을 것이다.(물론, 두 주장도 서로 연결될 수 있다.) 지구나 행성 전체의 가치에 대해서도 비슷한 논쟁이 있을 수 있다. 예를 들면, 2008년 에콰도르는 헌법에서 파차마마Pachamama(안데스산맥 원주민이 숭배하는 다산의 여신 - 옮긴이) (자연)의 권리를 보호하기로 했다. 2010년 볼리비아는 지구를 살아있는 존재로 보는 안데스 원주민의 세계관에 영향을 받아 대지권리법Law of the Rights of Mother Earth을 통과시키면서, 대지를 '집합적 공익 주체'로 정의하고 생명과 생명의 다양성을 포함하여 이러한 개체가 실제로 누릴 수 있는 몇몇 권리를 열거했다.(비달Vidal 2011) 이것을 우리는 대지의 내재적 가치 또는 원주민의 정치적 권리를 존중하는 것으로, 혹은 둘 모두를 존중하는 것으로 표현할 수 있다.

환경윤리에서는 인간중심주의(캘리콧Callicott 1989; 커리Curry 2011; 네스Næss 1989; 롤스톤Rolston 1988 등)와 내재적 가치(뢴노우 라스무센·짐머만Rønnow-Rasmussen and Zimmerman 2005)에 대한 논의가 오랫동안 이어졌다. 예컨대, 리건(Regan 1983)은 내재적 가치를 고등동물로 제한하는 반면, 캘리콧(1989), 롤스톤(1988), 리오폴드(Leopold 1949)는 종, 서식지, 생태계, (롤스톤의 경우) 생물권에 내재적 가치를 부여하는 윤리를 주장한다. 이러한 관점은 인간의 본질적 가치만을 인정하는 인간 중심의 도덕철학에 반대하며 자연에 대한 생태학적 이해에 근거하고 있다.(맥도널드McDonald 2003) 여기서의 논의들은 윤리적 측면으로 틀 지어져 있으나 내재적 가치에 입각한 정치적 고려를 포함하는 데까지 확장시킬 수 있다. 또 위에서 언급한 보다 광범위한 자연적 실체의 권리를 정당화하는 데에도 활용될 수도 있을 것이다.

마찬가지로 포스트휴머니즘posthumanism 이론은 비인간 중심으로 접근하는 기반을 제공하며, 따라서 인간이 아닌 동물을 정치적 고려 대상으로 지지하는 것으로 해석할 수 있다. **포스트휴머니즘**은 인본주의humanism '이후' 또는 '그 너머'를 의미하며 현대 사회와 문화에 비판적인 몇몇 이론적 방향을 일컫는다. **트랜스휴머니즘**과는 구별되어야 하는데, 즉 트랜스휴머니즘은 인간의 능력 향상에 관한 것이자 (적어도 변형된 한 버전에서는) 인공지능이 인간을 대체하거나 인간에게서 권력을 탈취하는 것으로 간주한다.(이 장의 후반부 참조) 철학적으로 포스트휴머니즘은 '인간'과 위계적인 것과 이분법적 관점을 해체하며(페란도Ferrando 2019), 따라서 인간중심주의에도 반대한다. 서구 철학의 전통에서는 인간의 특권적 지위에 이의를 제기하고 탈인간 중심의 비인간과 혼종화에 주목하지만, 그러한 입장으로 환원될 수 없음은 명백하다.(브라도티Braidotti 2016, 14) 일부 견해에서는 구조적 차별과 불의에 중점을 두는 경우가 있다. 여성주의 시각의 포스트휴머니즘과 탈식민주의 이론을 생각해보라. 또한 서구 전통에는 인간중심주의와 관련하여 다양성이 존재한다는 사실도 인정해야 한다.(일례로, 칸트와 헤겔을 아리스토텔레스 및 마르크스와 비교해보라.) 인간중심주의에도 다양한 목소리가 있다는 뜻이다.(로덴Roden 2015, 11~12) 포스트휴머니즘의 탈인간중심주의와 반이원론적 사고는 연결되어 있는데, 주체/객체, 남성/여성 같은 이원론적 구분 외에도 인간/비인간, 인간/동물, 생물/무생물 같은 구분을 극복하고자 한다. 동시에 기술에 대한 서구인의 두려움을 없애려고 노력한다. 기술을 도구적이거나 위협적인 것으로 보기보다는, 데리다(Derrida 1976; 1981)와 스티글러(Stiegler 1998)가 인간의 "원초적 기술성originary technicity"이라고 부르는 것을 강조하면서(또한 브래들리Bradley 2011, 맥켄지MacKenzie 2002, 3 참조) 기계 타자들과 함께 사는 세계를 상상한다. 포스트휴머니즘은 기술을 포함하는 보다 개방적인 존재론을 제안한다. 따라서 인공지능은 더 이상 인간의 자율성에 대한 위협으로 간주되지 않는다. 해체 작업이 이뤄지고 나면 더 이상 '인간'도, 위협받을 수 있는 비관계적 자율성도 존재하지 않기 때문이다. 이러한 주체는 결코 온전하게 통제하지 못하며 항상 타자에게 의존한다. 관계적 자율성relational autonomy에 대한 여성주의 시각과도 일치하는데, 여기서 인간과 주체는 모두 매우 관계적인 것으로 간주된다. (버틀러와 알튀세르에 의거하여) 루브로이(Rouvroy 2013)가 주장하고 있듯이, 완전한 자율성 같은 것은 존재하지 않는다. 포스트휴머니즘은 철학적이지만 정치적 활동이기도 하다. 탈식민주의, 푸코주의, 페미니즘 접근과 함께 (특히) 해러웨이, 브라이도티, 헤일스Hayles의 글에는 인간 중심의 인간 예외주의적 세계관과 정치를 수용하는 사람들이 동물에 가하는 폭력과 전체화에 대한 비판을 포함한다.(아스달·드러글리트뢰·힌치리프Asdal, Druglitrø, and Hinchliffe 2017) 나아가 이들의 저작물은 우리 모두(인간과 비인간)가 상호 의존적인 동시에 지구에 의존하고 있음을 인정한다.(브라이도티 2020, 27) (그리고 기술철학에는 플로리디(2013)의 정보 윤리 같은 다른 이론적 방향을 가진 그 밖의 비인간중심주의 윤리 프레임워크도 있음에 유의하라.)

　동물과 자연환경에 대한 서로 다른 태도를 우선적으로 강조하기 위해, 일군의 포스트휴머니즘 이론들을 분석해보기로 하자. 포스트휴머니즘의 핵심 인물로는 해러웨이가 대표적이다. 해러웨이는 사이보그("동물인 동시에 기계인 생명체") 모습으로 이미 자연과 인공의 경계를 넘어선 "사이보그 선언Cyborg Manifesto"(2000)에서 "정치적 픽션물로 (정치적 과학물) 분석"한 이후, 적어도 두 가지 방법으로 동물의 번영에 헌신하는 정치를 주장한다. 우선, 그녀는 강아지와 같은 "반려종"(해러웨이 2003)이 있다는 것은 우리가 함께 사는 관계라는 것이므로, 결국에는 이런 의미 있는 비인간 타자들과의 공진화가 서로의 정체성을 함께 구성하게 된다고 주장한다. 이 같은 견해에 기반하여 우리는 적어도 반려종으로 간주되는 동물에게 도덕적, 정치적 지위를 부여하자고 주장할 수 있을 것이다. 둘째, 해러웨이는 **친족 만들기**와 **다종** 정치의 개념으로 정치적인 것의 경계를 동물에게까지 한층 더 개방한다. 그녀는 지구의 형성에 관한 한, 인간의 행위를 강조하는 인류세에 관한 논의에 대해서는 인간뿐만 아니라 박테리아 같은 다른 '테라포머terraformers' 역시 지구를 바꿔놨으며, 따라서 생물종과 기술 간에는 많은 상호 작용이 존재한다고 주장한다. 해러웨이(2015)는 정치가 "사람을 포함하는 풍부한 다종 집합체를 위한 번영"을 촉진해야 하지만 "인간 이상의 것"과 "인간 이외의 것"도 생각한다.(160) 그리고 이러한 "퇴비주의composist"(삶과 죽음을 의미하는 해러웨이 용어 - 옮긴이)(161) 관점에 기초하여, 우리가 친족관계를 맺고 응해야 하는 모든 종류의 개체로 정치공동체를 확장된다. 해러웨이가 『트러블과 함께하기Staying with the Trouble』(2016)에서 서술하고 있듯이, 우리는 "다종이 번성할 수 있는 조건을 만들어야 할"(29) 책임이 있으며, 따라서 이러한 대응은 새로운 친족관계를 만드는 유대를 형성한다. 그렇지만 각주footnote에서 그녀는 일반화에 대해 경고하고, 다양성과 역사적 상황에 대한 존중을 강조하면서 인간 정치(특히, 미국 정치)와 직접 연결한다.

친족 만들기는 역사 속에 자리하고 있는 다양한 친족관계를 존중하면서 이루어져야 하며, 그러한 친족관계가 너무 평이한 보편적 인간성, 다종 집합체, 혹은 유사한 범주를 개발하기 위해 일반화되어서도 안 되고 전용돼서도 안 된다. (…) 경찰의 흑인 살해와 다른 잔학행위에 맞서 아프리카계 미국인과 지지자들이 조직화하자, '모든생명은중요하다#AllLivesMatter'고 주장하면서 '흑인생명도중요하다#BlackLivesMatter'며 저항하는 미국의 많은 백인 자유주의자들의 유감스러운 광경은 교훈적이다. 동맹 맺기는 특수성, 우선성 및 긴급성에 대한 인식을 필요로 한다. (…) 말살 및/또는 동화를 위한 과거는 물론이고, 현재 진행 중인 식민 정책과 그 밖의 정책을 보지 않으면서 친족을 만들려고 하는 것은 아무리 좋게 말하더라도 매우 역기능적인 '가족'의 등장을 예고할 뿐이다.(207)

또 다른 포스트휴머니스트 울프Wolfe는 "이종 간trans-species 관계"에 대한 푸코의 생명권력 및 생명정치 개념의 함의를 살펴본다.(울프 2010, 126) 울프는 『법 앞에서, 생명정치 틀 속의 인간과 다른 동물들Before the Law: Humans and Other Animals in a Biopolitical Frame』(2013)에서 아리스토텔레스에서 하이데거에 이르기까지, 서구 전통에서 동물을 배제한 것을 문제 삼는다. 그는 인간성과 동물성이 "존재론적으로 정반대 영역"(5-6)이라는 하이데거의 가정을 비판하고, 푸코(울프 2017)에게서 영향 받은 생명정치의 개념을 사용하여 우리는 모두 법 앞에 있는 동물이라고 주장한다.

생명정치의 요점은 더 이상 '인간' 대 '동물'이 아니다. 생명정치의 요점은 새롭게 확대된 공동체의 삶이자 폭력 및 면역 보호가 그 안에 속하는 장소에 대해 우리 모두가 가져야 하는 우려이다. 왜냐면 우리 모두는 결국 법 앞에서 잠재적으로 동물이기 때문이다.(Wolfe 2013, 104~105)

마수미(2014) 역시 정치에서 동물을 배제하는 것에 대해 문제 삼는다. 서구 인본주의와 형이상학에서 인간 대 동물로 구분 짓는 이분법에 이의를 제기하고, 인간을 "동물 연속체"(3) 상에 올려 놓는다. 또 우리 스스로 다른 동물과 분명히 다르다고 생각하는 모습, 배제하고 거리를 두는 행위(동물원이나 실험실에서 또는 스크린 앞에서 등), 유형별로 구분 짓고 범주화하는 사고 자체에 문제를 제기하면서 "동물에 대한 인간 정치" 대신 "통합적 동물 정치"를 제안한다.(2) 동물 놀이와 "동물 되기becoming-animal"(56~57)에도 초점을 두는데, 이 용어는 들뢰즈와 가타리(Deleuze and Guattari 1987), 과정 철학(존재, 실체, 결과보다는 변화, 생성 등을 강조하는 철학 - 옮긴이)의 영향을 받아, 인간과 동물에 대한 위계적인 경직된 사고를 거부하고 비인간 동물에 대한 억압을 문제화하기 위한 목적으로 사용된다.

마찬가지로 브라이도티(2017)는 주관성을 "인간과 비인간 행위자, 기술 매개체, 동물, 식물 등 행성 전체를 아우르는 집합체"(9)로 재고할 것을 주장한다. 또 그녀는 다음과 같은 구체적이고 규범적인 **정치적** 견해를 추가한다. 우리는 비인간 타자들과 좀 더 평등한 관계를 맺기 위해 노력해야 하며(10) "인간이 창조의 왕으로 지배하는 배치"(15) 을 거부해야 한다. 그녀는 생명 중심적zoe-centered(zoe는 '생명'을 의미하는 Eve라는 이름에서 유래 – 옮긴이) 평등주의를 제안한다. 여기서 "생명zoe"은 비인간의 생명력을 의미한다.(16) 들뢰즈와 스피노자의 영향을 받은 브라이도티는 일원론적 접근을 주장하고 인격화되지 않은 타자들과도 상호 의존하는 자비로운 인정을 강조한다.(22) 커드워스와 홉던(Cudworth and Hobden 2018) 역시 포스트휴머니즘을 해방적 활동으로 보면서, 인간 중심적 사고에서 벗어나는 것이 목표이나 생태 문제와 세계적 불평등 같은 우리 시대의 위기에 비판적으로 관여할 기회도 놓치지 않는다고 평가한다.(13) 신자유주의에 대한 대안을 모색하기도 하는 비판적 포스트휴머니즘(16~17)은 "살아 있는 모든 것을 위한 정치"라는 의미에서 "지구주의적terraist"(136)이기도 하다. 우리는 다른 생명체와 살아있는 것들과 취약함을 공유하면서 관계적 풍경 속에 깊숙이 들어와 있다. 해러웨이의 영향을 받은 커드워스와 홉던은 취약함이 구체적으로 드러나는 '생물critters'의 불안정성에 대해 쓰고 있다.(또한 좀 더 실존적인 관점에서 디지털 시대의 취약성에 대한 연구를 보려면 코켈버그 2013; 라게르크비스트Lagerkvist 2019 참조) 신자유주의와 인류세와 자본세(자본주의 발전과 위기로 빚어낸 세상 - 옮긴이)를 넘어, 그리고 (라투르를 따라) 근대성을 넘어, 우리는 더 포용적인 미래를 상상하라는 부름을 받고 있다.(커드워스와 홉던 2018, 137)

라투르(Latour 1993; 2004)는 과학과 사회에 대한 근대적 생각과 거리가 먼 견해로 유명한데, 사회적인 것과 정치적인 것을 이론화하는 것과 관련하여 인간/사물, 자연/문화 구분에 의문을 제기한다. 라투르에 따르면, 지구온난화(에 대한 논쟁)는 정치, 과학, 기술, 자연이 혼합된 하나의 혼성체이다. 따라서 그는 자연 개념이 없는 정치 생태학을 주장한다. 나 역시 라투르와 인골드Ingold에게서 영감을 받아 몇몇 출판물(코켈버그 2015b; 2017 등)에서 '자연nature'이라는 용어 사용에 의문을 제기했다. 더욱이 '자연'이라는 용어는 알라이모(Alaimo 2016)가 지적했듯이 "인종차별주의, 성차별주의, 식민주의, 동성애 혐오, 본질주의를 지지하기 위해 오랫동안 사용되어 왔기"(11) 때문에 정치적으로도 결코 중립적이지 않다. 따라서 포스트휴머니스트들은 정치 공동체의 경계선을 인간만이 아니라 비인간도 정치 공동체 일부가 되게끔(될 수 있도록) 근본적으로 다시 모색한다. 물론 이것이 반드시 경계나 배제가 없어지는 것은 아니지만, 정치와 관련해서는 인간과 비인간 사이에 깊은 간극이 존재한다는 신조dogma를 더 이상 받아들이지는 않는다. 포스트휴머니즘 이론가들은 윤리적인 것과 정치적인 것의 구별 자체에도 문제를 제기한다. 알라이모에 따르면, "국내에서 이루어지는 가장 사소한 개인적인 윤리적 실천조차도 세계 자본주의, 노동 및 계급 불평등, 기후 불평등, 신자유주의, 신식민주의, 산업형 농업, 공장식 축산, 오염, 기후변화, 멸종 등 정치 및 경제적으로 심각하게 곤란한 상태에 있는 수많은 일들과 떼래야 뗄 수 없는 관계로 묶여 있다."(10~11) 따라서 포스트휴머니스트들은 유연한less detached 접근방식을 지지한다. 이를테면 '자연'에 전혀 관심 없다는 냉담한 주장을 하는 대신, 우리의 삶을 바꿔야 한다는 환경운동가들의 의견에 동참한다. (그럼에도 많은 환경운동가들이 계속해서 '자연'을 언급하는 것은 환경주의와 포스트휴머니즘이 완전한 의견일치를 보지 못하는 것이 한 이유이다.)

일부 포스트휴머니즘 이론가들은 마르크스 이론을 활용한다. 아탄소스키와 보라(Atansoski and Vora 2019)의 경우 마르크스 이론이 여전히 "탈자본주의 인간 이후 세계의 기술 유토피아 환상에 적용될"(96) 수 있다고 생각한다. 그리고 이것을 인종, 식민주의, 가부장제에 초점을 두는 접근방식과 결합한다. 무어는 자연 자본주의capitalism-in-nature에 대한 분석을 시도하여 자연/사회라는 이분법에 문제를 제기하고, 마르크스주의에 생태학적 접근을 결합하는 흥미로운 시각은 드러낸다. 무어는 자연을 외부적인 것으로 보는 것이 자본 축적의 조건이라고 주장한다. 하지만 우리는 자연을 조직화하는 방식으로 자본주의를 보아야 할 것이다.(무어 Moore 2015) 또 그는 사이보그, 집합체assemblages, 네트워크, 혼성체를 말하는 사람들이 데카르트의 이분법적 사고에서 벗어나지 못한다고 비판한다.

정의에 대한 인간 중심적 설명에 문제를 제기하는 환경정치의 다종multispecies 정의에 대한 흥미로운 개념도 포스트휴머니즘과 관련이 있다. 이 개념은 인간 예외주의와 인간이 다른 종과 분리될 수 있다는 생각에 이의를 제기한다.(셀레마이어 등Celermajer et al. 2021, 120) 채커트(Tschakert 2020)는 기후변화에 대한 비인간적 차원을 강조하고, 기후비상사태가 인간과 자연세계를 모두 포함하는 정의의 원칙과 실천을 재논의할 것을 필요로 한다고 주장한다. 그녀는 인간의 삶과 뒤얽혀 있는 비인간 "타자들"을 인정하는 만남을 탐색하여 기후와 다종 정의 사이에 서로 연결되어 있음을 밝힌다.(3) 마찬가지로 법 이론에는 "정의의 공동체communities of justice"에 속한 사람 또는 대상에 대해 좀 더 많은 사유가 존재한다. 지구 시스템 내 불의injusties와 관련하여 인류세에서 비인간의 법적 지위에 관한 것이 대표적이다.(오트Ott 2020, 94) 겔러스(Gellers 2020)는 정의의 공동체를 확대하여 자연적 비인간과 인공적 비인간 모두를 법적 주체로 포함할 것을 제안한다.

이제 **만약** (일부?) 동물과 자연환경이 도덕적, 정치적 지위를 갖는다면, 정치 공동체가 비인간에게 개방된다면, 인공지능과 로봇 정치학에는 이것이 어떤 의미인가?

인공지능과 로봇 정치학에 대한 함의

인간중심주의를 뒤로하고 정치적인 것을 동물과 비인간 자연으로 확장한다면, 인공지능에 대한 잠재적 영향에 대해 적어도 두 가지 입장을 전개할 수 있을 것이다. 첫째, 동물과 환경 등이 도덕적, 정치적 지위를 가지고 있기 때문에, 이러한 자연적 개체에 대한 피해를 막고 가능하다면, 또 바람직하다면 더 친환경적인 실천으로 기후변화 같은 문제를 해결하는 데 인공지능의 사용과 개발이 긍정적으로 기여한다는 점을 고려해야 한다고 주장할 수 있을 것이다. 환경 및 기후에 친화적인 인공지능의 개발을 촉진할 수 있다. 둘째, 인공지능 자체가 정치적 지위를 가지고 있기 때문에, **인공지능에 대한**, 또는 적어도 일부 인공지능에 대한 자유, 정의, 민주주의, 정치적 권리 등에 대해 (어떤 의미이든지) 이야기해야 한다고 주장할 수 있을 것이다. 이러한 입장들을 분석하고 한층 더 발전시키는 데 사용할 수 있는 몇몇 이론적 자원에 대해 살펴보자.

비인간과 자연환경에 인공지능이 미치는 영향의 정치적 함의

첫 번째는 인공지능 자체의 정치적 지위, 즉 인공지능이 정치 공동체에 포함되어야 하는 비인간으로서 스스로를 간주할지 여부에 대한 불가지론적(사물의 본질이나 참모습은 인간의 경험으로 결코 인식할 수 없다는 이론-옮긴이) 입장이다. 하지만 자연적 개체의 정치적 가치와 이익을 고려하면, 인공지능의 정치학이 더 이상 인간 중심의 방식으로 생각할 수 없다는 주장이다. 이러한 입장에 따르면, 인공지능이 자본 중심인 것은 차치하더라도 한낱 인간 중심이어서도, 즉 인간의 가치와 이익만을 지향해서도 안 된다. 동시에 동물, 생태계, 지구 같은 자연적 개체의 가치와 이익도 지향해야 한다. 여기서 중요한 것은 동물을 연구할 수 있다는 게 아니라,(일례로, 일부 인공지능 연구자는 로봇 설계를 위해 생물학에서 영감을 얻거나 생물의 사회조직 방법을 채택한다.(파리카Parikka 2010)) 동물도 존중받아야 할 그들만의 정치적 가치와 이익을 가지고 있다는 사실이다. 따라서 인공지능을 개발하고 사용할 때, 동물과 자연환경 및 기후에 미치는 기술의 영향을 고려해야 할 것이다.

그렇다고 이러한 기술의 영향이 반드시 나쁘다는 것은 아니다. 인공지능은 기후변화와 다른 환경문제를 해결하는 데 도움을 주기도 한다. 예컨대, 기계 학습을 활용하여 데이터를 분석하고 시뮬레이션을 수행하여 기후변화와 환경문제에 대한 과학적 이해도를 높일 수 있으며, 천연자원의 불법 채취를 추적하는 데도 유용할 수 있다. 마찬가지로 인공지능은 동물과 관련하여 우리를 도울 수도 있을 것이다. 서식지 관리와 보존을 돕는 일이 대표적이다. 그러나 인공지능 기술은 애당초 이 문제들의 원인일 수도 있다. 때로 이 문제는 매우 명확하게 보인다. 집에 있는 인공지능 기반의 개인 단말기가 반려동물을 때리거나 반려동물에게 말로 혼란을 일으키는 경우가 있을 수 있다. 또 농업과 육류 생산을 체계화하는 용도의 인공지능이 시스템상 동물에게 해를 끼칠 수도 있다. 산업 생산용 인공지능은 기후와 환경에 해로운 영향을 미칠 수 있다. 그렇지만 이 모든 것이 원칙적으로 사용자나 관찰자의 눈에 띈다고 해도, 인간 중심의 정치에는 사각지대가 있을 수밖에 없다. 인간을 위한 정치에 초점을 둠에 따라, 마찬가지로 인간을 위한 인공지능의 정치학에 중점을 두기 때문이다. 비인간에 정치를 개방하는 것은 이러한 문제들을 드러내어 생각하고 논의하는 데 도움이 된다.

그런데 많은 경우, 인공지능을 사용하면 이용 지점에서 멀리 떨어져 잘 보이지 않은 곳에 영향을 미친다. 앞서 이미 언급했지만, 여기서 더 주목해야 하는 중요한 의제는 인공지능이 에너지와 자원 이용 측면에서 환경과 기후에 미치는 영향이다. 일부 기계 학습에 필요한 연산이 극적으로 늘어나면서 많은 양의 에너지가 소비되고 있는데 재생 에너지로 조달되지 않는 경우가 많다. 예컨대, 자연어 처리(NLP)를 위한 신경망 훈련에는 전기 사용으로 상당한 자원이 들어가므로 꽤 많은 탄소 발자국을 발생시킨다. 단일한 자연어 처리 모델을 훈련하는 데도 보통 수준의 자동차 1대가 생산에서 폐차까지 배출하는 양의 5배에 해당하는 이산화탄소를 배출할 수 있다.(스트루벨·가네쉬·맥컬럼Strubell, Ganesh, and McCallum

2019) 연구자들은 현재 더 소량의 데이터로 훈련하거나 데이터를 재현하는 데 필요한 비트 수를 줄이는 등의 문제를 해결할 방법을 찾기 위해 노력 중이다.(선 등Sun et al. 2020) 애플과 구글 같은 주요 IT 기업은 재생 에너지로의 전환 약속을 했다. 그럼에도 대부분의 기술기업은 여전히 화석연료에 의존하고 있기 때문에, 전체적으로 이 분야가 상당한 양의 탄소 발자국을 지구에 배출한다. 그린피스의 한 보고서에 따르면, 2017년 이 부문의 에너지 발자국은 이미 전 세계 전력의 7퍼센트로 추정됐고 앞으로 더 증가할 것으로 예상된다.(쿡 등Cook et al. 2017; AI Institute 2019 참조) 인공지능 추천 시스템과 결합되어 있는 스트리밍 서비스를 이용하는 것은 더 많은 데이터가 필요하므로, 이 또한 문제가 된다. 인공지능과 함께 작동하는 전자 기기의 생산도 사회적, 환경적인 영향을 초래하는 원재료 추출을 필요로 한다. 과거 식민주의와 마찬가지로 "데이터 식민주의"(쿨드리 · 메지아스Couldry and Meijas 2019, xix)는 천연자원의 착취와 관련되어 있다. 오늘날의 인간 착취는 "천연자원 대신"(xix) 일어나고 있는 게 아니라 천연자원의 추출에 더해, 이를 기반으로 일어난다. 따라서 인공지능과 다른 디지털 기술의 사용은 일부 사람들이 희망하듯이 반드시 경제의 탈물질화로 이어지는 것은 아니다. 이 또한 더 많은 소비로 이어지면서 더 많은 "생태적 압박"을 초래한다.(도베르뉴Dauvergne 2020, 257) 감시 자본주의는 인간의 존엄성을 파괴하는 것만이 아니라 환경적 측면까지 파

괴한다는 점에서 유사하다. 이처럼 환경 및 기후 영향은 사용하는 시점에는 그다지 눈에 띄지 않아도, 특정 용도로 인공지능이 사용되고 있는 곳과는 먼 지점에서 발생하는 경우가 많다. 그렇다고 이런 사실이 정치적 중요성이 떨어진다거나 사소한 정치적 문제로 취급된다는 것은 아니다. 앞서 언급했듯이, 인공지능은 기후변화와 싸우는 데 도움을 줄 수 있다.(롤닉Rolnick et al. 2019) 하지만 이것이 지적되고 있는 문제들을 반드시 상쇄시켜 주는 것은 아니다.

이 같은 분석을 바탕으로, 탄소 발자국과 환경에 영향을 미치는 측면에서 두 가지 이유로 인공지능의 영향이 정치적으로 문제가 된다고 규범적으로 주장할 수 있을 것이다. 첫째, 지구온난화/기후변화와 천연자원의 고갈은 대개는 정치적 지위를 갖고 있다고 가정되는 동시에 자연환경과 기후조건에 의존하는 인간과 인간 사회에 영향을 미친다. 둘째, **비인간의** 정치적 이해관계와 내재적 가치 등에 관한 주장에 근거해 보면, 이 또한 **비인간의** 정치적 지위로 인해 문제가 된다고 할 수 있다. 특정 동물과 생태계, 지구 전체가 (예컨대, 인공지능 기기의 원재료 추출 또는 식품용으로 사육되는 동물의 인공지능 제어식 관리를 통한 직접적 방식이든, 아니면 인공지능의 운영에 필요한 탄소 기반의 전력 생산으로 인한 서식지 파괴와 기후변화의 다면적 영향이라는 간접적 방식이든) 인공지능의 영향을 받는다면, 인간만이 아닌 **동물**과 **환경** 등이 정치적으로 중요하고, 그래야 하기 때문에 이러한 영향이 정치적으로 문제가 될 것이다.

그렇지만 비인간중심주의 인공지능의 정치학으로 전환하는 아이디어는 단순히 '비인간'과 '기후' 또는 '환경' 같은 하나의 정치 원리나 가치에 관한 것으로 분류되어서는 안 된다. 오히려 앞서 검토한 내용들을 바탕으로 모든 원리를 논의하고 반향을 일으켜야 할 것이다. 예컨대, (일부) 동물들이 정치적으로 중요하다면, 마찬가지로 **동물들의** 자유도 고려해야 한다. 또 종들 간 정의에 대해 이야기해야 하고, 이 동물들도 민주 사회의 시민 등이 될 수 있는지 물어봐야 한다. 그런 다음에 인공지능의 정치학은 더 이상 인간 중심이 아닌, 다른 동물들과 공유하는 이익과 필요, **그리고** 공유하지는 않더라도 여전히 우리가 정치적으로 중요하다고 생각하는 특정 이익과 필요에 중점을 둔다. 비인간중심주의 인공지능 정치학으로의 전환은 동물과 환경과 기후를 기존 틀에 추가적인 고려 사항으로 간주하는 것을 의미하지 않는다. 오히려 정치 개념 자체에 근본적인 변화가 일어나 비인간과 이들의 이익을 포함하도록 확장하는 일이 될 것이다.

지정학(여기서는 지구 또는 행성의 정치로 정의됨) 역시 일단 인간을 중심에서 제거한 후 재정의할 필요가 있다. 인간 중심이 아닌 관점에서 보면, 그리고 앞서 언급한 포스트휴머니즘 사상을 제대로 이해한다면 '인류세'에 대해 이야기하는 것은 더 이상 적절치 않을 것이다. 인간이 중심이고 상황을 통제하고 있다거나 **그래야 한**

다고 인류세가 시사할 수 있기 때문이다. 그 대신 우리가 다른 많은 존재들과 지구와 행성을 공유한다는 사실을 강조하는 것이 중요하다. 인간이 막대한 권한을 부여받은 초행위자hyper agency로 가정되고, 인공지능과 다른 기술의 도움으로 지구 행성과 여기에 거주하는 인간과 비인간을 관리하고, 어쩌면 재설계할 수 있고 또 해야 하는 우주선으로 취급하는 것일지도 모른다. 하지만 이는 해결책이 아닌, **문제**이다. 비인간중심주의 인공지능의 정치학이 기술 중심에서 멀어지면, 이런 태도와 일하는 방식을 문제 삼을 수 있다. 인간과 관련된 모든 문제의 해결책을 인공지능에 질문한다는 의미일 것이다. 또 적어도 인공지능과 데이터 과학을 통해 통제력을 높이기보다는, 행성에 대한 우리의 통제를 느슨하게 하는 아이디어를 고려한다는 의미일 것이다. 일단 기술해결주의(모로조프Morozov 2013) 또는 부르사드(Broussard 2019)가 말하는 "기술우월주의technochauvinism", 즉 기술이 항상 해결책이라는 믿음에 의문을 제기하면, 더 이상 우리는 인공지능을 인간의 모든 문제에 대한 마법의 해결책으로 보지 않고 인간과 비인간을 위해 인공지능이 어디까지 할 수 있는지 그 한계에 더 주목하게 될 것이다.

인공지능의 정치적 지위란?

두 번째는 인공지능을 인간 또는 비인간을 위한 도구로만 보지 않고, 일부 인공지능 시스템 자체가 예컨대 '기계'의 형태로 정치적 지위(이것이 무엇을 의미하든)를 획득할 가능성을 고려하는 입장이다. 이 개념은 인공지능이 단순히 정치적 목적을 달성하는 데 쓰이는 기술적 수단 및 정치적 도구가 아니며, 그렇게 돼서도 안 된다는 것이다. 다만, 인공지능이 도구 이상일 수 있고 **정치적 이해관계와 가치를 지닐 수도 있으며**, 특정 조건 하에서는 정치 공동체에 포함되어야 한다는 사실이다. 이러한 주장은 인공지능 정치학이 비인간(과 인간)을 위한 인간에 **의한** 정치일 뿐만 아니라, 잠재적으로는 비인간에 의한 정치학이어야 한다는 것이다. 여기에는 '누구를 위한'이라는 질문이 아직 해결되지 않고 있고, 잠재적으로는 기술적인 비인간도 포함된다.

  기술철학에서는 이 같은 질문이 보통 다음과 같은 **도덕적** 질문으로 표현된다. 기계는 도덕적 지위를 가질 수 있는가? 지난 20년 동안 인공지능과 로봇 윤리 분야에서 이 주제에 관해 활발한 토론이 이루어졌다.(보스트롬·유드코프스키Bostrom and Yudkowsky 2014; 코켈버그 2014; 다나허Danaher 2020; 달링Darling 2016; 플로리디·샌더스Floridi and Sanders 2004; 건켈Gunkel 2018; 엄브렐로·소르그너Umbrello and Sorgner 2019) 그런데 기계와 같은 실체들entities의 **정치적** 지위란 무엇인가? 또 그런 실체들의 정치적 권리, 자유, 시민권, 그리고 우리와 관계 맺는 방식을 고려한 정의란 무엇인가?

  일부 주장과 논거를 같은 방향에서 살펴볼 수 있는 몇 가지 흥미로운 방법이 있다. 첫 번째 방법은 기계의 도덕적 지위에 대한 논쟁에서 알 수 있다. 정치적 지위에 대한 일부 논의가 이러한 논쟁을 반영할 가능성이 높다. 예컨대, 고통을 느끼거나 받아들이는 등의 속성이 부족하다는 점을 근거로, 인공지능에 도덕적 지위를 부여하길 꺼리는 사람들이 똑같이 인공지능에 정치적 지위를 부여하는 것에 대해서도 반대할 가능성이 높다. 다른 사람들은 그런 내재적 속성은 정치적 지위에 중요하지 않고 오히려 관계적 차원이나 공동체 차원이 중요하다고 주장할 수 있다. 가령, 우리가 사회적 공동체 방식으로 인공지능과 관련이 있을 경우, 그것으로 인공지능 같은 실체에 정치적 지위를 부여하기에 충분하다고 볼 수 있지 않을까? 나(2014)와 건켈(2018)의 경우는 내재적 속성을 근거로 도덕적 지위를 부여하는 것에 문제를 제기한다. 그리고 어디에 경계선을 그어야 할지는 정치적 (재)협상의 문제이고 인간을 배제하는 권력의 역사와도 관련되어 있기에, 이제는 우리가 다른 실체에 도덕적 지위를 부여하는 것에 대해 신중을 기해야 한다고 주장한다. 정치적 지위에 대해서는 **한층 더 강력한 이유**로 같은 말을 할 수 있을 것이다. 정치에서 기계의 배제를 재협상할 시기인가? 도덕적 행위agency와 도덕적 페이션시patiency의 구분은 정치적 지위와도 관련이 있다. 도덕적 행위는 인공지능이 다른 사람에게 해야 하는(해서는 안 되는) 행동에 관한 것인 반면, 도덕적 페이션시는 인공지능에 행해질 수 있는 것에 관한 것이다. 인공지능의 정치적 행위와 정치적 페이션시 간에도 유사한 구분이 가능하다. 예컨대, 인공지능이 정치적 판단과 참여에 필요한 속성을 가지고 있는지(행위), 또는 특정 조건 하에서 인공지능으로 **인해** 정치적으로 생긴 일은 무언지(페이션시) 물을 수 있을 것이다.

　이러한 도덕적 지위에 관한 논의는 권리 개념에 초점을 맞추면 정치(및 법) 철학과도 흥미롭게 연결될 수 있다. 로봇의 사회적 상황을 살펴보기 위해 도덕적, 법적 지위에 대해 논하는 건켈의 『로봇의 권리Robot Rights』(2018)는 이러한 연결 작업을 위한 훌륭한 출발점이다. 건켈은 로봇 권리에 대한 다양한 입장을 유용하게 분류한다. 그리고 권리가 반드시 **인권**을 의미하는 것이 아닌데도 우리가 '권리'라는 말을 사용할 때, 자신이 하는 말의 의미를 알고 있다고 착각한다는 점을 지적하여 인간중심주의를 넘어선다. 여기에는 특권, 청구, 권한, 면제(법철학자 호펠드W. N. Hohfeld가 권리 범주로 구별함 - 옮긴이) 같은 다양한 유형의 권리가 있다. 대부분의 사람들이 로봇이나 인공지능에 인권을 부여하는 것을 거부하겠지만, 이러한 분석을 활용하여 인권보다 적거나 인권과는 다른, 기계에 대한 특정 유형의 권리를 주장하고 기계의 **정치적** 의미를 고려할 수 있을 것이다. 권리가 인권이나 인간 수준의 권리일 필요는 없다는 인식은 이를 위한 약간의 여지를 제공한다. 그러나 이런 프로젝트는 로봇 권리라는 개념 자체에 **선험적으로** 반대하는 사람들에 의해 거부되는 것만이 아니라 관계적인 반발에 직면할 수도 있다. 비판적 포스트휴머니즘과 포스트모더니즘의 입장에서 보면, 이 같은 추론이 도덕과 정치철학을 일종의 플랫폼상에 두고 그 실체를 범주화하고 (도덕적, 정치적) 권리를 부여하는 전체 철학의 한 형태로 간주된다고 할 수 있을 것이다.(코켈버그 2014: 건켈 2018) 노예에게 주는 것과 비슷한 정도의 정치적 지위를 로봇에게 부여하기 위해 로마법에 의존하거나, 더 넓게는 로마법의 권리와 시민권의 범주에 관한 정치적 권리의 틀을 모델로 삼는 것은 마르크스주의, 탈식민주의, 정체성 정치의 관점에서 볼 때, 더 심각한 정도는 아니더라도 마찬가지로 문제가 될 수 있음에 유의하라.(2장 참조)

또 다른 방법은 동물과 환경의 정치적 지위에 관한 주장을 인공지능에 적용하는 것이다. 이를테면, 정치적 지위를 협력 또는 내재적 가치와 연결하자는 주장이다.(이 장의 첫 번째 절 참조) 가령, 사물을 분별하고 판단하는 의식이나 지각력이 동물의 경우에 도덕적 또는 정치적 지위를 보장하는 내재적 속성으로 간주된다면, 인공지능을 갖춘 실체가 동일한 속성을 보여줄 경우에도 똑같은 지위를 부여해야 할 것이다. 일부 동물과 마찬가지로 인공지능이 어떤 일에 이해관계를 가지고 있거나 협력 파트너로 역할을 수행한다고 생각된다면, 도널드슨와 킴리카(2011)의 주장을 따를 경우에 비록 의식이나 지각력이 없어도(하지만 지각으로 간주되는 것에 대해 상당한 논쟁이 있음에 유의하라) 정치적 지위로 간주될 수 있을 것이다. 그렇다면 강이나 바위 등 인간이 아닌 특정한 실체가 의식이나 지각력이 없어도 내재적 가치를 기반으로 정치적 지위를 부여받을 수 있다면, 특히 특정 공동체에 의해 신성시되거나 특별히 가치 있는 것으로 인식될 경우 일부 인공지능이나 인공지능의 '생태계'가 비슷한 지위를 부여받을 수 있는가? 합성생물학synthetic biology(기존 것을 바탕으로 존재하지 않던 생물의 구성 요소와 시스템을 새로 설계하고 구축하는 학문 – 옮긴이) 과 생명공학의 가능성을 감안하면 생물과 무생물의 경계도 점점 모호해지고 있다. 과학자들은 실험실에서 유기체와 인공적 실체 사이의 혼합체를 생산한다. 미래에 우리는 더 많은 '합성 유기체'와 '살아 있는 기계'를 갖게 될 것이다.(디플레이즈·후펜바우어Deplazes and Huppenbauer 2009) 생명공학자들의 경우 프로그래밍이 가능한 세포를 생산하려고 한다. 이 세포들은 살아 있는 것처럼 보이지만 설계된 것이므로 동시에 기계이다. 만약 인공지능이 '생명' 쪽으로 이동한다면('살아 있는 기계'가 되는 경우) 또 이동하는 정도에 따라 그다음 생명 자체가 정치적 지위에 대한 충분조건으로 생각된다면(정치적 페이션시의 경우), 최소한 어느 정도는 (다른) 살아있는 존재와 동일한 정치적 지위를 누릴 수 있는 조건을 충족할 수도 있을 것이다. 그렇다면, '생명' 범주는 도대체 얼마나 영향력이 커질까? 일부 환경주의자들이 주장하는 것처럼 종과 특정 자연환경 그 자체로 가치가 있고 이것에 정치적 권리를 부여한다면, "인공 종"과 "인공 환경"이 유사한 기능을 수행하고 내재적으로 가치 있는 것으로 인식될 경우 마찬가지로 정치적으로 보호되어야 하는가?(오웨·바움·코켈버그Owe, Baum and Coeckelbergh 2022) 포스트휴머니스트은 모든 혼성체hybrid를 정치 공동체로 기꺼이 받아들일지도 모른다. 그들에게는 살아 있는 기계와 인공 생명체는 문제가 되지 않는다. 대신, 과거의 생명/무생명 이원론을 고수하는 것을 문제로 본다. 또 이런 이원론과 경계를 무너뜨리는 것은 그들의 철학적 목표의 일부이자 실질적인 **정치** 활동의 일부이기도 하다.

기계의 도덕적 지위에 대한 일부 주장처럼, 인공지능이 (체스와 바둑 등) 인간을 능가함을 보여준 최근의 성공 사례로 정치적 지위에 관한 일부 주장도 고무될 수 있다. 또 미래의 인간이 인공 일반지능(AGI-인간의 모든 지적 작업을 해낼 수 있는 기계 지능 – 옮긴이)이나 인공 초지능(ASI-거의 모든 영역에서 인간의 지능을 능가하는 인공지능 – 옮긴이)을 진전시킬 수 있다고 가정할 수도 있다. 보스트롬(2014), 커즈와일(2005), 모라베츠(Moravec 1988) 같은 트랜스휴머니스트들은 이러한 일이 일어날 가능성에 대해 진지하게 고려한다. 그리고 인간 지능보다 더 뛰어난 지능이 출현하여 지구를 식민지화한 다음, 우주로 영역을 넓히는 시나리오에 대해서 이야기한다. 이런 시나리오와 관련되는 정치적 문제는 (정치적 행위자나 페이션트) 이 초지능 실체들에게 주어지는 정치적 지위는 물론이고 인간이 가지고 있는 정치적 지위와도 관련이 있다. 따라서 이런 질문을 해볼 수 있을 것이다. 초지능 인공지능은 장차 인간으로부터 정치권력을 넘겨받게 되는가? 또 이것은 인간의 정치적 지위에 어떤 의미인가? 현재 일부 동물이 인간의 노예인 것처럼, 장차 인간도 인공적인 주인의 노예가 될까? 인간이 생물학적 물질이나 에너지원으로 사용되거나(현재 일부 식물이나 동물과 마찬가지로, 또한 영화 〈매트릭스〉참조) 디지털 도메인으로 업로드 되는가? 여전히 인간은 존재할까? 인류에게 닥친 실존적 위험은 무엇인가?(보스트롬 2014) 여기서 '실존적'이란 인류가 파괴될지도 모른다는 의미에서 사용된다. 우리는 인공지능에 인간의 목표와 양립할 수 있는 목표를 부여할 수 있을까? 아니면 인공지능이 이러한 목표를 수정하여 인류의 이익이 아닌 자신들의 이익을 추구할 것인가? 첫 번째 선택은 (포스트휴머니스트들과는 대조적으로) 인간이 근본적으로 달라진다고 하더라도 계몽주의와 인본주의, 민주주의가 계속해서 존재하고 급진화하는 것을 목표로 하는 휴스(Hughes 2004) 같은 트랜스휴머니스트들이 지지한다(페란도Ferrando 2019, 33). 인간이 완전히 정복되어야 하고 우리보다 더 지적인 존재를 위한 공간을 만드는 것이 더 낫다고 생각하는 다른 사람들도 있다. 어떤 경우이든, 트랜스휴머니스트들은 교육 등 인간의 문화보다는 인공지능 같은 기술이 더 나은 인간과 인간 이상의 것을 만들어내고, 그렇게 돼야 한다는 데 동의한다. 또 이것이 인간(살아남을 경우)과 향상되거나 초지능을 가진 주인 간 권력 균형을 변화시킬 가능성이 있다는 점에서 인류 전체에 정치적 영향을 미칠 것이라는 데도 동의한다. 하라리(2015)가 제안한 것처럼, 그때가 되면 민주주의와 다른 오래된 제도들은 더 이상 필요하지 않을 수도 있다. 트랜스휴머니스트들은 대부분 실제로 존재하는 인간과 인간 사회에 미치는 좀 더 즉각적인 정치적 영향에 대해 생각하는 데에는 그다지 많은 시간을 할애하지 않는다. 하지만 자유주의자(2016년 선거에서 미국 대통령에 출마한 졸탄 이스트반Zoltan Istvan)에서부터 사회적 쟁점에 대한 관심을 촉구하는 민주적 좌파(제임스 휴스James Hughes)에 이르기까지, 정치적이고 현재에 관심 있는 트랜스휴머니즘 분파도 있다는 것은 분명하다.

정치적 행위자로서 정치 및 거버넌스에서의 인공지능 역할은 미래에 관한 것이라기보다는 이미 현재와 관련이 있다. 정치에 대한 전문성과 리더십 문제를 다시 한번 생각해보자. 정치에는 어떤 판단과 역량이 필요한가? 또 기술관료주의와 민주주의의 균형은 어떻게 맞출 수 있는가? 인간이 풀기 어려운 정치적 문제에 대해 판단력을 발휘하고 이 역량이 자율성과 규범적 지위와 관련 있다면, 인공지능은 그러한 판단 역량을 개발하여 정치적 권한을 획득할 수 있을까? 과연 인공지능이 인간으로부터 정치를 넘겨받을 수 있을까? 인공지능은 정치적 리더십에 필요한 지식, 전문성, 스킬을 갖출까? 그렇다고 하면, 인공지능의 그러한 역할이 정치에서 민주주의와 양립할 수 있을까? 이러한 질문들 가운데 일부는 이미 3장에서 검토됐다. 하지만 이제는 지식, 기술관료주의, 민주주의와 관련하여 더 이상 인공지능의 도구적 역할에 단순히 관심을 갖기보다는, 인공지능이 정치적 권한을 획득할 수 있을 것인지 여부와 그 방법에 관심을 기울여야 한다.

이 질문에 답하기 위해서는 비인간의 도덕적 지위와 특히 도덕성을 부여하는 행위성에 대한 논의로 되돌아갈 수밖에 없다.(다시 플로리디와 샌더스 등) 하지만 비인간에 대한 포스트휴머니즘적 사고(라투르)를 다시 한번 고려하거나, 3장에서와 같이 리더십과 시민권, 이성적 역량이 필요한지 여부, 정서의 역할이 무언지, 정치적 전문성이 무언지 등에 대한 정치이론을 참조하여, 이 같은 논의를 자세히 설명할 수 있을 것이다. 상식과 사고와 판단이 정치에 필요하다는 아렌트의 경고 등을 고려해보라. 1장과 3장에 언급한대로 인공지능이 이 역량들을 획득할 수 있는지 의구심을 품을 수도 있을 것이다.

'할 수 있을 것이다could'라는 형태의 문제 제기 외에도 '해야 할 것이다should'라는 형태의 문제 제기도 있다. 인공지능 기술관료주의의 가능성에 대해 공개적으로 열광하는 저자는 거의 없다. 심지어 트랜스휴머니즘 문헌에서도 기술관료주의는 때때로 거부된다. 가장 두드러진 경우로, 휴스는『시민 사이보그Citizen Cyborg』(2004)에서 기술은 우리의 민주적 통제하에 있어야 한다고 주장한다. 우리는 이성, 과학, 기술과 동시에 민주주의도 필요하다. 휴스는 이러한 것 이상으로 자연에 대한 기술 지배는 "철저한 민주화가 필요하다"고 역설한다.(3) 그는 우리가 다른 형태의 지능을 만들어낼 테지만, 이제는 "전쟁, 불평등, 빈곤, 질병, 불필요한 죽음을 종식해야" 하는 초지능과 민주적 형태의 트랜스휴머니즘이 필요하다고 말한다. 또 이것은 트랜스휴머니즘의 미래 모습을 결정짓는 까닭이기도 하다.(xx) 나아가 현재의 인간이 미래의 인간을 설계할 것이라는 생각은 현시점과 관련 있는 세대를 초월하는 정의에 관한 문제를 다음과 같이 제기한다. 그러한 책임을 우리가 원하는가? 그럼에도 많은 트랜스휴머니스트들은 우리가 알고 있는 대로 이 지구와 인간에게 반드시 일어나지는 않는 먼 미래에 초점을 맞추길 좋아한다. 오늘날에는 일론 머스크와 제프 베이조스 같은 기술 억만장자들이 우주를 식민지화할 계획을 세우고 그러한 비전을 지지하는 듯하다.

일부 포스트휴머니즘 이론은 정치 공동체를 기계로 확대하고 기계의 정치적 지위에 대한 생각을 다룬다. 앞 절에서는 이미 해러웨이가 패권적 질서와 이분법에 반대하면서 유기체/기계, 생물학적 종/기술의 경계를 넘어서는 정치학을 어떻게 주장하는지 언급했다. 이는 동물의 정치적 지위는 물론이고, 기계의 정치적 지위와도 관련이 있다. 사이보그 은유는 인간/기계라는 이원론을 해체하기 위한 것이다. 해러웨이는 "새로운 기술과 복잡하게 얽힌 관계를 포용하는 포스트휴머니즘과 페미니즘 정치학"을 표방한다.(아타나소스키·보라Atanasoski and Vora 2019, 81) 하지만 여기서도 요점은 기술에 대해 달리 생각해야 한다는 것만이 아니라, 인간과 정치에 대해서도 재고해야 한다는 것이다. 그레이(Gray 2000)는 『사이보그 시티즌Cyborg Citizen』(2000)에서 해러웨이의 사이보그 상상계를 다시 꺼낸다. 이 용어는 한 종으로서의 인간이 계속해서 기술적으로 스스로를 바꾼다는 의견을 나타낸 것인데, 같은 의미에서 우리는 사이보그이다. 따라서 질문은 이렇다. "사이보그 사회"(2)란 어떤 사회를 의미하는가? "전자 복제의 시대"(21)에 시민권은 어떤 의미인가? 기술은 정치적이므로 보다 민주적으로 기술 명령이 내려져야 한다고, 그레이는 주장한다.(198) 지식은 힘이기 때문에, 사이보그 시민들은 통제할 정보를 가지고 있을 필요가 있다. 새로운 기술이 개발되고 있다면, 우리에게도 새로운 정치제도가 필요하다.

해러웨이와 마찬가지로 바라드(Barad 2015)도 새로운 정치적 상상계에 관심을 가진다. 셸리Shelley의 『프랑켄슈타인Frankenstein』과 퀴어이론queer theories(성의 문제가 중심적 사안이며 성 정체성이 사회적으로 구성되고 구성되어 온 과정을 탐구 – 옮긴이) 및 트랜스 이론에 의거하여, 바라드는 괴물들이 우리에게 새로운 형태의 친족관계 및 생성을 탐구하게 한다고 주장하고,(410) 비인간과 포스트휴먼posthuman(인간과 기술의 결합으로 나타나는 인간 이후의 인간 등 – 옮긴이)

타자와의 융합을 상상한다. 『우주의 길목에서 만나기Meeting the Universe Halfway』(2007)에서는 세상을 사회적인 것과 자연적인 것 등의 범주로 구분하는 것에 대해 문제를 제기한다. 대신, 그녀는 양자 역학을 은유의 원천으로 이용하면서 "사회적인 것과 자연적인 것을 함께 이론화"해야 한다고 주장한다.(24~25) 그리고 담론적 실천discursive practices을 수행적으로 이해하는 자신의 리얼리즘 버전인 행위적 리얼리즘agential realism으로 이러한 것을 시도한다.(다시 버틀러 참조) 바라드에 따르면, 행위성에는 인간과 비인간 유형이 있다. 그녀는 이것을 푸코와 버틀러에게서 영감을 받은 권력 개념과 연결하지만, (페르난데스Fernandes에게서 영감을 받은) 기계적 행위로 재구성되는 생산관계에 대해서도 이야기한다. 기계와 인간은 "특별하게 얽힌 행위"를 통해 모습을 드러낸다.(239) 기계와 인간은 서로를 구성한다. 다른 곳에서 바라드(2003)는 재현주의를 정치적 개인주의와 연결해서 비판한다. 그녀의 대안은 포스트휴머니즘의 수행성 개념이다. 이 개념은 인간/비인간(808) 또는 사회적/물질적 등의 범주에 이의를 제기하고, 권력을 사회적인 것뿐만 아니라 물질화 작업으로 이해한다.(810) 인간과 비인간의 몸은 모두 수행성과 "행위적인 내부 작용"을 통해 "물질이 된다."(823~824)

이런 접근방식을 바탕으로 앞서 검토된 많은 현상들을, 인간은 물론이고 비인간을 포함하여 재규정할 수 있다. 편향과 불평등과 전체주의적 형태의 통제 및 감시의 발생은 인간만이 아니라 기술과 제도를 포함한 비인간을 필요로 하는 것으로 이론화할 수 있다. 예컨대, 들뢰즈와 가타리의 영향을 받은 해거티와 에릭슨 (Haggerty and Ericson 2000)은 현대사회의 감시를 설명하기 위해 파놉티콘이라는 은유를 사용하는 대신, 인간과 비인간 모두를 포함하기 때문에 "감시 집합체surveillant assemblage"라는 용어를 사용해야 한다고 주장한다.

인공지능과 관련하여 인간/비인간으로 구분하는 이원론에 대해 어느 정도는 포스트휴머니즘적이고 확실히 해체주의적인 또 하나의 접근방식은, 인간/인공지능 구분에 문제를 제기하는 것이 변치 않는 두 용어에 문제를 제기하는 것으로 봐서는 안 된다는 것이다. 그 과정에서 이 두 용어 역시 변하기 때문이다. 인공지능이 의미하는 것에 대해 논할 때, 우리는 기술을 논의하는 것뿐만 아니라 은유도 사용한다. 즉 '인공지능'이라는 용어의 사용은 인간 지능과의 비교를 필요로 한다. 이때 은유는 연결되는 두 용어를 변화시키는 경향이 있다. 리(Rhee 2018, 10~11)는 은유에 대한 리쾨르Ricoeur의 견해와 함께 특히 은유가 "은유적 결합 이전에는 존재하지 않았던 새로운 유사성의 결합"을 생성하는 것으로 상정하는 그의 용어인 "단정적 동화predicative assimilation"(리쾨르 1978, 148)에 영감을 받아, 인공지능과 관련하여 인간과 기계 간 "은유의 붕괴"를 확인한다. 즉, 인공지능의 인격화가 바로 인격화 이전에 존재하지 않았던 인간을 만들어낸다. 말하자면, 인공지능은 기계만이 아니라 인간에 대해서도 달리 생각하게 만든다. 이 또한 정치적 함의를 지닌다. 리Rhee가 주장하듯이, 인간과 인공지능의 관계를 어떻게 형성할 것인지 결정하는 것은 권력 행위라 할 수 있다. 같은 의미에서 '인공지능'이라는 용어를 만들어내고 사용하는 것 그 자체로 정치적 행위이다. 은유는 동시에 특정 신념을 촉진시킨다. 이를테면, '기계 학습'이라는 용어는 컴퓨터가 학습을 하기 때문에 행위성과 지각력이 있음을 시사한다고 브루사드(Broussard 2019)는 주장한다. 이런 "언어적 혼란"은 (수행적인) 권력의 행사로도 볼 수 있다.(89)

포스트휴머니즘은 가끔 정치이론으로 명료하게 쓰인다. 졸코스(Zolkos 2018)는 비인간 중심의 정치 이론화를 수반하는 정치 이론에서 포스트휴먼posthuman 전환을 본다. 이는 무엇보다도 생물학적 유기체와 기계가 정치적 행위성 측면에서 고려되고 있음을 의미한다. 랏자라또(Lazzarato 2014)의 경우 상징적인 것(기호)과 기술적인 것(기계)을 하나로 묶는다. 기계는 사회적 행위자이며, 따라서 거대 기계mega-machines(기술 철학자 루이스 멈포드Lewis Mumford 에게서 차용한 용어)는 인간, 비인간 동물, 무생물을 포함하는 집합체이다. 랏자라또는 후기 자본주의에서 인간은 거대 기계의 작동에 종속된다고 주장한다. 그렇다면 정치는 인간의 문제만이 아니라 (거대) 기계 내부에서도 발생한다. 여기에서는 인간 외에 기계,

사물, 기호도 행위자가 되고 (거대) 기계를 통해 주체성이 만들어진다. 기계들은 "특정 행동과 사고 및 정동을 암시하고, 가능하게 하고, 간청하고, 촉진하고, 격려하고, 금지하여"(30) 푸코가 이론화한 유형의 권력관계를 확고히 한다. 특히 랏자라또는 "과학, 경제, 커뮤니케이션 네트워크, 복지 국가가 작동하는 방식"을 기계의 **노예 상태**로 본다.(31) 그는 또 신자유주의를 비판하고 단절적인 사건에서 급진적 정치의 변화 가능성을 본다.

그런데 트랜스휴머니즘과 심지어 포스트휴머니즘조차 이런 변화를 충분히 지지하면서 중요한 역할을 맡을 수 있을까? 비판 이론의 관점에서 보면, 인공지능의 도덕적, 정치적 지위에 관한 이 모든 논의는 자본주의적 착취를 통해 소수를 위한 이윤 창출에 인공지능이 이용되고 개발을 지원할 위험이 있는 공상과학 내러티브이자 수행으로 볼 수 있다. 앞서 언급한 권력에 관한 내용에서는 휴머노이드 로봇 소피아의 사례를 든 적이 있다. 소피아의 수행과 내러티브는 정치적 지위(시민권)에 대한 아이디어에 호소하고 있지만(비판 이론가가 그렇게 주장할 수 있듯이) 실제로는 이익을 창출하고 자본을 축적하는 일이다. 우리는 인공지능이 인간과 비인간에 미치는 영향에 대해 반드시 논의해야 한다. 오히려 (행위자agents 또는 페이션트로) 인공지능의 정치적 지위에 대해 이야기하는 것은 사람들과 지구 행성(의 나머지 것)에 악영향을 끼치는 자본주의 착취를 방해하는 일일 수도 있을 것이다.

마지막으로 포스트휴머니스트, 환경주의자, 여성주의자가 상기시켜 주고 있듯이 '인류'의 미래와 '자연'의 관계, 또는 인간이 아닌 기계 '타자'에 대해 이야기하는 것은 (일부 포스트휴머니즘 글에서처럼) 가정 및 개인 영역 수준에서의 정치, 즉 '큰' 정치와 연결된 '작은' 정치에서 다른 곳으로 관심을 돌리는 일일 수 있다. 일상생활에서 우리가 다른 사람과 함께 인공지능으로 하는 일도 마찬가지로 정치적이다.(그리고 앞의 장들에서 평등과 권력에 대한 논의에서 나타내듯이, 그러한 '우리'를 규정하는 방식도 정치적이다.) 인공지능의 정치학은 집과 직장, 친구 등과 함께 우리가 기술로 하는 일 깊숙한 곳까지 파고들며, 이것은 다시 인공지능 정치학을 형성한다. 아마도 이것이 인공지능의 진정한 힘일 것이다. 실제로 우리는 일상생활(일상 세계)에서 스마트폰과 또 다른 화면에서 실행하는 작업으로, 인공지능에 힘을 실어준다. 또 자본 축적에 인공지능을 이용하는 사람들에게도 힘을 실어주면서 패권적인 특정 사회구조를 지원하고, 이원론을 강화하고, 다양성을 부정한다. 같은 의미에서 또한 "데이터는 새로운 석유"이다. 데이터도, 석유도 우리가 사용하지 않고 중독되지도 않는다면, 그렇게 중요하지 않을 것이다. 다시 한번 말하지만, 인공지능과 인공지능의 정치학은 계속해서 우리를 중독 상태로 남게 하는 데 관심을 두는 사람들에 관한 것이다. 이는 동시에 저항과 변화의 가능성도 열어준다.

6장

정치적 기술

이 책의 역할과 결론

이 책은 인공지능과 관련 기술이 제기하는 규범적 문제에 대해 실천 철학의 자원을 활용하는 데는, 윤리학만이 아니라 정치철학도 유용할 수 있음을 보여준다. 각 장에서는 구체적인 정치원리와 문제에 집중하고 이를 인공지능과 연관 지어, 인공지능과 정치철학을 연결하는 방법을 제안한다. 정치적, 사회적 논의에서 현재 관심을 기울이고 있는 자유, 인종차별, 정의, 권력, 민주주의(에 대한 위협) 같은 문제들이 인공지능과 로봇 같은 기술 발전에 비추어 새롭게 시급한 의미를 갖게 된 것은 분명하다. 따라서 정치철학은 이러한 문제들과 의미를 개념화하고 논하는 데 유익하다. 이 책은 자유, 정의, 평등, 민주주의, 권력, 그리고 비인간중심주의 정치학 이론이 어떻게 인공지능에 대한 사고에 생산적으로 활용될 수 있는지 이야기한다.

보다 정확하게 말하면, 이 책은 두 가지 의도를 지니고 있다. 한편으로, 정치철학과 사회이론에서 가져온 개념과 이론이 인공지능이 야기하는 규범적, 정치적 문제에 접근해서 이해하고 규정하는 데 도움을 줄 수 있는 방법을 이야기한다. 이는 인공지능의 정치학을 사고하는 데 도움을 줄 수 있는 개념적 도구 상자의 **하나로, 인공지능에 대한 정치철학**의 밑그림으로 이어진다. 배타적이고자 하는 의도는 없기에 다른 분야로부터 함께하는 노력을 환영

하며, 인용된 문헌 가운데 일부는 엄밀히 말해 정치철학에서 가져온 것은 아니다. 더욱이 이 책은 입문서로 의도되었기에 이 주제들 각각에 대한 추가 작업의 여지가 많다. 그럼에도 이 책은 **인공지능의 정치적 측면에 대한 사고를 하기 위한 평가적, 규범적 틀을 만드는 데 필요한 몇 가지 실질적인 구성 요소들을 제공한다.** 이는 연구, 대학 교육, 비즈니스, 정책 분야에서 인공지능의 규범적 측면에 관심 있는 사람들에게 유용할 수 있다. 나는 이 책의 개념적 도구들과 담론이 학문적으로 흥미로움을 주는 것은 물론이고, 인공지능과 인공 권력으로 밝혀진 것들이 야기하는 문제를 해결하기 위한 실질적인 노력을 이끌어갈 수 있기를 바란다. 인공지능은 기술적이고 **정치적**이다.

다른 한편으로, 이 책은 실용적인 활용과 함께 **인공지능에 대한 응용정치철학**의 응용을 넘어서는 철학적 의미도 지닌다. 인공지능과 로봇 정치학을 개념화하는 것은 정치철학과 사회이론에서 가져온 기존 개념들을 단순히 적용하는 문제가 아니라, **바로 그 개념들과 개념들 자체**(자유, 평등, 정의, 민주주의, 권력, 인간 중심의 정치학)**가 가지고 있는 가치들에 대해 문제를 제기하고** 정치의 본질과 미래에 대한 흥미로운 질문들을 다시 살펴보게 한다. 이를테면, 정치에서의 전문성, 합리성, 정서의 역할이란 무엇이고, 또 그래야 하는 것은 무엇인가? 중심에서 주도적으로 이끄는 인간의 위치에 문제를 제기한다면, 탈인간 중심의 정치란 어떤 의미인가? 이 책은 인공지능에 대한 논의를 정치철학의 개념과 논의로 다시 살펴보게 하고, 어떤 의미에서는 '강제'한다. 그리고 종국에는 인간과 휴머니즘(혹은 적어도 이러한 개념들 일부는 문제가 있는 형태라는 데)에 문제를 제기하도록 촉구한다.

기술에 대한 사고가 정치에 대한 사고를 자극하면서 불안정하게 하는 경험에 비추어 볼 때, 21세기의 정치철학은 기술과 관련된 질문에 답하지 않고는 더 이상 가능하지 않고, 그렇게 돼서도 안 된다는 것이 내 제안이다. 우리는 정치와 기술을 **함께 생각**해야 한다. 정치에 대한 생각은 기술에 대해 생각하지 않고서는 불가능하다. 이 사고의 영역들 사이에 더 많은 대화가 시급히 필요하고, 어쩌면 궁극적으로 이 둘은 합쳐져야 할 것이다.

그리고 지금은 이러한 일을 할 때이다. 헤겔은 1820년 『권리철학강요Outlines of the Philosophy of Right』에서 철학은 "생각 속에서 파악된 그 자체의 시간"이라고 말했다.(Hegel 2008, 15) 또한 모든 철학과 마찬가지로 정치철학도 시간에 반응하고 또 그래야 하며, 아마도 시간에 반응하고 시간을 반영하는 것 말고는 아무것도 할 수 없고, 실제로도 시간을 초월할 수 없다고 했다. 헤겔이 인용한 라틴어 격언을 바꾸어 표현하면, 지금이 바로 우리가 뛰어넘어야 할 시점으로 **목숨을 걸고 도약**salto mortale을 할 때이다. 우리 시대는 사회적·환경적·실존심리학적 불안 및 변혁의 시기일 뿐만 아니라, 인공지능 같은 새로운 기술이 이러한 변화와 발전과 밀접하게 얽혀 있는 시대이다. 지금은 인공지능 시대이다. 따라서 미래 정치에 대한 사고는 기술과의 관계 속에서 정치를 중대하게 연결할 필요가 있다. 이러한 사실은 인공지능이 지금 여기에, 우리 시대(에 관한 것)에 있기 때문이며, 따라서 인공지능은 **우리가 도약하면서 사고해야 하는 지점이기도 하다**. 이 책은 정치철학과 관련 이론(권력에 대한 사회이론, 포스트휴머니즘 이론 등)을 바탕으로 이러한 도약과 사고를 위한 약간의 지침을 제공한다.

하지만 이 책은 정치와 인공지능, 더 넓게는 정치와 기술에 관한 보다 광범위한 프로젝트를 소개하는 비판적 입문서를 원하는 독자 여러분의 바람과 달리, 그저 시작이고 첫 단계로, 즉 서설일 뿐이다. 앞으로 해야 할 일의 의미를 제시하는 것으로 이 책을 마무리하려고 한다.

앞으로 해야 할 일, 정치적 기술에 관한 문제

이 책은 입문서이자 철학서로 답을 제공하기보다는 질문을 하는데 맞춰져 있다. 다시 말해 이 책은 인공지능의 정치학을 논의하는 데 유용한 구조적 틀이자 도구 상자로 성장하고 있는 정치철학이 어떻게 도움을 줄 수 있는지 제안했다. 하지만 더 많은 작업이 필요하다. 보다 정확하게 말하면, 최소한 두 단계가 더 필요하다.

첫 번째는 더 많은 연구와 사고가 있어야만 이 틀을 더욱 발전시킬 수 있다는 점이다. 현재는 건축 공사에 임시로 설치한 비계scaffold와 같다. 지지대 역할을 하고 있지만 임시적이다. 그래서 지금 필요한 것은 추가적인 공사라 할 수 있다. 인공지능의 정치학에 관한 문헌이 빠르게 늘고 있기에 인공지능의 편향과 첨단 기술기업의 권력, 인공지능과 민주주의 등의 문제에 대해 더 많은 관심과 연구가 축적되리라는 데는 의심의 여지가 없다. 그럼에도 인공지능의 **정치철학** 탄생을 돕는 것과 관련되는 이 책의 기획 의도에 비추어 볼 때, 특히 나는 ① 더 많은 **철학자들**이 인공지능의 정치학에 대한 글을 쓰고(현재는 다른 분야의 사람들이 이에 관한 글을 쓰는 경우가 많은데, 많은 글들이 수박 겉핥기식의 비학문적 글쓰기에 그치고 있음), ② **정치철학**과 사회이론을 활용하여 더 많은 연구가 이루어지길 바란다. 현재는 정치철학과 사회이론의 자원들이 인공지능에 대한 규범적 사고와 기술철학에 그다지 비중 있게 사용되지 않는데, 아마도 그 이유는 윤리학보다 덜 친숙하거나 덜 대중적이기 때문인 것으로 보인다. 저명한 기술철학자인 랭던 위너Langdon Winner는 이미 1980년대에 기술은 정치적이라고 주장한 바 있다. 그는 새로운 기술이 사회를 좀 더 민주적이고 평등하게 하는 대신, 이미 많은 권력을 가진 사람들에게 더 많은 권력을 가져다줄 수 있다고 경고했다.(위너 1986, 107) 내가 쓴 다른 책에서도 이야기하고 있듯이 우리가 정치철학의 자원을 활용하는 것이야말로, 기술이 정치적이라는 생각을 한층 더 발전시키고 인공지능 같은 기술의 영향을 비판적으로 논의할 수 있다.

두 번째는 정치가 공적 관심사에 관한 것이라고 정의되어 모두가 참여해야 하는 것이라면, 인공지능의 정치학에 대한 사고도 마찬가지로 학계 밖에서도 이루어져야 할 뿐더러 모든 맥락에 있는 이해관계자가 모두 참여해야 할 것이다. 인공지능의 정치학은 우리가 단지 책에서 생각하고 쓰기만 해서 되는 게 아니라 **행동으로도 옮겨야** 하는 것이다. 철학자와 전문가만이 통치해야 한다는 플라톤의 생각에 반대한다면, 인공지능의 시대라는 점을 감안하여 좋은 사회란 무엇인지 알아내는 것도 함께 찾아야 할 것이다. 다시 말해 인공지능의 정치학은 공개적으로 논의하고 참여적이어야 하며 포용적 방식으로 이루어져야 한다. 그렇더라도 이것이 철학과 철학자의 역할을 배제하는 것은 아니므로, 이 책에서 언급되는 정치철학 개념과 이론이 공개적인 논의의 질을 높이는 데 유익할 수 있다. 오늘날 인공지능이 민주주의를 위협한다고 자주 언급되는 경우가 많지만, 그 이유와 민주주의가 의미하는 바는 명확하지 않다. 3장에서 이야기하고 있듯이, 정치철학은 기술철학과 미디어의 도움을 받아 이 점을 명확히 하는 데 도움을 줄 수 있다. 아울러 이 책이 지적하고 있는 몇 가지 위험(사회의 편향과 차별의 형태들, 소셜 미디어를 통한 반향실과 필터 버블, 인공지능의 전체주의적 이용 위험 등)을 감안할 때, 우리는 이 어려운 문제들을 **어떻게** 다루어야 할지, 그러한 논의를 어떻게 활용해야 할지 등의 문제를 풀어야 하는 상황에 처해 있다. 인공지능과 또 다른 기술에 대한 민주적·포용적 논의를 위해 어떤 절차와 인프라와 지식이 필요한가? 실제로 어떤 **기술**이 필요하고(필요하지 않으며), 어떻게 사용하는(사용하지 않는) 것이 최선인가? 어떤 유형의 소셜 미디어가 우리에게 필요한가? 그에 따라 인공지능의 역할과 위치가 있다면 어떤 것이어야 하는가? 인공지능의 정치학을 민주적·포용적 방식으로 수행하는 법에 관한 사고는 우리가 민주주의와 정치 자체에 대해 물어야 하는 기본 질문 가운데 하나로, **어떻게** 수행해야 할까라는 문제로 되돌아가게 한다. 그러므로 정치에 관한 질문과 기술에 관한 질문이 실제로 그렇게 연결되어 있다면, 이번 질문도 다음과 같이 표현할 수 있다. 우리가 필요로 하면서 바라는 **정치적 기술**은 무엇인가?

마지막으로 이 책은 영어권 기준의 정치철학을 가져와 대응한다는 점에서, 편향과 문화정치의 방향과 한계 역시 제시된 틀에 일부분 들어 있다. 영어권의 정치철학 분야를 살펴보는 동안 마주한 많은 논의가 미국의 정치적 맥락과 문화를 당연하게 언급하는 경우가 대표적이다. 그로 인해 다른 지역의 접근방식과 맥락을 고려하지 않기 때문에 (틀림없이 더 나쁘게는) **해당 지역의 철학적 견해와 논거, 가정이 어떻게 정치적, 문화적 맥락에 의해 형성되는지** 간과한다. 나아가 대부분의 현대 정치철학은 국민국가의 맥락에 초점을 맞추고 있어, 글로벌 맥락에서 발생하는 복잡한 문제들을 다루지 못한다. 인공지능과 정치에 대한 학문적, 비학문적 사고를 한층 더 발전시키고자 한다면, 글로벌 맥락을 고려하여 인공지능의 정치학이 야기하는 문제들을 탐색하고 해결하는 것이 중요할 것이다. 여기서는 그러한 문제들이 기술과 정치, 실제로는 인간에 관한 문화와 다양한 사람들과 관련되는 '문화적 차이'에 대한 충분한 감수성을 유발하고 자아내기도 한다. 무엇보다도, 인공지능이 국경과 국민국가를 넘어 영향을 미치고 (미국뿐만 아니라 유럽, 아시아 등) 전 세계에 서로 다른 많은 인공지능 행위자들이 존재한다는 점을 감안하면, 글로벌 맥락에서 인공지능의 정치학에 대해 생각하고 어쩌면 글로벌 인공지능의 정치학을 발전시키는 것이 중요할 수 있다. 글로벌 맥락에서는 그 자체가 문제를 야기하는 프로젝트도 있다. 다양한 정부 간 기구와 비정부 기구가 이미 인공지능을 다루기 위한 정책을 개발하는 경우가 그렇다. 이 경우 (국가 간의) **국제적** 작업으로 충분한가, 아니면 (보다) **초국가적** 형태의 거버넌스가 필요한가? 글로벌 수준에서도 인공지능을 관리하기 위한 새로운 정치기구와 정치적 기술이 필요한가? **어떠한 글로벌 정치적 기술이 필요한가?** 둘째, 이 책에 언급된 문헌들은 특정한 정치적 맥락을 반영한다는 점을 염두에 두어야 한다. 유뱅크스(2018)의 경우 빈곤을 다루는 특정한 도덕주의적 방식을 비판할 때 미국의 정치문화를 바탕으로 주장하는 것이기에,

다른 나라에 의해 반드시 공유되지 않는 미국의 정치문화와 관련된 나름의 문제를 다룬다. 인공지능의 정치학에 대한 사고는 이러한 차원의 문화적 차이에 더 많은 관심을 기울일 필요가 있을 것이다. 무엇보다도 인공지능의 정치학이 더 관계적이면서 상상력이 풍부하고 책임감 있게, 지역과 전 세계의 맥락에 모두 실질적으로 보다 유의미한 것이 되고자 한다면 더욱 그렇다.

결론을 내리자면, 이 책은 정치철학을 인공지능에 대한 사고에 활용하라는 권고 내용만을 담고 있지 않다. 더 넓게는, 그리고 보다 야심차게는 정치와 기술을 함께 사고하는 이것이야말로 **목숨이 달린** 위험을 감수하고라도, 내가 사는 지역사회와 전 세계에 일어나고 있는 일에 대응하고 행동에 옮기라는 요청이기도 하다. 이제는 그렇게 할 때이며, 꼭 필요한 일이기도 하다. 만약 이 길을 택하지 않는다면, 우리는 인공지능 같은 기술이 이미 인간에게, 그리고 정치에 대해 하고 있는 일로부터 비판적, 성찰적 거리를 충분히 확보하지 못할 것이다. 또 우리는 인공지능 및 인공 권력의 무력한 피해자가 될 것이다. 다시 말해 우리는 스스로 내가 사는 지역사회에서 무력한 피해자가 될 것이다. 또 우리를 지배하도록 허용하는 매우 인간적인 (너무나 인간적인) 기술과 은유와 이원론적 권력 구조의 무력한 피해자가 될 것이다. 이는 디스토피아적 서사이지만, 안타깝게도 이 책에서 내내 반복해서 등장하는 핵심적인 정치원리와 가치가 어떻게 위협받는지 알려주는 이야기와 실제 사례를 떠올리게 한다. 우리는 더 잘할 수 있고, 또 그래야 한다. 정치적 기술에 대한 생각은 기본 원칙과 사회구조, 전 세계의 정치적 질서에 의문을 갖도록 기술에 대한 생각을 연결하고, 먼 미래가 아닌 지금 여기서 더 나은 긍정적인 이야기를 만들어내고 살아가는 데 도움을 줄 수 있다. 인공지능과 우리, 그리고 다른 존재들과 사물에 관한 이야기가 바로 그런 일이다.

감사의 말

이 책을 성공적으로 마무리할 수 있도록 지원하고 지도해준 편집자 메리 새비거, 세심하게 편집해준 저스틴 다이어, 원고 제출과 관련하여 구성적인 측면을 도와준 재커리 스톰스에게 감사드리고 싶다. 또한 원고를 다듬는 데 도움이 되는 의견을 주신 익명의 심사위원들께도 감사드린다. 특히 이 책의 문헌 검색을 도와준 유지니아 스탐볼리예프에게 감사한다. 마지막으로, 힘들었던 2년 동안 도움을 준 가족 그리고 가까이 있는 친구들뿐만 아니라 멀리 있는 친구들에게도 진심으로 고마움을 전한다.

참고문헌

Aavitsland, V. L. (2019). "The Failure of Judgment: Disgust in Arendt's Theory of Political Judgment." *Journal of Speculative Philosophy* 33(3), pp. 537–50.

Adorno, T. (1983). *Prisms*. Translated by S. Weber and S. Weber. Cambridge, MA: MIT Press.

Agamben, G. (1998). *Homo Sacer: Sovereign Power and Bare Life*. Translated by D.Heller-Roazen. Stanford: Stanford University Press.

AI Institute. (2019). "AI and Climate Change: How They're Connected, and What We Can Do about It." *Medium*, October 17. Available at: https://medium.com/@AINowInstitute/ai-and-climate-change-how-theyre-connected-and-what-we-can-do-about-it-6aa8d0f5b32c

Alaimo, S. (2016). *Exposed: Environmental Politics and Pleasures in Posthuman Times*. Minneapolis: University of Minnesota Press.

Albrechtslund, A. (2008). "Online Social Networking as Participatory Surveillance." *First Monday* 13(3). Available at: https://doi.org/10.5210/fm.v13i3.2142

Andrejevic, M. (2020). *Automated Media*. New York: Routledge.

Arendt, H. (1943). "We Refugees." *Menorah Journal* 31(1), pp. 69–77.

Arendt, H. (1958). *The Human Condition*. Chicago: University of Chicago Press.

Arendt, H. (1968). *Between Past and Future*. New York: Viking Press.

Arendt, H. (2006). *Eichmann in Jerusalem: A Report on the Banality of Evil*. New York: Penguin.

Arendt, H. (2017). *The Origins of Totalitarianism*. London: Penguin.

Asdal, K., Druglitrø, T., and Hinchliffe, S. (2017). "Introduction: The 'More-Than-Human' Condition." In K. Asdal, T. Druglitrø, T., and S. Hinchliffe (eds.), *Humans, Animals, and Biopolitics*. Abingdon: Routledge, pp. 1–29.

Atanasoski, N., and Vora, K. (2019). *Surrogate Humanity: Race, Robots, and the Politics of Technological Futures*. Durham, NC: Duke University Press.

Austin, J. L. (1962). *How to Do Things with Words*. Cambridge, MA: Harvard University Press.

Azmanova, A. (2020). *Capitalism on Edge: How Fighting Precarity Can Achieve Radical Change without Crisis or Utopia*. New York: Columbia University Press.

Bakardjieva, M., and Gaden, G. (2011). "Web 2.0 Technologies of the Self." *Philosophy & Technology* 25, pp. 399–413.

Barad, K. (2003). "Posthumanist Performativity: Towards an Understanding of How Matter Comes to Matter." *Signs: Journal of Women in Culture and Society* 28(3), pp. 801–31.

Barad, K. (2007). *Meeting the Universe Halfway: Quantum Physics and the Entanglement of Matter and Meaning*. Durham, NC: Duke University Press.

Barad, K. (2015). "Transmaterialities: Trans*Matter/Realities and Queer Political Imaginings." *GLQ: A Journal of Lesbian and Gay Studies* 21(2–3), pp. 387–422.

Bartneck, C., Lütge, C., Wagner, A., and Welsh, S. (2021). *An Introduction to Ethics in Robotics and AI*. Cham: Springer.

Bartoletti, I. (2020). *An Artificial Revolution: On Power, Politics and AI*. London: The Indigo Press. BBC (2018). "Fitbit Data Used to Charge US Man with Murder." BBC News, October 4. Available at: https://www.bbc.com/news/technology-45745366.

Bell, D. A. (2016). *The China Model: Political Meritocracy and the Limits of Democracy*. Princeton: Princeton University Press.

Benjamin, R. (2019a). *Race After Technology*. Cambridge: Polity.

Benjamin, R. (2019b). *Captivating Technology: Race, Carceral Technoscience, and Liberatory Imagination in Everyday Life*. Durham, NC: Duke University Press.

Berardi, F. (2017). *Futurability: The Age of Impotence and the Horizon of Possibility*. London: Verso.

Berlin, I. (1997). "Two Concepts of Liberty." In: I. Berlin, *The Proper Study of Mankind*. London: Chatto & Windus, pp. 191–242.

Berman, J. (2011). "Futurist Ray Kurzweil Says He Can Bring His Dead Father Back to Life Through a Computer Avatar." *ABC News*, August 10. Available at: https://abcnews.go.com/Technology/futurist-ray-kurzweil-bring-dead-father-back-life/story?id=14267712

Bernal, N. (2020). "They Claim Uber's Algorithm Fired Them. Now They're Taking It to Court." *Wired*, November 2. Available at: https://www.wired.co.uk/article/uber-fired-algorithm

Bietti, E. (2020). "Consent as a Free Pass: Platform Power and the Limits of Information Turn." *Pace Law Review* 40(1), pp. 310–98.

Binns, R. (2018). "Fairness in Machine Learning: Lessons from Political Philosophy." Proceedings of the 1st Conference on Fairness, Accountability and Transparency. *Proceedings of Machine Learning Research* 81, pp. 149–59. Available at: http://proceedings.mlr.press/v81/binns18a.html

Birhane, A. (2020). "Algorithmic Colonization of Africa." *SCRIPTed: A Journal of*

Law, Technology, & Society 17(2). Available at: https://script-ed.org/article/algorithmic-colonization-of-africa/

Bloom, P. (2019). *Monitored: Business and Surveillance in a Time of Big Data*. London: Pluto Press.

Boddington, P. (2017). *Towards a Code of Ethics of Artificial Intelligence*. Cham: Springer.

Bostrom, N. (2014). *Superintelligence: Paths, Dangers, Strategies*. Oxford: Oxford University Press.

Bostrom, N., and Yudkowsky, E. (2014). "The Ethics of Artificial Intelligence." In: K. Frankish and W. Ramsey (eds.), *Cambridge Handbook of Artificial Intelligence*. New York: Cambridge University Press, pp. 316–34.

Bourdieu, P. (1990). *The Logic of Practice*. Translated by R. Nice. Stanford: Stanford University Press.

Bozdag, E. (2013). "Bias in Algorithmic Filtering and Personalization." *Ethics and Information Technology* 15(3), pp. 209–27.

Bradley, A. (2011). *Originary Technicity: The Theory of Technology from Marx to Derrida*. Basingstoke: Palgrave Macmillan.

Braidotti, R. (2016). "Posthuman Critical Theory." In: D. Banerji and M. Paranjape (eds.), *Critical Posthumanism and Planetary Futures*. New Delhi: Springer, pp. 13–32.

Braidotti, R. (2017). "Posthuman Critical Theory." *Journal of Posthuman Studies* 1(1), pp. 9–25.

Braidotti, R. (2020). "'We' Are in This Together, but We Are Not One and the Same." *Journal of Bioethical Inquiry* 17(4), pp. 465–9.

Broussard, M. (2019). *Artificial Unintelligence: How Computers Misunderstand the World*. Cambridge, MA: MIT Press.

Bryson, J. J. (2010). "Robots Should Be Slaves." In: Y. Wilks (ed.), *Close Engagements with Artificial Companions*. Amsterdam: John Benjamins Publishing, pp. 63–74.

Butler, J. (1988). "Performative Acts and Gender Constitution: An Essay in Phenomenology and Feminist Theory." *Theatre Journal* 40(4), pp. 519–31.

Butler, J. (1989). "Foucault and the Paradox of Bodily Inscriptions." *Journal of Philosophy* 86(11), pp. 601–7.

Butler, J. (1993). *Bodies That Matter: On the Discursive Limits of "Sex."* London: Routledge.

Butler, J. (1997). *Excitable Speech: A Politics of the Performative*. New York: Routledge.

Butler, J. (1999). *Gender Trouble: Feminism and the Subversion of Identity*. New York: Routledge.

Butler, J. (2004). *Precarious life: The Powers of Mourning and Violence*. London: Verso.

Caliskan, A., Bryson, J. J., and Narayanan, A. (2017). "Semantics Derived Automatically from Language Corpora Contain Human-Like Biases." *Science* 356(6334), pp. 183–6.

Callicott, J. B. (1989). *In Defense of the Land Ethic: Essays in Environmental Philosophy*. Albany: State University of New York Press.

Canavan, G. (2015). "Capital as Artificial Intelligence." *Journal of American Studies* 49(4), pp. 685–709.

Castells, M. (2001). *The Internet Galaxy: Reflections on the Internet, Business, and Society*. Oxford: Oxford University Press.

Celermajer, D., Schlosberg, D., Rickards, L., Stewart-Harawira, M., Thaler, M., Tschakert, P., Verlie, B., and Winter, C. (2021). "Multispecies Justice: Theories, Challenges, and a Research Agenda for Environmental Politics." *Environmental Politics* 30(1–2), pp. 119–40.

Cheney-Lippold, J. (2017). *We Are Data: Algorithms and the Making of Our Digital Selves*. New York: New York University Press.

Chou, M., Moffitt, B., and Bryant, O. (2020). *Political Meritocracy and Populism: Cure or Curse?*. New York: Routledge.

Christiano, T. (ed.) (2003). *Philosophy and Democracy: An Anthology*. Oxford: Oxford University Press.

Christiano, T., and Bajaj, S. (2021). "Democracy." *Stanford Encyclopedia of Philosophy*. Available at: https://plato.stanford.edu/entries/democracy/

Christman, J. (2004). "Relational Autonomy, Liberal Individualism, and the Social Constitution of Selves." *Philosophical Studies* 117(1–2), pp. 143–64.

Coeckelbergh, M. (2009a). "The Public Thing: On the Idea of a Politics of Artefacts." *Techné* 13(3), pp. 175–81.

Coeckelbergh, M. (2009b). "Distributive Justice and Cooperation in a World of Humans and Non-Humans: A Contractarian Argument for Drawing Non-Humans into the Sphere of Justice." *Res Publica* 15(1), pp. 67–84.

Coeckelbergh, M. (2012). *Growing Moral Relations: Critique of Moral Status Ascription*. Basingstoke and New York: Palgrave Macmillan.

Coeckelbergh, M. (2013). *Human Being @ Risk*. Dordrecht: Springer.

Coeckelbergh, M. (2014). "The Moral Standing of Machines: Towards a Relational and

Non-Cartesian Moral Hermeneutics." *Philosophy & Technology* 27(1), pp. 61–77.

Coeckelbergh, M. (2015a). "The Tragedy of the Master: Automation, Vulnerability, and Distance." *Ethics and Information Technology* 17(3), pp. 219–29.

Coeckelbergh, M. (2015b). *Environmental Skill*. Abingdon Routledge.

Coeckelbergh, M. (2017). "Beyond 'Nature'. Towards More Engaged and Care-Full Ways of Relating to the Environment." In: H. Kopnina and E. Shoreman-Ouimet (eds.), *Routledge Handbook of Environmental Anthropology*. Abingdon: Routledge, pp. 105–16.

Coeckelbergh, M. (2019a). *Introduction to Philosophy of Technology*. New York: Oxford University Press.

Coeckelbergh, M. (2019b). *Moved by Machines: Performance Metaphors and Philosophy of Technology*. New York: Routledge.

Coeckelbergh, M. (2019c). "Technoperformances: Using Metaphors from the Performance Arts for a Postphenomenology and Posthermeneutics of Technology Use." *AI & Society* 35(3), pp. 557–68.

Coeckelbergh, M. (2020). *AI Ethics*. Cambridge, MA: MIT Press.

Coeckelbergh, M. (2021). "How to Use Virtue Ethics for Thinking about the Moral Standing of Social Robots: A Relational Interpretation in Terms of Practices, Habits, and Performance." *International Journal of Social Robotics* 13(1), pp. 31–40.

Confavreux, J., and Rancière, J. (2020). "The Crisis of Democracy." *Verso*, February 24. Available at:https://www.versobooks.com/blogs/4576-jacques-ranciere-the-crisis-of-democracy

Cook, G., Lee, J., Tsai, T., Kong, A., Deans, J., Johnson, B., and Jardin, E. (2017). *Clicking Clean: Who Is Winning the Race to Build a Green Internet?* Washington: Greenpeace.

Cotter, K., and Reisdorf, B. C. (2020). "Algorithmic Knowledge Gaps: A New Dimension of (Digital) Inequality." *International Journal of Communication* 14, pp. 745–65.

Couldry, N., Livingstone, S., and Markham, T. (2007). *Media Consumption and Public Engagement: Beyond the Presumption of Attention*. New York: Palgrave Macmillan.

Couldry, N., and Mejias, U. A. (2019). *The Costs of Connection: How Data Is Colonizing Human Life and Appropriating It for Capitalism*. Stanford: Stanford University Press.

Crary, J. (2014). *24/7: Late Capitalism and the Ends of Sleep*. London: Verso.

Crawford, K. (2021). *Atlas of AI: Power, Politics, and the Planetary Costs of Artificial Intelligence*. New Haven: Yale University Press.

Crawford, K., and Calo, R. (2016). "There Is a Blind Spot in AI Research." *Nature* 538, pp. 311–13.

Criado Perez, C. (2019). *Invisible Women: Data Bias in a World Designed for Men*. New York: Abrams Press.

Crutzen, P. (2006). "The 'Anthropocene.'" In: E. Ehlers and T. Krafft (eds.), *Earth System Science in the Anthropocene*. Berlin: Springer, pp. 13–18.

Cudworth, E., and Hobden, S. (2018). *The Emancipatory Project of Posthumanism*. London: Routledge.

Curry, P. (2011). *Ecological Ethics. An Introduction. Second edition*. Cambridge: Polity.

Dahl, R.A. (2006). *A Preface to Democratic Theory*. Chicago: University of Chicago Press.

Damnjanović, I. (2015). "Polity without Politics? Artificial Intelligence versus Democracy: Lessons from Neal Asher's Polity Universe." *Bulletin of Science, Technology & Society* 35(3–4), pp. 76–83.

Danaher, J. (2020). "Welcoming Robots into the Moral Circle: A Defence of Ethical Behaviorism." *Science and Engineering Ethics* 26(4), pp. 2023–49.

Darling, K. (2016). "Extending Legal Protection to Social Robots: The Effects of Anthropomorphism, Empathy, and Violent Behavior towards Robotic Objects." In: R. Calo, A. M. Froomkin, and I. Kerr (eds.), *Robot Law*. Cheltenham: Edward Elgar Publishing, pp. 213–32.

Dauvergne, P. (2020). "The Globalization of Artificial Intelligence: Consequences for the Politics of Environmentalism." *Globalizations* 18(2), pp. 285–99.

Dean, J. (2009). *Democracy and Other Neoliberal Fantasies: Communicative Capitalism and Left Politics*. Durham, NC: Duke University Press.

Deleuze, G., and Guattari, F. (1987). *A Thousand Plateaus: Capitalism and Schizophrenia*. Translated by B. Massumi. Minneapolis: University of Minnesota Press.

Dent, N. (2005). *Rousseau*. London: Routledge.

Deplazes, A., and Huppenbauer, M. (2009). "Synthetic Organisms and Living Machines." *Systems and Synthetic Biology* 3(55). Available at: https://doi.org/10.1007/s11693-009-9029-4

Derrida, J. (1976). *Of Grammatology*. Translated by G. C. Spivak. Baltimore, MD: Johns Hopkins University Press.

Derrida, J. (1981). "Plato's Pharmacy." In J. Derrida, *Dissemination*. Translated by B. Johnson. Chicago: University of Chicago Press, pp. 63–171.

Detrow, S. (2018). "What Did Cambridge Analytica Do during the 2016 Election?" *NPR*, March 21. Available at: https://text.npr. org/595338116

Dewey, J. (2001). *Democracy and Education*. Hazleton, PA: Penn State Electronic Classics Series.

Diamond, L. (2019). "The Threat of Postmodern Totalitarianism." *Journal of Democracy* 30(1), pp. 20–4.

Dignum, V. (2019). *Responsible Artificial Intelligence*. Cham: Springer.

Dixon, S. (2007). *Digital Performance: A History of New Media in Theater, Dance, Performance Art, and Installation*. Cambridge, MA: MIT Press.

Djeffal, C. (2019). "AI, Democracy and the Law." In: A. Sudmann (ed.), *The Democratization of Artificial Intelligence: Net Politics in the Era of Learning Algorithms*. Bielefeld: Transcript, pp. 255–83.

Donaldson, S., and Kymlicka, W. (2011). *Zoopolis: A Political Theory of Animal Rights*. New York: Oxford University Press.

Downing, L. (2008). *The Cambridge Introduction to Michel Foucault*. New York: Cambridge University Press.

Dubber, M., Pasquale, F., and Das, S. (2020). *The Oxford Handbook of Ethics of AI*. Oxford: Oxford University Press.

Dworkin, R. (2011). *Justice for Hedgehogs*. Cambridge, MA: Belknap Press.

Dworkin, R. (2020). "Paternalism." *Stanford Encyclopedia of Philosophy*. Available at: https://plato.stanford.edu/entries/paternalism/

Dyer-Witheford, N. (1999). *Cyber-Marx: Cycles and Circuits of Struggle in High-Technology Capitalism*. Urbana: University of Illinois Press.

Dyer-Witheford, N. (2015). *Cyber-Proletariat Global Labour in the Digital Vortex*. London: Pluto Press.

Dyer-Witheford, N., Kjøsen, A. M., and Steinhoff, J. (2019). *Inhuman Power: Artificial Intelligence and the Future of Capitalism*. London: Pluto Press.

El-Bermawy, M. M. (2016). "Your Filter Bubble Is Destroying Democracy." *Wired*, November 18. Available at: https://www.wired.com/2016/11/filter-bubble-destroying-democracy/

Elkin-Koren, N. (2020). "Contesting Algorithms: Restoring the Public Interest in Content Filtering by Artificial Intelligence." *Big Data & Society* 7(2). Available at: https://doi.org/10.1177/2053951720932296

Eriksson, K. (2012). "Self-Service Society: Participative Politics and New Forms of

Governance." *Public Administration* 90(3), pp. 685–98.

Eshun, K. (2003). "Further Considerations of Afrofuturism." *CR: The New Centennial Review* 3(2), pp. 287–302.

Estlund, D. (2008). *Democratic Authority: A Philosophical Framework.* Princeton: Princeton University Press.

Eubanks, V. (2018). Automating Inequality: *How High-Tech Tools Profile, Police, and Punish the Poor*. New York: St. Martin's Press.

Farkas, J. (2020). "A Case against the Post-Truth Era: Revisiting Mouffe's Critique of Consensus-Based Democracy." In: M. Zimdars and K. McLeod (eds.), *Fake News: Understanding Media and Misinformation in the Digital Age.* Cambridge, MA: MIT Press, pp. 45–54.

Farkas, J., and Schou, J. (2018). "Fake News as a Floating Signifier: Hegemony, Antagonism and the Politics of Falsehood." *Javnost –The Public* 25(3), pp. 298–314.

Farkas, J., and Schou, J. (2020). *Post-Truth, Fake News and Democracy: Mapping the Politics of Falsehood*. New York: Routledge.

Feenberg, A. (1991). *Critical Theory of Technology*. Oxford: Oxford University Press.

Feenberg, A. (1999). *Questioning Technology*. London: Routledge.

Ferrando, F. (2019). *Philosophical Posthumanism*. London: Bloomsbury Academic.

Floridi, L. (2013). *The Ethics of Information*. Oxford: Oxford University Press.

Floridi, L. (2014). *The Fourth Revolution*. Oxford: Oxford University Press.

Floridi, L. (2017). "Roman Law Offers a Better Guide to Robot Rights Than Sci-Fi." *Financial Times*, February 22. Available at: https://www.academia.edu/31710098/Roman_law_offers_a_better_guide_to_robot_rights_than_sci_fi

Floridi, L., and Sanders, J. W. (2004). "On the Morality of Artificial Agents." *Minds & Machines* 14(3), pp. 349–79.

Fogg, B. (2003). *Persuasive Technology: Using Computers to Change What We Think and Do*. San Francisco: Morgan Kaufmann.

Ford, M. (2015). *The Rise of the Robots: Technology and the Threat of a Jobless Future*. New York: Basic Books.

Foucault, M. (1977). *Discipline and Punish: The Birth of the Prison*. Translated by A. Sheridan. New York: Vintage Books.

Foucault, M. (1980). *Power/Knowledge: Selected Interviews and Other Writings 1972–1977*. Edited by C. Gordon, translated by C. Gordon, L. Marshall, J. Mepham, and K. Soper. New York: Pantheon Books.

Foucault, M. (1981). *History of Sexuality: Volume 1: An Introduction*. Translated by R.

Hurley. London: Penguin.

Foucault, M. (1988). "Technologies of the Self". In: L. H. Martin, H. Gutman, and P. H. Hutton (eds.), *Technologies of the Self: A Seminar with Michel Foucault*. Amherst: University of Massachusetts Press, pp. 16–49.

Frankfurt, H. (2000). "Distinguished Lecture in Public Affairs: The Moral Irrelevance of Equality." *Public Affairs Quarterly* 14(2), pp. 87–103.

Frankfurt, H. (2015). *On Inequality*. Princeton: Princeton University Press.

Fuchs, C. (2014). *Social Media: A Critical Introduction*. London: Sage Publications.

Fuchs, C. (2020). *Communication and Capitalism: A Critical Theory*. London: University of Westminster Press.

Fuchs, C., Boersma, K., Albrechtslund, A., and Sandoval, M. (eds.) (2012). *Internet and Surveillance: The Challenges of Web 2.0 and Social Media*. London: Routledge.

Fukuyama, F. (2006). "Identity, Immigration, and Liberal Democracy." *Journal of Democracy* 17(2), pp. 5–20.

Fukuyama, F. (2018a). "Against Identity Politics: The New Tribalism and the Crisis of Democracy." *Foreign Affairs* 97(5), pp. 90–115.

Fukuyama, F. (2018b). *Identity: The Demand for Dignity and the Politics of Resentment.* New York: Farrar, Straus and Giroux.

Gabriels, K., and Coeckelbergh, M. (2019). "Technologies of the Self and the Other: How Self-Tracking Technologies Also Shape the Other." *Journal of Information, Communication and Ethics in Society* 17(2). Available at: https://doi.org/10.1108/JICES-12-2018-0094

Garner, R. (2003). "Animals, Politics, and Justice: Rawlsian Liberalism and the Plight of Non-Humans." *Environmental Politics* 12(2), pp. 3–22.

Garner, R. (2012). "Rawls, Animals and Justice: New Literature, Same Response." *Res Publica* 18(2), pp. 159–72.

Gellers, J. C. (2020). "Earth System Governance Law and the Legal Status of Non-Humans in the Anthropocene." *Earth System Governance* 7. Available at: https://doi.org/10.1016/j.esg.2020.100083

Giebler, H., and Merkel, W. (2016). "Freedom and Equality in Democracies: Is There a Trade-Off?" *International Political Science Review* 37(5), pp. 594–605.

Gilley, B. (2016). "Technocracy and Democracy as Spheres of Justice in Public Policy." *Policy Sciences* 50(1), pp. 9–22.

Gitelman, L., and Jackson, V. (2013). "Introduction." In L. Gitelman (ed.), *"Raw Data" Is an Oxymoron*. Cambridge, MA: MIT Press, pp. 1–14.

Goodin, R. E. (2003). *Reflective Democracy*. Oxford: Oxford University Press.

Gorwa, R., Binns, R., and Katzenbach, C. (2020). "Algorithmic Content Moderation: Technical and Political Challenges in the Automation of Platform Governance." *Big Data & Society* 7(1). Available at: https://doi.org/10.1177/2053951719897945.

Granka, L. A. (2010). "The Politics of Search: A Decade Retrospective." *The Information Society Journal* 26(5), pp. 364–74.

Gray, C. H. (2000). *Cyborg Citizen: Politics in the Posthuman Age*. London: Routledge.

Gunkel, D. (2014). "A Vindication of the Rights of Machines." *Philosophy & Technology* 27(1), pp. 113–32.

Gunkel, D. (2018). *Robot Rights*. Cambridge, MA: MIT Press.

Habermas, J. (1990). *Moral Consciousness and Communicative Action*. Translated by C. Lenhart and S. W. Nicholson. Cambridge, MA: MIT Press.

Hacker, P. (2018). "Teaching Fairness to Artificial Intelligence: Existing and Novel Strategies against Algorithmic Discrimination under EU Law." *Common Market Law Review* 55(4), pp. 1143–85.

Haggerty, K., and Ericson, R. (2000). "The Surveillant Assemblage." *British Journal of Sociology* 51(4), pp. 605–22.

Han, B.-C. (2015). *The Burnout Society*. Stanford: Stanford University Press.

Harari, Y. N. (2015). *Homo Deus: A Brief History of Tomorrow*. London: Harvill Secker.

Haraway, D. (2000). "A Cyborg Manifesto." In: D. Bell and B. M. Kennedy (eds.), *The Cybercultures Reader*. London: Routledge, pp. 291–324.

Haraway, D. (2003). *The Companion Species Manifesto: Dogs, People, and Significant Otherness*. Chicago: Prickly Paradigm Press.

Haraway, D. (2015). "Anthropocene, Capitalocene, Plantationocene, Chthulucene: Making Kin." *Environmental Humanities* 6, pp.159–65.

Haraway, D. (2016). *Staying with the Trouble: Making Kin in the Chthulucene*. Durham, NC: Duke University Press.

Hardt, M. (2015). "The Power to Be Affected." *International Journal of Politics, Culture, and Society* 28(3), pp. 215–22.

Hardt, M., and Negri, A. (2000). *Empire*. Cambridge, MA: Harvard University Press.

Harvey, D. (2019). *Marx, Capital and the Madness of Economic Reason*. London: Profile Books.

Hegel, G. W. F. (1977). *Phenomenology of Spirit*. Translated by A. V. Miller. Oxford: Oxford University Press.

Hegel, G. W. F. (2008). *Outlines of the Philosophy of Right*. Translated by T. M. Knox. Oxford: Oxford University Press.

Heidegger, M. (1977). *The Question Concerning Technology and Other Essays*. Translated by W. Lovitt. New York: Garland Publishing.

Helberg, N., Eskens, S., van Drunen, M., Bastian, M., and Moeller, J. (2019). "Implications of AI-Driven Tools in the Media for Freedom of Expression." Institute for Information Law (IViR). Available at: https://rm.coe.int/coe-ai-report-final/168094ce8f

Heyes, C. (2020). "Identity Politics." *Stanford Encyclopedia of Philosophy*. Available at: https://plato.stanford.edu/entries/identity-politics/

Hildebrandt, M. (2015). *Smart Technologies and the End(s) of Law: Novel Entanglements of Law and Technology*. Cheltenham: Edward Elgar Publishing.

Hildreth, R.W. (2009). "Reconstructing Dewey on Power." *Political Theory* 37(6), pp. 780–807.

Hill, K. (2020). "Wrongfully Accused by an Algorithm." *The New York Times*, 24 June.

Hobbes, T. (1996). *Leviathan*. Oxford: Oxford University Press.

Hoffman, M. (2014). *Foucault and Power: The Influence of Political Engagement on Theories of Power*. London: Bloomsbury.

Hughes, J. (2004). *Citizen Cyborg: Why Democratic Societies Must Respond to the Redesigned Human of the Future*. Cambridge, MA: Westview Press.

ILO (International Labour Organization) (2017). *Global Estimates of Modern Slavery*. Geneva: International Labour Office. Available at: https://www.ilo.org/global/publications/books/WCMS_575479/lang--en/index.htm

Israel, T. (2020). *Facial Recognition at a Crossroads: Transformation at our Borders & Beyond*. Ottawa: Samuelson-Glushko Canadian Internet Policy & Public Interest Clinic. Available at: https://cippic. ca/uploads/FR_Transforming_Borders-OVERVIEW.pdf

Javanbakht, A. (2020). "The Matrix Is Already There: Social Media Promised to Connect Us, But Left Us Isolated, Scared, and Tribal." *The Conversation*, November 12. Available at: https://theconversation. com/the-matrix-is-already-here-social-media-promised-to-connectus-but-left-us-isolated-scared-and-tribal-148799

Jonas, H. (1984). *The Imperative of Responsibility: In Search of an Ethics for the Technological Age*. Chicago: University of Chicago Press.

Kafka, F. (2009). *The Trial*. Translated by M. Mitchell. Oxford: Oxford University Press.

Karppi, T., Kähkönen, L., Mannevuo, M., Pajala, M., and Sihvonen, T. (2016). "Affective Capitalism: Investments and Investigations." *Ephemera: Theory & Politics in Organization* 16(4), pp. 1–13.

Kennedy, H., Steedman, R., and Jones, R. (2020). "Approaching Public Perceptions of Datafication through the Lens of Inequality: A Case Study in Public Service Media." *Information, Communication & Society*. Available at: https://doi.org/10.1080/1369118X.2020.1736122

Kinkead, D., and Douglas, D. M. (2020). "The Network and the Demos: Big Data and the Epistemic Justifications of Democracy." In: K. McNish and J. Gailliott (eds.), *Big Data and Democracy*. Edinburgh: Edinburgh University Press, pp. 119–33.

Kleeman, S. (2015). "Woman Charged with False Reporting after Her Fitbit Contradicted Her Rape Claim." *Mic.com*, June 25. Available at: https://www.mic.com/articles/121319/fitbit-rape-claim

Korinek, A., and Stiglitz, J. (2019). "Artificial Intelligence and Its Implications for Income Distribution and Unemployment." In: A. Agrawal, J. Gans, and A. Goldfarb (eds.), *The Economics of Artificial Intelligence: An Agenda*. Chicago: University of Chicago Press, pp. 349–90.

Kozel, S. (2007). *Closer: Performance, Technologies, Phenomenology*. Cambridge, MA: MIT Press.

Kurzweil, R. (2005). *The Singularity Is Near: When Humans Transcend Biology*. New York: Viking.

Kwet, M. (2019). "Digital Colonialism Is Threatening the Global South." *Al Jazeera*, March 13. Available at: https://www.aljazeera.com/indepth/opinion/digital-colonialism-threatening-global-south-190129140828809.html

Laclau, E. (2005). *On Populist Reason*. New York: Verso.

Lagerkvist, A. (ed.) (2019). *Digital Existence: Ontology, Ethics and Transcendence in Digital Culture*. Abingdon: Routledge.

Lanier, J. (2010). *You Are Not a Gadget: A Manifesto*. New York: Borzoi Books.

Larson, J., Mattu, S., Kirchner, L., and Angwin, J. (2016). "How We Analyzed the COMPAS Recidivism Algorithm." *ProPublica*, May 23. Available at: https://www.propublica.org/article/how-we-analyzed-the-compas-recidivism-algorithm

Lash, S. (2007). "Power after Hegemony." *Theory, Culture & Society* 24(3), pp. 55–78.

Latour, B. (1993). *We Have Never Been Modern*. Translated by C. Porter. Cambridge, MA: Harvard University Press.

Latour, B. (2004). *Politics of Nature: How to Bring the Sciences into Democracy*. Translated by C. Porter. Cambridge, MA: Harvard University Press.

Lazzarato, M. (1996). "Immaterial Labor." In: P. Virno and M. Hardt (eds.), *Radical Thought in Italy: A Potential Politics*. Minneapolis: University of Minnesota Press, pp. 142–57.

Lazzarato, M. (2014). *Signs and Machines: Capitalism and the Production of Subjectivity*. Translated by J. D. Jordan. Los Angeles: Semiotext(e).

Leopold, A. (1949). *A Sand County Almanac*. New York: Oxford University Press.

Liao, S. M. (ed.) (2020). *Ethics of Artificial Intelligence*. New York: Oxford University Press.

Lin, P., Abney, K., and Jenkins, R. (eds.) (2017). *Robot Ethics* 2.0. New York: Oxford University Press.

Llansó, E. J. (2020). "No Amount of 'AI' in Content Moderation Will Solve Filtering's Prior-Restraint Problem." *Big Data & Society* 7(1). Available at: https://doi.org/10.1177/2053951720920686

Loizidou, E. (2007). *Judith Butler: Ethics, Law, Politics*. New York: Routledge.

Lukes, S. (2019). "Power, Truth and Politics." *Journal of Social Philosophy* 50(4), pp. 562–76.

Lyon, D. (1994). *The Electronic Eye*. Minneapolis: University of Minnesota Press.

Lyon, D. (2014). "Surveillance, Snowden, and Big Data: Capacities, Consequences, Critique." *Big Data & Society* 1(2). Available at: https://doi.org/10.1177/2053951714541861

MacKenzie, A. (2002). *Transductions: Bodies and Machines at Speed*. London: Continuum.

MacKinnon, R., Hickok, E., Bar, A., and Lim, H. (2014). "Fostering Freedom Online: The Role of Internet Intermediaries." Paris: United Nations Educational, Scientific and Cultural Organization (UNESCO). Available at: http://www.unesco.org/new/en/communication-and-information/resources/publications-and-communication-materials/publications/full-list/fostering-freedom-online-the-role-of-internet-intermediaries/

Magnani, L. (2013). "Abducing Personal Data, Destroying Privacy." In: M. Hildebrandt and K. de Vries (eds.), *Privacy, Due Process, and the Computational Turn*. New York: Routledge, pp. 67–91.

Mann, S., Nolan, J., and Wellman, B. (2002). "Sousveillance: Inventing and Using Wearable Computing Devices for Data Collection in Surveillance Environments." *Surveillance & Society* 1(3), pp. 331–55.

Marcuse, H. (2002). *One-Dimensional Man: Studies in the Ideology of Advanced Industrial Society*. London: Routledge.

Martínez-Bascuñán, M. (2016). "Misgivings on Deliberative Democracy: Revisiting the Deliberative Framework." *World Political Science* 12(2), pp. 195–218.

Marx, K. (1977). *Economic and Philosophic Manuscripts of 1844*. Translated by M.

Milligan. Moscow: Progress Publishers.

Marx, K. (1990). *Capital: A Critique of Political Economy*. Vol. 1. Translated by B. Fowkes. London: Penguin.

Massumi, B. (2014). *What Animals Teach Us about Politics*. Durham, NC: Duke University Press.

Matzner, T. (2019). "Plural, Situated Subjects in the Critique of Artificial Intelligence." In: A. Sudmann (ed.), *The Democratization of Artificial Intelligence: Net Politics in the Era of Learning Algorithms*. Bielefeld: Transcript, pp. 109–22.

McCarthy-Jones, S. (2020). "Artificial Intelligence Is a Totalitarian's Dream – Here's How to Take Power Back." *Global Policy*, August 13. Available at: https://www.globalpolicyjournal.com/blog/13/08/2020/artificial-intelligence-totalitarians-dream-heres-how-take-power-back

McDonald, H. P. (2003). "Environmental Ethics and Intrinsic Value." In: H. P. McDonald (ed.), *John Dewey and Environmental Philosophy*. Albany: SUNY Press, pp. 1–56.

McKenzie, J. (2001). *Perform or Else: From Discipline to Performance*. New York: Routledge.

McNay, L. (2008). *Against Recognition*. Cambridge: Polity.

McNay, L. (2010). "Feminism and Post-Identity Politics: The Problem of Agency." *Constellations* 17(4), pp. 512–25.

McQuillan, D. (2019). "The Political Affinities of AI." In: A. Sudmann(ed.), *The Democratization of Artificial Intelligence: Net Politics in the Era of Learning Algorithms*. Bielefeld: Transcript, pp. 163–73.

McStay, A. (2018). *Emotional AI: The Rise of Empathic Media*. London: Sage Publications.

Miessen, M., and Ritts, Z. (eds.) (2019). *Para-Platforms: On the Spatial Politics of Right-Wing Populism*. Berlin: Sternberg Press.

Mill, J. S. (1963). *The Subjection of Women*. In: J. M. Robson (ed.), *Collected Works of John Stuart Mill*. Toronto: Routledge.

Mill, J. S. (1978). *On Liberty*. Indianapolis: Hackett Publishing.

Miller, D. (2003). *Political Philosophy: A Very Short Introduction*. Oxford: Oxford University Press.

Mills, C. W. (1956). *The Power Elite*. New York: Oxford University Press.

Moffitt, B. (2016). *Global Rise of Populism: Performance, Political Style, and Representation*. Stanford: Stanford University Press.

Moore, J. W. (2015). *Capitalism in the Web of Life: Ecology and the Accumulation of*

Capital. London: Verso.

Moore, P. (2018). *The Quantified Self in Precarity: Work, Technology and What Counts*. New York: Routledge.

Moravec, H. (1988). *Mind Children: The Future of Robot and Human Intelligence*. Cambridge, MA: Harvard University Press.

Morozov, E. (2013). *To Save Everything, Click Here: Technology, Solutionism, and the Urge to Fix Problems That Don't Exist*. London: Penguin.

Mouffe, C. (1993). *The Return of the Political*. London: Verso.

Mouffe, C. (2000). *The Democratic Paradox*. London: Verso.

Mouffe, C. (2005). *On the Political: Thinking in Action*. London: Routledge.

Mouffe, C. (2016). "Democratic Politics and Conflict: An Agonistic Approach." *Politica Comun* 9. Available at: http://dx.doi.org/10.3998/pc.12322227.0009.011

Murray, D. (2019). *The Madness of the Crowds: Gender, Race and Identity*. London: Bloomsbury.

Næss, A. (1989). *Ecology, Community and Lifestyle: Outline of an Ecosophy*. Edited and translated by D. Rothenberg. Cambridge: Cambridge University Press.

Nemitz, P. F. (2018). "Constitutional Democracy and Technology in the Age of Artificial Intelligence." *SSRN Electronic Journal* 376(2133). Available at: https://doi.org/10.2139/ssrn.3234336

Nguyen, C. T. (2020). "Echo Chambers and Epistemic Bubbles." *Episteme* 17(2), pp. 141–61.

Nielsen, K. (1989). "Marxism and Arguing for Justice." *Social Research* 56(3), pp. 713–39.

Niyazov, S. (2019). "The Real AI Threat to Democracy." *Towards Data Science*, November 15. Available at: https://towardsdatascience.com/democracys-unsettling-future-in-the-age-of-ai-c47b1096746e

Noble, S. U. (2018). *Algorithms of Oppression: How Search Engines Reinforce Racism*. New York: New York University Press.

Nozick, R. (1974). *Anarchy, State, and Utopia*. New York: Basic Books.

Nussbaum, M. (2000). *Women and Human Development: The Capabilities Approach*. Cambridge: Cambridge University Press.

Nussbaum, M. (2006). *Frontiers of Justice: Disability, Nationality, Species Membership*. Cambridge, MA: Harvard University Press.

Nussbaum, M. (2016). *Anger and Forgiveness: Resentment, Generosity, Justice*. New York: Oxford University Press.

Nyholm, S. (2020). *Humans and Robots: Ethics, Agency, and Anthropomorphism*.

London: Rowman & Littlefield.

O'Neil, C. (2016). *Weapons of Math Destruction: How Big Data Increases Inequality and Threatens Democracy*. New York: Crown Books.

Ott, K. (2020). "Grounding Claims for Environmental Justice in the Face of Natural Heterogeneities." *Erde* 151(2–3), pp. 90–103.

Owe, A., Baum, S. D., and Coeckelbergh, M. (forthcoming). "How to Handle Nonhumans in the Ethics of Artificial Entities: A Survey of the Intrinsic Valuation of Nonhumans."

Papacharissi, Z. (2011). *A Networked Self: Identity, Community and Culture on Social Network Sites*. New York: Routledge.

Papacharissi, Z. (2015). *Affective Publics: Sentiment, Technology, and Politics*. Oxford: Oxford University Press.

Parikka, J. (2010). *Insect Media: An Archaeology of Animals and Technology*. Minneapolis: University Of Minnesota Press.

Pariser, E. (2011). *The Filter Bubble*. London: Viking.

Parviainen, J. (2010). "Choreographing Resistances: Kinaesthetic Intelligence and Bodily Knowledge as Political Tools in Activist Work." *Mobilities* 5(3), pp. 311–30.

Parviainen, J., and Coeckelbergh, M. (2020). "The Political Choreography of the Sophia Robot: Beyond Robot Rights and Citizenship to Political Performances for the Social Robotics Market." *AI & Society*. Available at: https://doi.org/10.1007/s00146-020-01104-w

Pasquale, F. A. (2019). "Data-Informed Duties in AI Development" 119 Columbia Law Review 1917 (2019), U of Maryland Legal Studies Research Paper No. 2019-14. Available at SSRN: https://ssrn.com/abstract=3503121

Pessach, D., and Shmueli, E. (2020). "Algorithmic Fairness." Available at: https://arxiv.org/abs/2001.09784

Picard, R. W. (1997). *Affective Computing*. Cambridge, MA: MIT Press.

Piketty, T., Saez, E., and Stantcheva, S. (2011). "Taxing the 1%: Why the Top Tax Rate Could Be over 80%." *VOXEU/CEPR*, December 8. Available at: https://voxeu.org/article/taxing-1-why-toptax-rate-could-be-over-80

Polonski, V. (2017). "How Artificial Intelligence Conquered Democracy." *The Conversation*, August 8. Available at: https://theconversation.com/how-artificial-intelligence-conquered-democracy-77675

Puschmann, C. (2018). "Beyond the Bubble: Assessing the Diversity of Political Search Results." *Digital Journalism* 7(6), pp. 824–43.

Radavoi, C. N. (2020). "The Impact of Artificial Intelligence on Freedom, Rationality, Rule of Law and Democracy: Should We Not Be Debating It?" *Texas Journal on Civil Liberties & Civil Rights* 25(2), pp. 107–29.

Rancière, J. (1991). *The Ignorant Schoolmaster*. Translated by K. Ross. Stanford: Stanford University Press.

Rancière, J. (1999). *Disagreement*. Translated by J. Rose. Minneapolis: University of Minnesota Press.

Rancière, J. (2010). *Dissensus*. Translated by S. Corcoran. New York: Continuum.

Rawls, J. (1971). *A Theory of Justice*. Oxford: Oxford University Press.

Rawls, J. (2001). *Justice as Fairness: A Restatement*. Cambridge, MA: Harvard University Press.

Regan, T. (1983). *The Case for Animal Rights*. Berkeley: University of California Press.

Rensch, A. T.-L. (2019). "The White Working Class Is a Political Fiction." *The Outline*, November 25. Available at: https://theoutline.com/post/8303/white-working-class-political-fiction?zd=1&zi=oggsrqmd

Rhee, J. (2018). *The Robotic Imaginary: The Human and the Price of Dehumanized Labor*. Minneapolis: University of Minnesota Press.

Ricoeur, P. (1978). "The Metaphor Process as Cognition, Imagination, and Feeling." *Critical Inquiry* 5(1), pp. 143–59.

Rieger, S. (2019). "Reduction and Participation." In: A. Sudmann (ed.), *The Democratization of Artificial Intelligence: Net Politics in the Era of Learning Algorithm*. Bielefeld: Transcript, pp. 143–62.

Rivero, N. (2020). "The Pandemic is Automating Emergency Room Triage." *Quartz*, August 21. Available at: https://qz.com/1894714/covid-19-is-boosting-the-use-of-ai-triage-in-emergency-rooms/

Roden, D. (2015). *Posthuman Life: Philosophy at the Edge of the Human*. London: Routledge.

Rolnick, D., Donti, P. L., Kaack, L. H., et al. (2019). "Tackling Climate Change with Machine Learning." Available at: https://arxiv.org/pdf/1906.05433.pdf

Rolston, H. (1988). *Environmental Ethics: Duties to and Values in the Natural World*. Philadelphia: Temple University Press.

Ronnow-Rasmussen, T., and Zimmerman, M. J. (eds.). (2005). *Recent Work on Intrinsic Value*. Dordrecht: Springer Netherlands.

Rousseau, J.-J. (1997). *Of the Social Contract. In: V. Gourevitch (ed.), The Social Contract and Other Later Political Writings*. Cambridge: Cambridge University Press, pp. 39–152.

Rouvroy, A. (2013). "The End(s) of Critique: Data-Behaviourism vs. Due-Process." In: M. Hildebrandt and K. de Vries (eds.), *Privacy, Due Process and the Computational Turn: The Philosophy of Law Meets the Philosophy of Technology*. London: Routledge, pp. 143–67.

Rowlands, M. (2009). *Animal Rights: Moral Theory and Practice*. Basingstoke: Palgrave.

Saco, D. (2002). *Cybering Democracy: Public Space and the Internet.* Minneapolis: University of Minnesota Press.

Sætra, H. S. (2020). "A Shallow Defence of a Technocracy of Artificial Intelligence: Examining the Political Harms of Algorithmic Governance in the Domain of Government." *Technology in Society* 62. Available at: https://doi.org/10.1016/j.techsoc.2020.101283.

Sampson, T. D. (2012). *Virality: Contagion Theory in the Age of Networks*. Minneapolis: University of Minnesota Press.

Sandberg, A. (2013). "Morphological Freedom – Why We Not Just Want It, but Need It." In: M. More and M. Vita-More (eds.), *The Transhumanist Reader*. Malden, MA: John Wiley & Sons, pp. 56–64.

Sartori, G. (1987). *The Theory of Democracy Revisited*. Chatham, NJ: Chatham House Publishers.

Sattarov, F. (2019). *Power and Technology*. London: Rowman & Littlefield.

Saurette, P., and Gunster, S. (2011). "Ears Wide Shut: Epistemological Populism, Argutainment and Canadian Conservative Talk Radio." Canadian Journal of Political Science 44(1), pp. 195–218.

Scanlon, T. M. (1998). *What We Owe to Each Other. Cambridge*, MA: Harvard University Press.

Segev, E. (2010). *Google and the Digital Divide: The Bias of Online Knowledge*. Oxford: Chandos.

Sharkey, A., and Sharkey, N. (2012). "Granny and the Robots: Ethical issues in Robot Care for the Elderly." *Ethics and Information Technology* 14(1), pp. 27–40.

Simon, F. M. (2019). "'We Power Democracy': Exploring the Promises of the Political Data Analytics Industry." *The Information Society* 35(3), pp. 158–69.

Simonite, T. (2018). "When It Comes to Gorillas, Google Photos Remains Blind." *Wired*, January 11. Available at: https://www.wired.com/story/when-it-comes-to-gorillas-google-photos-remains-blind/

Singer, P. (2009). *Animal Liberation*. New York: HarperCollins.

Solove, D. J. (2004). *The Digital Person: Technology and Privacy in the Information*

Age. New York: New York University Press.

Sparrow, R. (2021). "Virtue and Vice in Our Relationships with Robots." *International Journal of Social Robotics* 13(1), pp. 23–9.

Stark, L., Greene, D., and Hoffmann, A. L. (2021). "Critical Perspectives on Governance Mechanisms for AI/ML Systems." In: J. Roberge and M. Castell (eds.), *The Cultural Life of Machine Learning: An Incursion into Critical AI Studies*. Cham: Palgrave Macmillan, pp. 257–80.

Stiegler, B. (1998). *Technics and Time, 1: The Fault of Epimetheus*. Translated by R. Beardsworth and G. Collins. Stanford: Stanford University Press.

Stiegler, B. (2019). *The Age of Disruption: Technology and Madness in Computational Capitalism*. Translated by D. Ross. Cambridge: Polity.

Stilgoe, J., Owen, R., and Macnaghten, P. (2013). "Developing A Framework for Responsible Innovation." *Research Policy* 42(9), pp. 1568–80.

Strubell, E., Ganesh, A., and McCallum, A. (2019). "Energy and Policy Considerations for Deep Learning in NLP." Available at: https://arxiv.org/abs/1906.02243

Suarez-Villa, L. (2009). *Technocapitalism: A Critical Perspective on Technological Innovation and Corporatism*. Philadelphia: Temple University Press.

Sudmann, A. (ed.) (2019). *The Democratization of Artificial Intelligence: Net Politics in the Era of Learning Algorithms*. Bielefeld: Transcript.

Sun, T., Gaut, A., Tang, S., Huang, Y., El Shereif, M., Zhao, J., Mirza, D., Belding, E., Chang, K.-W., and Wang, W. Y. (2019). "Mitigating Gender Bias in Natural Language Processing: Literature Review." In: A. Korhonen, D. Traum, and L. Marquez (eds.), *Proceedings of the 57th Annual Meeting of the Association of Computational Linguistics*, pp. 1630–40. Available at: https://www.aclweb.org/anthology/P19-1159.pdf

Sun, X., Wang, N., Chen, C.-y., Ni, J.-m., Agrawal, A., Cui, X., Venkataramani, S., El Maghraoui, K., Srinivasan, V. (2020). "Ultra-Low Precision 4-Bit Training of Deep Neutral Networks." In: H. Larochelle, M. Ranzato, R. Hadsell, M. F. Balcan, and H.Lin (eds.), *Advances in Neural Information Processing Systems 33 Pre-Proceedings*. Proceedings of the 34th Conference on Neutral Information Processing Systems (NeurIPS 2020), Vancouver, Canada. Available at: https://proceedings.neurips.cc/paper/2020/file/13b919438259814cd5be8cb45877d577-Paper.pdf

Sunstein, C. R. (2001). *Republic.com*. Princeton: Princeton University Press.

Susser, D., Roessler, B., and Nissenbaum, H. (2019). "Technology, Autonomy, and Manipulation." *Internet Policy Review* 8(2). https://doi.org/10.14763/2019.2.1410

Swift, A. (2019). *Political Philosophy*. Cambridge: Polity.

Tangerman, V. (2019). "Amazon Used an AI to Automatically Fire Low-Productivity Workers." *Futurism*, April 26. Available at: https://futurism.com/amazon-ai-fire-workers

Thaler, R. H., and Sunstein, C. R. (2009). *Nudge: Improving Decisions about Health, Wealth, and Happiness*. Revised edition. London: Penguin.

Thompson, N., Harari, Y. N., and Harris, T. (2018). "When Tech Knows You Better Than You Know Yourself." *Wired*, April 10. Available at: https://www.wired.com/story/artificial-intelligence-yuval-noah-harari-tristan-harris/

Thorseth, M. (2008). "Reflective Judgement and Enlarged Thinking Online." *Ethics and Information Technology* 10, pp. 221–31.

Titley, G. (2020). *Is Free Speech Racist?* Cambridge: Polity.

Tocqueville, A. (2000). *Democracy in America*. Translated by H. C. Mansfield and D. Winthrop. Chicago: University of Chicago Press.

Tolbert, C. J., McNeal, R. S., and Smith, D. A. (2003). "Enhancing Civic Engagement: The Effect of Direct Democracy on Political Participation and Knowledge." *State Politics and Policy Quarterly* 3(1), pp. 23–41.

Tschakert, P. (2020). "More-Than-Human Solidarity and Multispecies Justice in the Climate Crisis." *Environmental Politics*. Available at: https://doi.org/10.1080/09644016.2020.1853448

Tufekci, Z. (2018)."Youtube, the Great Radicalizer." *The New York Times*, March 10.

Turkle, S. (2011). *Alone Together: Why We Expect More from Technology and Less from Each Other*. New York: Basic Books.

Umbrello, S., and Sorgner, S. (2019). "Nonconscious Cognitive Suffering: Considering Suffering Risks of Embodied Artificial Intelligence." *Philosophies* 4(2). Available at: https://doi.org/10.3390/philosophies4020024

UN (United Nations) (1948). *Universal Declaration of Human Rights*. Available at: https://www.un.org/en/about-us/universal-declaration-of-human-rights

UN (United Nations) (2018). "Promotion and Protection of the Right to Freedom of Opinion and Expression." Seventy-third session, August 29. Available at: https://www.undocs.org/A/73/348

UNICRI (United Nations International Crime and Justice Research Institute) and INTERPOL (International Criminal Police Organization) (2019). *Artificial Intelligence and Robotics for Law Enforcement*. Turin and Lyon: UNICRI and INTERPOL. Available at: https://www.europarl.europa.eu/cmsdata/196207/UNICRI%20-%20Artificial%20intelligence%20and%20robotics%20for%20 law%20enforcement.pdf

Vallor, S. (2016). *Technology and the Virtues*. New York: Oxford University Press.

van den Hoven, J. (2013). "Value Sensitive Design and Responsible Innovation." In: R. Owen, J. Bessant, and M. Heintz (eds.), *Responsible Innovation: Managing the Responsible Emergence of Science and Innovation in Society*. London: Wiley, pp. 75–83.

van Dijk, J. (2020). *The Network Society*. Fourth edition. London: Sage Publications.

Van Parijs, P. (1995). *Real Freedom for All*. Oxford: Clarendon Press.

Varela, F., Thompson, E. T., and Rosch, E. (1991). *The Embodied Mind: Cognitive Science and Human Experience*. Cambridge, MA: MIT Press.

Véliz, C. (2020). *Privacy Is Power: Why and How You Should Take Back Control of Your Data*. London: Bantam Press.

Verbeek, P.-P. (2005). *What Things Do: Philosophical Reflections on Technology, Agency, and Design*. University Park: Pennsylvania State University Press.

Vidal, J. (2011). "Bolivia Enshrines Natural World's Rights with Equal Status for Mother Earth." *The Guardian*, April 10. Available at: https://www.theguardian.com/environment/2011/apr/10/bolivia-enshrines-natural-worlds-rights

von Schomberg, R. (ed.) (2011). *Towards Responsible Research and Innovation in the Information and Communication Technologies and Security Technologies Fields*. Luxembourg: Publication Office of the European Union. Available at: https://op.europa.eu/en/publication-detail/-/publication/60153e8a-0fe9-4911-a7f4-1b530967ef10

Wahl-Jorgensen, K. (2008). "Theory Review: On the Public Sphere, Deliberation, Journalism and Dignity." *Journalism Studies* 9(6), pp. 962–70.

Walk Free Foundation. (2018). *The Global Slavery Index*. Available at: https://www.globalslaveryindex.org/resources/downloads/

Wallach, W., and Allen, C. (2009). *Moral Machines*. New York: Oxford University Press.

Warburton, N. (2009). *Free Speech: A Very Short Introduction*. Oxford: Oxford University Press.

Webb, A. (2019). *The Big Nine: How the Tech Titans and Their Thinking Machines Could Warp Humanity*. New York: Hachette Book Group.

Webb, M. (2020). *Coding Democracy: How Hackers Are Disrupting Power, Surveillance, and Authoritarianism*. Cambridge, MA: MIT Press.

Westlund, A. (2009). "Rethinking Relational Autonomy." *Hypatia* 24(4), pp. 26–49.

Winner, L. (1980). "Do Artifacts Have Politics?" *Daedalus* 109(1), pp. 121–36.

Winner, L. (1986). *The Whale and the Reactor*. Chicago: University of Chicago Press.

Wolfe, C. (2010). *What Is Posthumanism?* Minneapolis: University of Minnesota Press.

Wolfe, C. (2013). *Before the Law: Humans and Other Animals in a Biopolitical Frame.* Chicago: University of Chicago Press.

Wolfe, C. (2017). "Posthumanism Thinks the Political: A Genealogy of Foucault's *The Birth of Biopolitics." Journal of Posthuman Studies* 1(2), pp. 117–35.

Wolff, J. (2016). *An Introduction to Political Philosophy.* Third edition. Oxford: Oxford University Press.

Yeung, K. (2016). "'Hypernudge': Big Data as a Mode of Regulation by Design." *Information, Communication & Society* 20(1), pp. 118–36.

Young, I. (2000). *Inclusion and Democracy.* Oxford: Oxford University Press.

Zimmermann, A., Di Rosa, E., and Kim, H. (2020). "Technology Can't Fix Algorithmic Injustice." *Boston Review*, January 9. Available at: http://bostonreview.net/science-nature-politics/annette-zimmermann-elena-di-rosa-hochan-kim-technology-cant-fix-algorithmic

Zolkos, M. (2018). "Life as a Political Problem: The Post-Human Turn in Political Theory." *Political Studies Review* 16(3), pp. 192–204.

Zuboff, S. (2015). "Big Other: Surveillance Capitalism and the Prospects of an Information Civilization." *Journal of Information Technology* 30(1), pp. 75–89.

Zuboff, S. (2019). *The Age of Surveillance Capitalism: The Fight for a Human Future at the New Frontier of Power*. London: Profile Books.

찾아보기

인공지능은 왜 정치적일 수밖에 없는가

AI의 정치학과 자유, 평등, 정의, 민주주의, 권력, 동물과 환경

초판 1쇄 발행 2023년 7월 25일
초판 2쇄 발행 2023년 10월 5일

지은이 마크 코켈버그
옮긴이 배현석
펴낸곳 도서출판 생각이음
펴낸이 김종희
디자인 전혜진

출판등록 2017년 10월 27일(제2019-000031)
주소 (04045) 서울시 마포구 양화로 64, 8층 LS-837호(서교동, 서교제일빌딩)
전화 (02)337-1673 **팩스** (02)337-1674
전자우편 thinklink37@naver.com

ISBN 979-11-965525-6-5